总编 冯果

珞珈法学精品文库

Legal Approach to
Financial Justice

金融公平的法律实现

袁康/著

社会科学文献出版社
SOCIAL SCIENCES ACADEMIC PRESS(CHINA)

珞珈法学精品文库编委会

总 序

珞珈山魂培育浩然正气，东湖之水滋养人文精神。武汉大学法学学科伴随中华民族近现代的命运跌宕起伏，或在专制中抗争，或在激流中挣扎，或在转轨中新生，或在奋斗中发展，见证了近一个世纪的风雨彩虹。

武汉大学法学学科的前身可以追溯到1908年5月由原任湖广总督赵尔巽主持创办的湖北政法学堂。1928年正式命名国立武汉大学时，法学即为六大核心学科（文法理工农医）之一，至今仍被镌刻在武汉大学校门牌坊之上。中国近现代著名法学家王世杰、周鲠生、燕树棠、梅汝璈、吴学义、李浩培、马哲民、皮宗石、刘秉麟、王铁崖、赵理海等都曾在武汉大学法学院任教，可谓名师荟萃，俊彦云集，成为珞珈山上一派学术胜景。"文革"时期，虽遭受重创，停办 20 余年，但十一届三中全会以后，在以韩德培、马克昌为代表的老一辈法学家的努力下，1979 年武汉大学便在全国较早恢复了法律系，1986 年在全国较早重建了法学院。恢复重建法学教育后，在上级领导的大力支持、学校领导的正确决策和各兄弟院校的积极鼓励之下，通过老一辈法学家艰苦的、卓有成效的工作，武汉大学的法学学科始终走在全国的前列，被国内法学界和法律界公认为改革开放以后恢复重建得最好的法学院之一。

百年的发展历程，在珞珈法律人身上体现了强烈的家国情怀和忧患意识。家国情怀和忧患意识是中国知识分子的一种生生不息的传统。"士不可以不弘毅，任重而道远。"从 1931 年周鲠生连续发表文章，用国际法深刻揭露歪曲事实的《国联调查报告》，严正驳斥伪满洲国加入国联到 1948 年韩德培以武大教授会代表的名义出面营救因参加"反饥饿、反内战、反迫害"学生运动而受到军事法庭拘禁的武大学生；从 1945 年赴东京任远东国际军事法庭法官，参与审判日本战犯的梅汝璈、顾问吴学义到 1980 年参与审判林彪、江青反革命集团的辩护律师马克昌；从 1948 年 2 月武大法律系学生创办的民众法律顾问处到武汉大学法律援助中心；从错划为右派，"文革"中受到不公正待遇，仍心系法治的一大批法学家到关心民生疾苦，率先对铁路春运票价上浮向铁道部叫板，引发"中国听证革命"的武大法学学子乔占祥，武汉大学法科学子、学人书写了众多畅行法治，可歌可泣的正义诗篇，体现珞珈法律人强烈的忧患意识和家国情怀。

百年的发展历程，在珞珈法律人身上展示了自强不息、开拓进取的精神。忧患意识与建立在理性基础上的开拓精神相结合，铸造了珞珈法律人好学深思、平等讨论的尚智风气和不盲从、不迷信的学术品格。在一代又一代珞珈法律人的不懈努力下，形成了一系列代表性的思想和学术人物，构建了新中国国际经济法学、国际私法学、环境与资源保护法学等学科理论体系，开拓了比较宪法学、区际冲突法学、欧盟法学、国际环境法学等研究领域，提出了人本法律观、国际私法趋同论、国际民商新秩序、国家经济调节说、物权二元理论、国际法与国际人类共同体等理论学说，对构建新中国的法学理论体系做出了基础性的贡献，形成了独具特色的"珞珈学派"。

百年的发展历程，在珞珈法律人身上彰显了开放包容的胸怀。珞珈山虽地处中国腹地，远离政治和经济中心，但珞珈法律人却始终展示了惊人的国际视野和追求世界一流的雄心。为推动学术研究，早在1935年1月，武汉大学就成立了法科研究所。该研究所"以招收大学本科毕业生研究社会科学并供给教员研究便利，提高学术程度及解决实际问题为宗旨"，周鲠生任法科研究所首任主任，这是中国法科研究生教育之发端。1936年，国立武汉大学建成了当时中国最好的法学大楼。法学院大楼建筑面积达4013平方米，它与其他武汉大学早期建筑一起被胡适先生赞叹为"计划之大，风景之胜，均可谓全国学校所无"，显示了追求卓越的气派和雄心。改革开放、恢复法科教育之后，武大法学院更是勇立潮头，敢为人先，不断开辟国际化办学新格局，在法律体系和人才培养，尤其是国际法律体系构建和国际人才培养方面取得了骄人的成就。

风雨兼程，珞珈法学与民族复兴同行；百年轮回，逝者如斯，吾辈当缅怀与憧憬。为了传承珞珈法律精神，鼓励武汉大学法学院师生进行原创性的法学研究，我们决定出版"珞珈法律精品文库"系列丛书，以集中呈现珞珈法律人对法学理论和法治建设的新观察和新思考，借此体现珞珈法律人的学识和襟怀，反映珞珈法律人的抱负与宏愿。

"只令文字传青简，不使功名上景钟。"衷心希望"文库"成为学术百花园中的一朵奇葩，受到越来越多的读者的青睐；更希望入选"文库"的每一本作品能够历久弥新，经得起岁月的洗礼和历史的检验！

武汉大学法学院院长冯果谨识

2017年8月4日于珞珈山

目　录

金融的本质是什么？
（代序）

　　关于金融的本质，无论金融学还是金融法都有过长期的讨论，但二者视角迥异，得出的结论也往往大相径庭。许多金融理论家都认为，金融学是一门仅依赖于可视事实的客观科学，它不做任何关于伦理价值的判断。在这种逻辑假设下，金融理论的数理模型遮蔽了金融的价值取向，金融机构与现代科技的全面融合遮蔽了技术主体的德行，金融工具的工程化遮蔽了金融的道德风险。于是，金钱主宰了一切，良心发生了霉变，公平遭遇了亵渎。

　　传统的金融法深受金融学的影响，特别是在价值观念方面。事实上，整个金融法在价值范式上都是以安全与效率为中心进行建构的，因为通过考察金融治乱循环的发展史，不难发现立法者总是在金融效率与金融安全之间徘徊，不是强化安全就是放松管制，不是加强监管就是推行金融自由化。由此可以看出，金融法价值目标体系的演变过程就是一个在钢丝上行走并寻求平衡的过程：钢丝的一边是金融效率，另一边则是金融安全。然而，达致"钢丝上的平衡"绝非易事，因为这种平衡既要确保金融效率与金融安全形成有序的"范式竞争"，促进它们之间的适时替代与良性互动，又要提升金融法制的规范弹性与应有活力。正是由于这种平衡不易达成，金融法的价值目标时常陷入"安全至上"或"效率优先"的观念误区，金融法的制度设计也难免偏离金融公平的价值轨道，陷入"行政主导、营利至上、管制中心"的制度窠臼。在金融效率与金融安全的价值立场下，金融法的经济性功能凸显而社会性功能式微，金融政策工具相应地只关注金融效率的提升和金融秩序的维护，而不关注社会财富分配的调节与金融资源配置的优化。在社会转型的时代背景下，金融政策工具对安全或效率的过度吹捧和对公平的严重漠视，成为贫富悬殊、两极分化等社会问题潜滋暗长的一个重要诱因，进而导致社会陷入断裂与失衡的"现代化陷阱"之中难以自拔。

2008 年全球金融危机之后，关于"金融的本质是什么"的反思与讨论再度兴起。人们重新深刻认识到，金融不应成为富人的专利和穷人的痛苦，金融法不应成为"劫贫济富"的工具和"恃强凌弱"的帮凶，对财富的追逐并不是金融的全部，承担社会责任和回应民生诉求应当成为金融法的正当价值追求。在此背景下，金融与民生的关系开始受到学界关注，金融社会属性的强调、金融公平理念的提倡、法律赋权与法律赋能理念的引入正在重塑金融法的思想谱系与知识传统。

在中国社会大转型的背景下，强调金融公平有着特别的意义。改革开放近40 年来，中国的经济发展取得了举世瞩目的成就，经济规模跃居世界第二，社会财富急剧增多，人民生活水平普遍提高，具有经济活力和国际竞争力的市场经济体制初步形成。然而，这种用 40 年时间走完西方国家 100 年经济发展历程的"压缩饼干式发展"也同时聚集了发达国家上百年来所遇到的各种社会矛盾和问题，环境恶化、资源短缺、权力腐败等皆为其例。尤其是贫富悬殊、两极分化、社会断裂和权利失衡，这些世界各国及其各个历史阶段所产生的问题，几乎在同一时间并在中国这一特定空间内全部汹涌而至，我们别无选择地走进了一个问题丛生和风险重重的开放社会。与此同时，由于长期以来受"法律父爱主义"的观念束缚，我国政府对金融业管制有余而放任不足，以至于金融法缺乏应有的精神气质和人文情怀，并逐渐蜕变为工具主义色彩极为浓厚的管制之法。管制性的金融法与推行民主、保障民权、改善民生的时代主题相背离，也与时代发展的民生诉求之间存在内在张力。理想的金融法应当是一部以公平正义为价值基础、以民生诉求为制度导向、以金融普惠为目标定位的金融服务法。

袁康博士对金融公平这一论题潜心研究数年，终于迎来了收获的喜悦。这本专著是国内第一部深入系统研究金融公平的论著，填补了学界研究的一块空白，理论意义彰显，实践价值突出。全书视野宏阔，内容丰富，思路清晰，富于逻辑思辨和观点创新。特别值得肯定的是，本书将宏观的金融结构、微观的金融市场活动统合到法律调整的框架下，将普惠金融、金融消费者保护等具体问题都归于金融法制体系化完善的视野之中，从金融的社会功能、金融福利、金融市场主体能力等新的角度来探讨金融法制和金融法学的完善，推动了金融法基础理论的深化和创新，扩展了金融法体系的范畴和疆域。作为导师，看到其苦心孤诣的创作问世，甚感欣慰，并乐于将该书推荐给读者。

袁康自 2010 年开始追随我学习和研究金融法，先后在武汉大学经济法学科获得硕士、博士学位，攻读博士学位期间受国家留学基金委资助赴加州大学伯克利分校法学院访学一年，博士毕业后留校工作，我们也从师生关系变为了同事关系。他身上有一种天然的学术气质：敏锐、勤奋、有灵性。在见证其学术成长的过程中，我也在不断地收获着教书育人的快乐。期望袁康博士不忘初心，在学术之路上砥砺前行，取得更加骄人的成绩。

是为序。

冯　果

武汉大学法学院院长、教授、博士生导师

2017 年 5 月 24 日于珞珈山

摘　要

自 2008 年金融危机以来，金融愈益成为掠夺和贪婪的代名词，民众对金融业的不满和敌意潜滋暗长。以"占领华尔街"运动为代表的批判浪潮引发了整个社会对于金融发展和社会公平关系的省思。传统的金融学和金融法学总是受平衡金融安全与金融效率的思维范式的局限，并未充分认识到金融公平作为金融市场和金融法制的基本价值应有的地位和内涵，更没有探讨如何通过法律制度的完善来实现金融公平。随着金融公平理念的勃兴，金融市场活动公平进行与金融资源公平配置及其与经济正义和社会公平的联系更加受到重视。

金融公平理念具有深厚的理论基础，其勃兴存在着理论上的必然性。随着金融功能理论的不断发展，对金融功能的认识开始从纯粹的经济方面的基础功能拓展到包括财富分配在内的衍生功能。20 世纪 90 年代以来，金融发展理论开始从金融发展与经济增长之间的关系拓展到金融发展与社会公平的关系，并且认为金融可以而且应该能够消除经济和社会上的不平等并实现社会整体福利的最大化。同时，发端于公平正义思想和经济正义理论的金融伦理学将金融市场的公平性作为研究的首要内容，将金融公平作为金融伦理中最为核心的价值和内涵，从而通过道德伦理修正金融学的纯粹工具理性，使金融体系的运行流淌道德的血液。此外，就金融学本身而言，金融公平与金融效率并不是决然对立的，强调金融公平并不意味着对金融效率的放弃或者牺牲，而是在一定程度上能够实现并增进金融效率，通过维护金融体系公平运行，可以增强市场有效性，提高金融市场的整体效率，实现社会整体利益的最大化。因此，即便金融本质上是强调效率的逐利游戏，却并不妨碍我们以金融公平理念来使充满铜臭的金融体系变得更加温情，更加有利于创造更好的社会。

金融公平这一概念包括了三个方面的维度，即公平进入金融市场、公平进行金融交易和公平分享金融福利。第一重维度是基于机会公平，要求各类主体平等地获取参与金融市场活动的机会和资格，使金融服务需求者能够不受排斥和歧视地公平获取金融服务，使金融服务供给者能够公平从事金融营业。第二重维度是基于过程公平，即金融交易双方地位能够平等地基于合理价格、公平对等的权利义务分配以及公平的市场规则完成交易全过程。第三重维度是基于结果公平，即要畅通各类主体参与金融福利分配的路径并确保分配过程的公平，调节个体福利的分配并提升社会整体金融福利。

金融公平理念只是描绘了一幅理想图景，而实现金融公平的路径却是多样的。然而凭借市场规律自发调节资源配置的市场化路径存在着市场失灵的固有缺陷；依靠金融市场主体道德自觉和自我约束的道德路径存在着缺乏硬性约束的先天不足，仰仗政府通过金融政策来调节金融资源配置的政策路径存在着缺乏稳定性和长效性的现实弊端，因此遵循法治原则制定法律以规制金融体系公平运行的法律路径是金融公平实现的最优路径。金融公平的法律实现需要厘清法律与金融互动的内在机理，把握主体、结构、行为、工具这四个要素，突破主体能力、金融结构、市场行为和法律制度等四个方面的重点障碍，综合采用赋能、强制、激励、调控等四种调整方法科学地进行制度设计，通过完善的法律制度和有效的法律调整来实现金融公平。

境外发展中国家和发达国家都在金融公平的法律实现上做出了有益的实践。以印度、南非、巴西等为代表的新兴市场国家面临着消除贫困和促进发展的任务，因此这些国家的实践以金融包容为重点，就小微金融、移动货币、代理银行和直接信贷等制定了法律予以规范。以美国为代表的成熟金融市场则以金融消费者保护为重点，制定了完备的法律制度，采取了多种方法来维护金融公平，为我国金融公平的法律实现提供了有益借鉴。处在新兴加转轨时期的中国金融市场同时面临着促进金融包容和保护金融消费者的双重任务。尽管我国采取了诸多制度应对，但是依然存在着金融公平相关法律制度层级较低和法律化程度不足、金融公平具体目标在各类制度中反映不均衡、过于依赖外部约束忽视主体能力提升、调整方法具有浓厚的干预色彩和管制思维等问题。

在上述背景下，我国需要遵循金融公平法律实现的基本原理，借鉴境外金融法制的先进经验，进一步完善我国金融法制并探索金融公平法律实现的具体路径。首先，要通过金融法理论和制度体系的不断完善和进化，提高金融公平法律实现的针对性、全面性、权威性和科学性，具体而言就是要将金融公平确立为金融法的基本原则和价值目标，健全和完善金融公平法律制度体系，提高金融公平法律制度的层级，合理运用金融公平法律调整方法。其次，要立足于提升主体能力完善相关法律制度，提高市场主体的金融素养，确认和保障弱势市场主体的权利和相关团体的法律资格。再次，要通过完善政府干预的相关制度，优化金融结构。具体而言，就是要放松金融管制，建立市场化的金融机构准入和退出制度，推动利率形成机制的市场化法制化，鼓励和保障金融创新；适度干预调控，规范政府在金融结构优化中的直接参与，促进政府在金融结构优化中的间接调控；消除金融垄断，打造竞争性金融机构群体，完善金融反垄断体制。最后，要通过法律制度来约束市场行为，通过加强市场行为监管和推动金融机构社会责任的法律化，使金融市场主体按照公平原则实施市场行为。

关键词： 金融公平　法律制度　主体能力　金融结构　市场行为

Abstract

Since the financial crisis of 2008, the financial market has become synonymous with plunder and greed. The unsatisfactory and hostility of the public for the financial system keep growing. The wave of criticism, which the "Occupy Wall Street Protest" is the upsurge, has triggered the widespread rethink of the relationship between financial development and social justice. The traditional theory of finance and financial law is limited by the paradigm of balancing financial security and financial efficiency, which does not pay sufficient attention to the concept of financial justice, let alone the approach to it. With the booming of financial justice, the fairness in financial activities and the equity in financial resource distribution have been increasingly concerned.

Because of the profound theoretical foundation, it is not by accident that the idea of financial justice flourishes. With the continuous development of the theory of financial functions, the interpretation of financial functions has expanded from the basic functions in the purely economic aspect to the derivative functions such as income distribution in a social aspect. After 1990s, financial development theory has evolved from the relationship between financial development and economic growth to the relationship between financial development and social justice. Scholars addressed that the financial market has the ability and responsibility to diminish the inequality and maximize the overall social welfare. Meanwhile, the financial ethics, which is originated from the justice doctrines and economic justice theory, has taken financial justice as the core value in the financial market. Furthermore, from the perspective of finance, financial justice and financial efficiency are not radically opposite. Emphasizing financial justice does not mean the sacrifice of financial efficiency, but to some extent, can enhance financial efficiency. Therefore, even though the financial market is essentially a profit-driven game, but that does not prevent us from making the mammonish financial market becoming humanistic and contributing to a better society.

The concept of financial justice includes three dimensions, namely equal access to financial market, fair conduct of financial transactions and equitable share of financial welfare. The first dimension is based on equal opportunity, which requires all kinds of people and entities are entitled with the same opportunities and eligibility to participate in the activities of the financial market. People who demand for financial services are able to make without exclusion and discrimination and entities can provide financial service without unreasonable control and barriers. The second dimension is based on a fair process, which means financial transactions are conducted in equal statues, reasonable price, equitable rights and obligations and fair market rules. The third dimension is based on the equitable result, that is, to adjust the distribution of individual well-being to make everyone can benefit from the financial system, and improve the financial welfare of society as a whole.

The putting forward of the idea of financial justice is setting up a goal, which has a variety of way to reach. However, the Market Approach, which relies on the market mechanism to adjust spontaneously, has the drawbacks of market failures. The Morality Approach, which anchors hope on market players' moral consciousness and self-declines, lacks of rigid restriction to moral hazards. The Policy Approach, which uses the regulatory policies to intervene the operating of financial system, does not have the stability and legitimacy. So the Legal Approach, which use the legal institutions to regulate the financial system under the rule of law, is the optimal path to achieve the goal of financial justice. The Legal Approach to financial justice must be founded on the understanding of the interaction between law and finance. There are four key factors affect the financial activities and distribution of financial resources, which are capability, financial structure, market conduct and legal institution should be addressed. The legal institutions can adjust the capability, the market conduct and financial structure through various methods, such as empowerment, constraint, incentive and regulation. Thus, the essential of the Legal Approach is to comprehensively use the four methods to carry out the legal system design and through the implementation of the better legal institutions to fulfill the financial justice.

In abroad, both developed and developing countries have impressive practice on the legal approach to financial justice. For the emerging markets such as India, South Africa and Brazil which facing the main task of poverty reduction and development, they focus on the financial inclusion as the major goal and have passed laws to regulate the micro-lending, mobile money, correspondent banking and direct credit in order to make the more equal access to finance and share of financial welfare. For the mature financial markets such as the United States which has a well developed financial system, the main task is to maintain the well performance of the financial system. The United States has passed a series of acts to perfect the financial conduct and protect the financial consumers. For China which in a emerging and transitional period, financial inclusion and financial consumer protection are the dual tasks in present. Although a bunch of institutional responses have been made, there are still a lot of problems such as the low level of norms, the imbalance of objectives of financial justice, the ignorance of capabilities and over-rely on the government intervention, etc.

In these backgrounds, it is important for China to follow the fundamental principle of the legal approach to financial justice, draw lessons from the legislation effort of foreign countries, improve the legal system of Chinese financial market in order to explore the specific path to achieve the financial justice. Firstly, the rule of law should be applied in the financial market and the legal system needs to be improved, which means to take financial justice as the principle and core value of financial law, to supplement the justice-oriented legal institutions, to reduce the flooding department rules and to apply diversity legal regulative methods. Secondly, it is urgent to make laws to empower the vulnerable communities, which means to build and improve capabilities, to confirm the legal statues of self help groups and to protect the entitlement and rights of vulnerable market participants. Thirdly, the government intervention needs to be regulated in order to optimize the financial structure. Specifically, the financial law ought to adjust the administrative control on financial market, establish market-oriented financial institution entry and exit system, promote market-oriented interest rate formation mechanism, encourage financial innovation; moderate regulatory intervention, eliminate monopoly on financial market. Finally, the behavior of market participants can be better restricted and guided to follow the fairness rule through legislation and law enforcement. In this regard, we can strengthen the financial conduct supervision on one hand, and promote the legislation of the social responsibility of financial institutions and make the moral requirement to legal obligations on the other hand.

Key words: Financial Justice; Legal Institution; Capability; Financial Structure; Market Conduct

绪　论

当人没有了远见，便会走向麻木与毁灭。银行家们已经从人类文明的神殿上跌落，我们需要用古老的真理来重建这座神殿，这就需要我们把社会价值看得比金钱利益更高贵。

——富兰克林·罗斯福

金融并不只是富人的游戏，也是穷人生存和发展之必需。金融并不只是意味着对利益的追逐，还应具备对社会公平的观照。理想的金融体系，应当既能够从经济功能的层面实现资金效用的最大化，也能够从社会功能的角度促进财富公平分配和社会整体福利的最大化。随着金融市场的逐渐成熟，以及经济社会文明的不断进步，将金融效率奉为圭臬的传统理念已难以适应经济社会协调发展的目标，金融体系的公平运行日益成为全社会的共同期待，以金融市场公平进入、金融交易公平进行和金融福利公平分享为基本内容的金融公平理念应运而生，金融公平开始成为与金融效率和金融安全并列的价值目标。然而，金融公平的实现并非仅凭市场机制自发调整即可完成，亦不能只寄望于金融市场主体的道德自觉，还需要依靠法律制度的有效规制。因此在这个层面上，从法律制度运行的逻辑来探讨金融公平的实现路径显得尤为必要。

一 选题背景与研究价值

改革开放以来，随着国民经济的持续快速发展，我国金融体系也逐步健全壮大，金融市场的深度和广度不断拓展，金融市场规模快速增长，金融业态不断完善和创新，市场融资余额屡创新高，金融体系作为国民经济命脉的地位日益强化。然而，我国金融体系在迅猛发展的过程中也形成了不均衡的问题，导致了金融资源配置和金融市场活动中不公平现象的存在，诸如中小企业融资困境、城乡二元金融结构、金融消费者弱势地位、欺诈盛行扰乱市场秩序等问题严重制约着金融体系的公平运行，不利于金融市场的健康发展和金融功能的有效发挥。就当前中国的金融体系而言，政府对金融市场的严格管制导致了较为严重的金融抑制，阻碍了金融市场的自由进入，扭曲了资金价格的形成机制，导致了金融结构的失衡；金融机构和强势主体往往凭借其资金优势、信息优势和专业技能在金融市场上倾轧中小投资者以攫取巨额财富，欺诈和操纵等不公平的金融交易盛行，投资者保护在强劲的逐利动机下往往被漠视，金融消费者权益受到侵害的现象屡见不鲜；金融"富贵病"日益凸显，穷人、中小企业等弱势主体以及农村等欠发达地区往往被排斥在金融体系之外，相应的主体和地区不能公平分享金融发展的成果。

我国金融市场的公平性问题正日益受到重视，从金融体系改革的顶层设计到金融市场运行实践，无不反映着政府和市场对于金融公平的共同追求。党的十八届三中全会通过的《中共中央关于全面深化改革若干重大问题的决定》在开篇阐述了全面深化改革的指导思想，提出"全面深化改革……以促进社会公平正义、增进人民福祉为出发点和落脚点"，"让一切劳动、知识、技术、管理、资本的活力竞相迸发，让一切创造社会财富的源泉充分涌流，让发展成果更多更公平惠及全体人民"，"紧紧围绕使市场在资源配置中起决定性作用深化经济体制改革……推动经济更有效率、更加公平、更可持续发展"。这一指导思想是对包括金融改革在内的全面改革事业的总体指引，未来金融改革也将贯彻社会公平正义、增进人民福祉、发展成果惠及全民、市场机制的决定性作用等基本思想。在金融市场改革的具体实践中，允许民间资本发起设立民营银行、通过发展小微金融机构和多层次资本市场拓宽中小企业融资途径，通过合理的货币政策和财政政策引导金融资源向弱势市场主体倾斜配置都反映了金融政策对公平的期待与追求。同时，农村金融服务状况得到了显著的改善，根据中国人民银行发布的《中国农村金融服务报告（2014）》，金融机构涉农贷款稳定增长，截至2014年末，全部金融机构本外币农村贷款余额19.4万亿元，同比增长12.4%，占各项贷款余额比重为23.2%，农村金融体系不断完善，截至2014年底，全国金融机构空白乡镇从2009年的2945个减少到1570个，农村金融产品和服务不断创新，覆盖面逐步扩大。日新月异的金融创新也不断地冲击着传统金融市场格局，以众筹融资、P2P、移动支付等为代表的互联网金融也极大地提升了金融公平程度。同时，监管部门对金融消费者权益以及投资者保护问题更加重视，不断加大对内幕交易、操纵市场等欺诈行为的打击力度，进一步强化对于金融消费者保护工作的力度。然而，这些着眼于改善金融市场公平性的实践，都是基于政策引导和市场自发完成的，在当前而言还亟须按照法治路径来实现常态化。因此如何从制度建设和行为规范的法律角度实现金融公平，是当前中国金融法需要研究的重大理论与现实问题。

　　本选题立足学科前沿，回应社会重大关切，不仅具有重大的理论价值，也具有相当的实践价值。本选题的理论价值在于以下三点。①系统性地构建和完善金融公平理论体系，奠定了金融公平的理论基础。随着金融学界和法学界对于金融市场公平问题的关注持续升温，金融公平理念开始成为金融学和金融法学理论研究的重要议题。然而，金融公平相关理论的研究尚处在萌芽阶段。一方面理论界对金融公平的论证还不充分，金融公平理念的合理性依然存在着争议；另一方面金融公平的范畴和基本内容还没有获得充分完整的认识。本选题将金融公平理论作为研究的起点，从金融功能理论、金融伦理理论、金融发展与社会公平之间的互动等角度充分挖掘金融公平的理论基础，论证金融公平作为金融市场和金融法的价值目标的合理性和应然性。同时，本选题对金融公平的三个维度进行全景式分析，廓清金融公平的内涵和基本要求，从而实现金融公平理论的体系化构建。②针对性地剖析金融公平法律实现的内在机理，为探索金融公平的法律实现路径提供了理论准备。本选题通过对比市场、道德、政策和法律等四条路径，指出法律路径是实现金融公平的最优选择。同时，基于主体能力、金融结构、市场行为和法律制度等金融公平法律实现的关键要素，探讨金融公平的法律调整方法，超越了当前对于金融公平的探讨仅限于哲学、伦理学层面的瓶颈，尝试从多元化法律调整方法的角度探索实现金融公平的法律路径。本选题从法律运行的一般规律和法律调整的基本方法将金融公平的法律实现路径予以具体化，通过有效的理论指引和制度建议使金融公平的法律实现从抽象的、零散的、随机的制度完善变得有章可循。③综合性地将改善金融市场公平性的理论和实践提升到金融公平原则的层面，以金融法律基本原理的视角分析金融公平法律实现的具体问题，从而进一步完善和丰富了金融法基础理论。本选题将宏观的金融结构、微观的金融市场活动统合到法律调整的框架下，将普惠金融、金融消费者保护等具体问题都归于金融法制的体系化完善的视野之中，从金融的社会功能、金融福利、金融市场主体能力等新的角度来探讨金融法制和金融法学的完善，在一定程度上能够推动金融法基础理论的深化和创新，扩展了金融法体系的范畴和疆域。

本选题的实践价值在于以下三点。①有利于为我国金融法制变革提供科学化的指引，完善我国金融法律制度体系，增强金融法律制度对金融公平的维护和促进作用。一方面本选题的研究能够增强理论界和实务界对于金融公平的认识，将金融公平理念贯穿到制度建设和市场实践之中，使我国金融法律制度更好地体现金融公平的原则，落实金融公平的要求，实现金融公平的目标；另一方面本选题的研究能够使金融法律制度更加科学、精准、有效地对金融结构和金融市场活动进行调整，提高金融立法的科学化水平和实效，从而实现我国金融法制体系的进一步完善。②有利于改善我国金融市场公平状况，提高金融市场公平性程度。本选题对于金融公平法律实现的具体路径研究，能够推动利用法治方法提升金融公平的实践，进一步完善金融结构，规范金融市场活动，促进金融资源的公平配置和金融市场的公平运行，从而能够有力地保障普惠金融的发展，实现金融包容，同时对金融市场欺诈行为进行有效规制，保护金融消费者权益。③有利于进一步维护社会公平正义，促进社会整体福利的提升。本选题的研究能够在提高金融公平的基础上，通过金融社会功能的发挥以及金融发展对社会公平的推动作用，使金融市场通过金融资源的公平配置，缩小贫富差距，调节收入分配，协调区域发展，推动环境保护，利用金融市场资源配置的功能实现社会整体福利的最大化，促进社会公平正义的全面实现。

二　国内外研究现状述评

金融公平既非传统金融学经典中的原生理论，亦不属于任何社会科学门类中的固有概念，而是在长期以来的金融学、伦理学、社会学和法学的研究以及金融体系运行的实践与经济社会发展目标不断互动和回应过程中生成的全新理论话语。金融发展的社会公平效应的发现改变了传统思维中对金融的经济功能的过度迷恋，成为金融公平理论的起点，将金融体系的研究拓展到金融的公平诉求。以金融市场公平性为基石的普惠金融、金融伦理的研究与实践催生了金融公平理念的正式提出，从而激发了对金融公平实现路径的研究。

（一）金融发展与社会公平——金融公平理论研究的起点

对金融公平的研究肇始于金融发展与社会公平的互动。自金融发展理论产生伊始，人们大多把目光聚焦于金融发展对于经济增长的贡献，Beck 和 Levine 等认为金融市场能够促进国民生产总值的增加和经济的增长。[①] 而随着金融学界对金融社会功能的日益重视以及相关研究的推进，金融发展与不平等（Inequality）以及社会公平之间的关系成为研究的热点，其中最为集中地体现在收入分配方面。Greenwood 和 Jovanovic 率先揭示了金融发展与收入分配的关系：一国经济发展的初期，金融发展将会扩大收入差距，但从长期来看，随着收入的增长和金融市场的成熟，更多的人开始进入金融市场，收入差距会逐渐缩小，直至收敛到平等水平，即金融发展和收入分配的关系服从"库兹涅茨效应"的倒 U 形的轨迹。[②] Galor 和 Zeira 认为完善的金融市场才是金融发展和经济增长导致收入差距缩小的前提。[③] Clarke 等用全球数据对金融发展和收入分配之间的关系进行了分析，认为金融发展会显著降低一国的收入分配差距。[④] 还有学者更是运用99 个国家从 1960 年到 1999 年的数据来分析金融发展与减轻贫困之间的关系，其实证研究结论显示，金融发展会促进经济的增长并有利于缩小贫富差距。[⑤] 通过微型金融、政策性金融等方式为低收入人群提供充足的金融服务供给，可以为这类人群提供赖以发展的资金流和其他金融资源，有利于促进经济的增长和收入水

[①] Thorsten Beck, Ross Levine, "Norman Loayza, Finance and the Sources of Growth", *Journal of Financial Economics*, Vol.58, 2000, pp.261-300.

[②] Jeremy Greenwood, Boyan Jovanovic, "Financial Development, Growth, and the Distribution of Income", *Journal of Political Economy*, Vol.98,1990, pp.1076-1107.

[③] Oded Galor, Joseph Zeira, "Income Distribution and Macroeconomics", *Review of Economic Studies*, Vol.60, 1993, pp.35-52.

[④] George Clarke, Lixin Colin Xu, Hengfu Zou, "Finance and Income Inequality: Test of Alternative Theories", World Bank Policy Research Working Paper, No.2984, March, 2003.

[⑤] Thorsten Beck, Asli Demirguc-Kunt, Ross Levine, "Finance, Inequality, and Poverty: Cross-Country Evidence", NBER Working Paper, No.10979, Dec. 2004.

平的提高。孟加拉银行家穆罕默德·尤努斯（Muhammad Yunus）从格莱珉银行（Grameen Bank）的实践中探索了小额信贷对于穷人脱贫的积极效果，认为金融可以在实现盈利的同时发挥减贫和消除不平等的积极社会作用。① 亚洲开发银行（ADB）的研究也表明在一定时期内持续地向贫困人口提供微型金融服务能推动全社会的进步。② 联合国也一直在关注和研究普惠金融（Inclusive Finance）对于消除贫困和促进发展的作用，并且致力于推动普惠金融体系以消除不平等，促进社会公平。③

（二）金融体系的公平诉求——金融公平理论的酝酿

当金融发展促进社会公平的效应得到充分认识，人们开始反思现有金融体系自身的公平秉性，从而在金融结构、金融伦理以及金融制度等层面寻求改造和完善金融体系，以保证金融市场发展能够真正推动社会公平。Hersh Shefrin和 Meir Statman 对伦理、公平、效率和金融市场进行了体系化的研究，他们认为对金融市场公平性的重视不一定会减损市场效率，公平既是经济伦理需求，又是维护市场效率的基础。④ 金融伦理学家博特赖特认为，金融市场监管的主要目的是确保有效性，但是只有当人们对市场的公平性具有信心时，市场才是真正有效的。⑤ 金融伦理学的发展以及对金融伦理的重视，其目标就是纠正金融市场主体过度逐利的倾向，避免欺诈、操纵、信息不平等、谈判力量不平等以及无效定价。当人权和可持续发展等问题成为全球关注的焦点时，金融对于人权保护以及人类社会可持续发展的作用也进入学术研究的视野，人们开始思

---

① 穆罕默德·尤努斯：《穷人的银行家》，吴士宏译，三联书店，2006，第 103 页。

② ADB, "Finance for the Poor: Microfinance Development Strategy", Institutional Document, June 2000.

③ UN, "Building Inclusive Financial Sectors for Development", May 2006.

④ Hersh Shefrin, Meir Statman, "Ethics, Fairness, Efficiency and Financial Market, Institute of Chartered Financial Analysts Research Foundation", Research Foundation of ICFA, 1992.

⑤ 〔美〕博特赖特：《金融伦理学》，静也译，北京大学出版社，2002，第 32 页。

考金融市场如何服务于创造更好的世界。① 美国金融学家、诺贝尔经济学奖获得者罗伯特·希勒（Robert J. Shiller）明确指出："金融并非为了赚钱而赚钱，金融的存在是为了实现其他的目标，即社会的目标……金融有足够的潜力为我们塑造一个更加公平、公正的世界。"② 王曙光围绕金融发展理论，专注于城乡二元经济结构的形成原因和制度建设，对于农村金融、系统性负投资、金融伦理等问题进行了大量的研究，强调了金融体系运行中的公平性以及社会性。③ 单玉华认为金融活动的公平性是金融发展的重要标志之一，我国金融市场中的基本金融服务覆盖面小、中小企业融资难以及金融发展成果分享不均等问题都影响着金融活动的公平性。在现代金融建设中，关注金融活动的公平性，既是对金融活动的伦理关注的考量，也是金融活动自身完善的表现。④

在这一阶段，法学界也开始研究通过合理的制度建设来维护金融体系的公平性。Emma Jordan 从种族、性别的角度对经济公平进行了研究，公平获取金融服务只是其中一个方面的论题。⑤ 也有学者在后危机时代反思传统金融市场过度杠杆化、金融工具复杂化和风险转移投机等道德失灵中开始研究伊斯兰金融对于社会公平的保障。⑥ 加州大学伯克利分校法学教授 Robert D. Cooter 在研究法律如何消除贫困的过程中，关注到了穷人因缺少抵押物而被排斥在正规金融体系之外，而银行信贷等正规金融服务的缺失导致穷人难以摆脱贫困泥淖，他因此认为应该通过合理的制度设计来促进正规金融和合作金融发展专门适用

---

① Henri-Claude de Bettignies, François Lépineux, *Finance for a Better World: The Shift Toward Sustainability*, Palgrave Macmillan, 2009.

② 〔美〕罗伯特·希勒：《金融与好的社会》，束宇译，中信出版社，2012，第10页。

③ 王曙光：《金融发展理论》，中国发展出版社，2010；王曙光：《告别贫困：中国农村金融创新与反贫困》，中国发展出版社，2012；王曙光：《普惠金融：中国农村金融重建中的制度创新与法律框架》，北京大学出版社，2013。

④ 单玉华：《对金融活动公平性的伦理关注》，《经济经纬》2007年第2期。

⑤ Emma Coleman Jordan, "Economic Justice: Thoughts on a Transformative Vision for Economic and Social Equality", *UDC Law Review*, Vol.10, 2007, pp.137-143.

⑥ M. Kabir Hassan and Rasem N. Kayed, "The Global Financial Crisis,Risk Management and Social Justice in Islamic Finance", *ISRA International Journal of Islamic Finance*, Vol.1, 2009, pp.33-58.

于穷人的小微金融，其中包括确认穷人基本财产权利以及在金融市场的应用完善金融监管制度等。① 长期担任美国金融智囊的密歇根大学法学院教授 Michael S. Barr 则研究了包括住房贷款、个人破产、居民没有银行服务等问题，并提出了良好的金融监管能使市场更好，倡导通过三个途径帮助家庭获得财务稳定：提高个人金融能力、推广技术以提升所需金融产品和服务的取得、实行有效的消费者保护措施。②

在中国，程蓓认为要增进金融服务公平性，需要加强信贷公平、社区再投资以及政策性金融立法，构建科学合理的金融组织体系，营造公平开放的信息环境和加强金融消费者保护。③ 邢会强对金融富贵化趋势进行了批判，指出金融体系得了"富贵病"，存在嫌贫爱富的倾向，不能为穷人提供金融服务。④ 邢的研究前瞻性地提出了问题，但既未分析金融公平的必要性及其基本内涵，亦未就如何从法律角度实现和维护金融公平提出明确建议。周仲飞教授开始从法律的视角切入金融公平范畴中的金融包容问题，他指出未来金融法改革无论是立法还是监管实践均应充分考虑金融包容，并且以银行法的视角从监管目标、银行社会责任以及审慎监管三个方面进行分析，认为提高金融包容应与维护银行体系稳定和保护存款人利益共同作为监管机构的监管目标；同时可以通过银行社会责任的法定化来强制实施，保障公众获得生命线性银行服务的法定权利；此外还应该从激励相容和成本效益监管原则出发，必须对提供小额信贷的金融机构实施差异化监管，以此提高我国的金融包容程度。⑤ 于春敏则从金融服务公平获取的角度认为金融消费者的公平金融服务获得权是指金融消费者具

---

① Robert D. Cooter, Hans-Bernd Schäfer, *Solomon's Knot: How Law Can End the Poverty of Nations*, Priceton University Press, 2011.

② Michael S. Barr, *No Slack: The Financial Lives of Low-Income Americans*, Brookings Institution Press, Washington, D.C. 2012.

③ 程蓓：《增进金融服务公平的对策》，《金融时报》2007 年 2 月 5 日。

④ 邢会强：《金融法的二元结构》，《法商研究》2011 年第 3 期。

⑤ 周仲飞：《提高金融包容：一个银行法的视角》，《法律科学》2013 年第 1 期。

有获得金融服务的平等权利，金融消费者公平金融服务获得权的缺失是导致金融排斥的直接原因。要实现公平金融服务获得权，需要将金融机构均等化服务作为金融监管的重要内容，突出重点提高农村地区金融服务可获得水平，通过立法规范民间金融的发展并推动中小金融机构的发展，同时加强金融消费者保护。[①] 冯辉则针对中小企业融资难的问题提出了企业的公平融资权，并且认为公平融资权的法律构造需要对商业性金融、政策性金融和合作型金融进行结构性调整，以放松金融管制和消除金融垄断推动竞争性商业金融的发展，建立贷款申诉制度以畅通救济途径，明确政策性金融的定位并确立差异化监管标准，放开合作金融的限制以实现市场化互助自给。[②] 尽管以上研究已经进入金融公平法律实现的核心领地，但并未站在金融市场全局和金融公平的整体概念的视角进行系统性的研究。马建霞以信贷服务为中心对普惠金融促进法律制度进行了研究，提出通过相关制度构建积极引导民间资本进入，通过商业性的金融机构组织完成普惠金融的目标，同时积极倡导金融企业的社会责任，鼓励其向社会企业发展。[③] 其研究一方面只是对作为金融公平原则个别方面进行的研究，并未涵盖金融公平的整体内容；另一方面虽然进行了制度设计，但并未分析出促进普惠金融的法律制度的基本原理。

（三）金融公平概念的形成与实现路径——金融公平理论的系统化

当金融体系公平诉求的研究开始成为金融学、金融伦理学以及金融法学研究的重要内容，金融公平的概念也就呼之欲出了。Larry Kirsch 和 Robert N. Mayer 记录了 Dodd-Frank 法案出台以及消费者金融保护局的设立的过程，对消费者联盟、公民权利、公平信贷等话题进行了讨论，并且首次在英文文献中

---

① 于春敏:《论金融消费者的公平金融服务获得权》,《财经科学》2012 年第 7 期。

② 冯辉:《普惠金融事业下企业公平融资权的法律构造研究》,《现代法学》2015 年第 1 期。

③ 马建霞:《普惠金融促进法律制度研究——以信贷服务为中心》,西南政法大学博士学位论文, 2012。

明确提出了金融公平（financial justice）的表述。① 在中国，金融公平的法学研究刚刚起步。丁灿、许立成、徐志坚等指出金融公平是指在金融活动中，每个主体的金融权利都是平等的，在机会均等的竞争环境下形成有序的金融秩序，实现金融资源配置社会福利最大化。构成金融公平的本质在于构建和谐的金融秩序，原则在于保护个人正当的金融权益，目标在于实现金融资源配置社会福利最大化。② 张书清从伦理学、经济学和法哲学的角度论证了金融公正理念的确立依据，认为金融公正理念包含的金融权利的平等优先原则、权利义务的实质对等原则和弱势主体的差别对待原则是金融公正理念的构成要素，在现代金融对经济社会发展发挥正向建构功能的同时，需要以金融公正理念统筹协调现代金融及其制度的内在冲突，现代金融法亦需要以金融公正理念作为价值取向与功能定位。③ 但这些对金融公正的论述局限于从金融学、伦理学以及金融法理念的角度，并未提出明确的法律实现的制度路径以及金融法的完善。

当前在国内法学界对金融公平进行系统性研究的学者主要是冯果教授及其团队，冯果教授率先从法学视角分析了金融公平理念，提出金融公平是指在金融活动中，各类主体不因自身经济实力、所有权性质、地域和行业等因素而受到差别对待，能够公平地参与金融活动，机会均等地分享金融资源，形成合理有序的金融秩序，并通过金融市场实现社会整体利益的最大化。金融公平的内涵表现为各类市场主体均能参与金融活动并获得相应的金融服务，金融市场主体的交易活动均能公平地进行，金融发展带来的经济增长和社会效益为社会各类主体公平享受，金融发展也应立足于消除贫困、缩小收入差距和提高社会福利，金融与社会能够协调发展，实现社会利益的最大化。应当将金融公平与金融安全和金融效率并列为金融法的三大价值目标，通过改革金融机构配置和

---

① Larry Kirsch, Robert N. Mayer, *Financial Justice: The People's Campaign to Stop Lender Abuse*, Praeger, 2013.

② 丁灿、许立成、徐志坚：《中国金融公平建设：理论与实践》，《现代管理科学》2010 年第 6 期。

③ 张书清：《金融公正理念的法学阐释》，《现代法学》2012 年第 4 期。

金融工具安排，完善金融市场体系来进一步改革金融法制。[①] 在进一步研究的基础之上，冯果和李安安认为通过改革和完善金融法制，能够推动金融公平和金融普惠，从而改善收入分配不公的情况进而实现社会公平。具体而言，要塑造银行业有效竞争格局，建立起银行业反垄断结构规制与行为规制的双重规制模式；改革金融服务市场准入制度，确立金融服务包容性的监管理念；减少政府对金融机构的过度管制，强化金融监管机构的独立性与问责性；放松利率的法律管制，加快利率市场化改革步伐；改革外汇管理法律制度，稳步推进人民币汇率的市场化形成机制；完善资本市场资产定价机制，克服资产定价不公允问题。[②] 田春雷则从金融资源公平配置的角度对金融公平进行了研究，提出要以建立包容性金融监管制度和扶持性金融资源配置立法来实现金融资源的公平配置。[③] 李安安将金融公平理念融入金融法制度构建和监管变革之中，提出了"民生金融法"和"包容性监管"等概念，提出融资权作为制度驱动机制，弱势领域金融服务的可获得性作为制度评判机制，权利倾斜性配置作为制度实现机制来实现民生金融法的构建，[④] 同时通过差异化监管、适度监管和柔性监管将包容性监管理念融入监管制度之中，[⑤] 以通过法律制度的完善实现金融公平的诉求。从法学视角研究金融公平内涵以及金融公平实现路径的理论体系正在形成。

（四）金融公平理论研究的不足与未来走向

以上研究成果的综述只是廓清了金融公平理论形成和发展的框架，但从这

---

① 冯果：《金融法的"三足定理"及中国金融法制的变革》，《法学》2011年第9期。

② 冯果、李安安：《收入分配改革视域下的金融公平》，《经济法研究》2012年第1期。

③ 田春雷：《金融资源公平配置与金融监管法律制度的完善》，《法学杂志》2012年第4期；田春雷：《金融资源公平配置的法学分析——兼论中国金融法的新价值》，《法学评论》2013年第3期。

④ 冯果、李安安：《民生金融法的语境、范畴与制度》，《政治与法律》2012年第8期。

⑤ 冯果、李安安：《包容性监管理念的提出及其正当性分析——以农村金融监管为中心》，《江淮论坛》2013年第1期。

些研究中不难发现当前金融公平理论研究的缺陷和不足。我们研究金融公平问题，探讨金融公平的法律实现，也正是要以这些理论研究的不足为基础，着力解决和弥补这些不足，以完善金融公平法律实现的理论体系。这既是金融公平理论研究的未来走向，也正是本书写作目标之所在。

首先，金融公平理论的研究以金融学视角和伦理学视角为主，法学视角的研究不足。从金融发展的社会公平效应的发现到金融体系的公平诉求，金融公平理论主要是在金融学的框架和伦理学的基础上得以推进的，尽管在后期法学学者开始跟进研究制度对策，但并未跳出原有研究范式的局限。对于金融公平，金融法学界不应漠然视之无所作为，而应当从制度建设和行为规范的角度，研究如何确保金融在发挥促进增长的经济功能的同时实现其调节收入分配、增进民众福利的社会功能。令人遗憾的是，一方面，后危机时代金融市场欺诈行为的规制和金融消费者保护的研究汗牛充栋，然而对于金融资源公平配置和金融福利公平分享的研究却明显不足，金融公平法律实现的现有研究呈现"跛足"的不均衡状态；另一方面，从法律构造来分析金融公平理念和原则的研究还未真正起步，法学界对金融公平的系统性研究还有很长的路要走。易言之，法学界需要更为关注金融公平的基础和核心问题，以更为宏大的视野和全面的角度对金融公平进行分析和探究。

其次，金融公平的法律实现的研究以分散的具体问题为主，理论提升不足。金融公平作为一种理念和原则，贯穿在金融体系运行始终。而当前法学界研究金融公平问题，都是集中在金融消费者权益保护、普惠金融、中小企业融资权、民间金融等等具体问题之上，尚未进行系统化的理论提升，对于金融公平的内涵，金融公平原则在金融法制中的地位和落实等宏观理论框架的建立尚未有实质性突破。尽管研究形而下的具体问题是金融公平法律实现的基础，但是从形而上的角度对金融公平法律实现进行理论提升，是将金融公平理论融入金融法理论体系的必要环节。正如胡适从研究问题、输入学理、整理国故到再造文明的论断，①我们研究金融公平的法律实现，亦需要从当前金融体系发展的具体问题入手，引入境外的理论和制度并结合我国法治的本土资源加以整理，最终还是要提升形成系统的理论体系。

最后，金融公平法律实现的研究以制度建议为主，机制原理的分析不足。当前我国社会科学的研究范式流于提出问题、分析问题和解决问题的固有范式，尽管以问题为导向地来研究金融公平的法律实现具有显著的现实意义，但是在提出作为解决方案的制度建议时，现有的研究多为对于境外经验的简单复制，或者是基于我国金融法制漏洞的机械性弥补。这种研究模式片面地着眼于制度变革的表层意象，而忽视了法律运行的深层机理，对于法律制度如何调整金融市场主体行为以及金融资源配置的内在原理的分析不足，难以真正提出有效的制度完善方案。"壹引其纲，万目皆张"②，只有对金融公平法律实现的内在机理进行深入分析，厘清法律运行对金融体系的作用路径，才能系统、科学地提出我国金融法制的变革之道。研究金融公平的法律实现，也必须建立在对金融法律运行机理的充分把握和有效利用的基础之上。

三 研究方法与结构框架

研究方法对于学术研究的进路和格局有着重要的影响，决定着研究的科学性和论证的周延程度。本书的选题广泛涉及法学、金融学、社会学、哲学、伦理学等多个领域的议题，加上金融公平的法律实现亦需要从经济效果、社会效果、伦理要求等视角进行解读和探讨，因此，本书的研究综合运用多种研究方法，以确保研究的科学性和实效性。具体研究方法包括以下方面。①价值分析法。本书的研究以拷问金融市场和金融法制的基本价值作为起点，提出并

---

① 唐德刚:《胡适口述自传》，广西师范大学出版社，2009，第5页。

② 《吕氏春秋·用民》。

论证"金融公平"应当作为与金融效率和金融安全三足鼎立的基础性价值目标，对我国金融市场的公平性状况以及我国金融法律制度应有的公平秉性进行分析和评价，并遵循对金融公平的基本追求来尝试构建符合公平价值目标的制度体系。本书通过采用价值分析法，尝试对传统金融学所认为的金融本来就应该是逐利的或者说效率至上的思维模式进行批判和纠正，使金融回归到符合经济伦理和社会正义的总体要求之下。②实证分析法。本书的研究不仅仅局限于形而上的理论分析，而是根植于经济社会的现实需要和当前的制度实践，通过对金融市场运行的具体数据和现有的成文法律制度的实证分析，揭示金融公平的程度和现实存在的问题，分析当前制度结构缺陷。实证分析的内容既包括了对金融市场运行的客观描述、分析和判断，也包括了对于已经实然存在的法律制度的分析和检讨。③比较研究法。本书的研究将在全球视角下对各国实现和保障金融公平的制度构建和实践进行比较，分析不同国家和地区在金融公平问题上所面临的主要矛盾，对比各国在利用法律手段提升金融市场公平程度上的措施，并在此基础上充分吸收和借鉴各国的先进经验，提出对中国金融公平建设的有益建议。④法经济学方法。作为当前法学研究中颇受关注的研究方法，法经济学分析范式在本书的研究过程中得到了一定程度的运用。本书在分析论证过程中，比较充分地采用了成本收益分析框架、激励理论、博弈论、外部性、福利经济学理论等经济学方法和理论来分析金融公平原则以及法律制度运行过程中对金融公平的实现效果。⑤法社会学方法。当前的金融法学研究主要体现为行为主义范式和法经济学范式，前者以金融市场主体为出发点，着眼于金融机构、金融工具、金融市场和金融监管的法解释学分析和相关权利义务配置，后者主要研究法律和金融之间的关系、金融法的经济结构、证券权利的产生与运作机理、金融秩序的演进以及金融组织的治理结构等问题。①但无论是行为主义范式还是法经济学范式，均过度关注金融的经济性而忽视了金融的

① 冯果:《金融法的"三足定理"及金融法制的变革》,《法学》2011年第9期。

社会性，导致金融法缺乏应有的精神气质和人文情怀，并逐渐蜕变成为工具主义色彩极为浓厚的管制之法。在"金融社会化"和"社会金融化"的时代背景下，金融法的行为主义范式应当更多地转向结果主义范式，法经济学范式则应该更多地转向法社会学范式。本书的研究着眼于金融体系运行的社会福利，关注金融法律制度运行中的社会效果，并且探索了实现金融公平目标的制度完善途径。⑥法解释学方法。法解释学作为传统的法学研究方法，是法学方法的核心。运用法律解释、法律推理和论证来设计、修正和运用规则，是法学研究和实践的最基本的任务。① 因而对于法解释学方法的运用，是本书作为法学研究本质属性的必然要求。本书的研究始终紧密围绕法律制度本身，从制度生成逻辑到运行规律，从当前金融法制的缺陷到未来制度完善的方向，都始终没有背离法解释学的传统。

本书由绪论、正文和结论三部分组成。绪论主要交代了金融公平的法律实现这一选题的研究背景、理论实践价值、现有研究进展等，结论则是对正文部分核心观点和未来研究方向的介绍。作为本书主体的正文部分由五个具体章节构成。第一章是对金融公平理念的提出和论证，基于金融功能、金融伦理、公平正义原理、金融经济学等理论从价值旨向、伦理基础和内在要求等三个方面证成了金融公平理念应当成为现代金融体系的基本价值目标，从而奠定金融公平的理论基础。第二章阐述了金融公平的三重维度，对金融公平的内涵予以进一步的展开，从机会公平、过程公平和结果公平的三个阶段分别指出金融公平要求金融市场公平进入、金融交易公平进行、金融福利公平分享，使金融公平的内容得以丰富和具体化。第三章分析了金融公平法律实现的路径选择和内在机理，通过比较市场实现、道德实现、政策实现和法律实现得出法律路径是实现金融公平的最优路径选择，并分析了金融公平法律实现需要把握主题能力、

---

① 冯果:《法解释学等传统法学方法——未来中国经济法学的主流研究方法》,《重庆大学学报》(社会科学版)
2008 年第 5 期。

金融结构、市场行为和法律制度等四大关键要素，廓清了赋能、强制、激励、调控等法律调整方法，从而分析了金融公平法律实现的内在机理和基本规律。第四章将视野扩展到金融公平法律实现的全球实践，通过比较研究分析了以金融包容为主要任务的发展中国家的金融公平法制实践以及以金融消费者保护为主要任务的发达国家的制度经验，在此基础上分析了在新兴加转轨时期金融公平的双重任务背景下，我国金融公平法律实现的制度尝试以及存在的问题。第五章则从现实任务回归到具体的因应之道，以金融公平法律实现的四大关键要素作为线索，糅合法律调整方法的一般规律，从法律制度体系的总体设计、主体能力的提升、金融结构的优化到市场行为的约束，对我国金融公平法律实现的具体路径提出设计方案和对策。

四 创新点与不足

创新是学术研究的基本要求，也是理论进化的内在驱动。本书将创新作为研究过程中一以贯之的原则，在充分立足于我国金融市场发展和金融法制建设实际的基础之上，力图选择新视角、采用新材料、运用新方法、提出新观点，既避免陷入既有研究范式和内容的窠臼，流于人云亦云和原地踏步，又防止脱离现实需要盲目求新而使研究沦为无本之木。从已取得的研究成果来看，本书可能的创新点表现为以下几个方面。

第一，立足新观点，首次系统性地论证了金融公平理念的理论基础及其基本范畴。在当前金融学和金融法学的研究已经普遍关注普惠金融、金融机构社会责任、金融消费者保护等金融公平的具体性问题的背景下，金融公平的理念与原则得以提炼出来，并成为金融学和金融法学所关注的新的理论增长点。然而从现有理论研究成果的发展阶段而言，金融公平只是被作为一个抽象原则而尚未得以有效论证和充分展开。本书围绕金融公平这一全新观点，以较大的篇幅提炼和证成了金融公平原则，论证了金融公平的理论基础和基本范畴，从而系统性地构建了金融公平的理论体系，并且以此为基础探讨了金融公平实现的法律路径，推动了金融法基础理论和制度实践的创新。

第二，尝试新视角和新方法，从法律制度运行机理的视角来研究金融公平的实现路径。从现有文献来看，实现金融公平的研究主要集中在金融学界所提出的一些宏观的政策性建议以及市场上基于道德伦理所发出的柔性约束，从法学视角来研究金融公平尚未形成规模。而且法学界的对策性研究主要局限于两种模式，要么是基于对现象和问题的分析直接给出制度建议；要么是基于对境外制度经验进行介绍和比较后提出借鉴方案。本书的研究则尝试穿透制度研究的表层镜像，超越"从问题到制度"和"从制度到制度"的固有范式，而是深入法律制度运行的内在机理和金融公平实现的关键要素，辅之以法经济学、法社会学等多元化的研究方法，提炼和抽象出通过法律制度调整来维护和促进金融体系公平运行的一般规律，然后才在此基础之上有针对性地提出科学的制度建议。可以说，本书开创了从经典法学研究的视角和方法来探索实现金融公平的先河。

第三，选取新材料，以全新的研究素材和全球化的视野作为研究的有力支撑。尽管作为抽象原则的金融公平尚未成为具有全球共识的概念，但作为其下位概念和具体内容的金融包容、金融消费者保护等已经得到高度的关注，由此也催生了世界各国的积极践行和推动。本书在研究过程中，广泛搜集了世界银行、亚洲开发银行等国际组织以及美国、印度、南非、巴西等国家的数据和文献，并将这些在国内尚未引入或难以获取的文献与我国前沿研究成果相结合，为本书的研究提供了全新且充分的理论研究素材。

第四，提出新理论，以全新的概念和范式丰富和拓展金融法基础理论并推动金融法制实践。本书超越了单纯从商法思维来关注以金融交易为核心的金融法治，而是根据经济法思维围绕金融结构、金融监管和社会福利等问题探讨金融法治与社会发展之间的关联。本书将金融功能理论、福利经济学、金融伦理学与金融法学理论相结合，从金融的社会功能、金融福利、金融机构社会责任、能力方法等衍生出了金融福利法、金融机构社会责任法律化、从法律赋能实现金融公平等全新命题，分析了法律制度对金融体系的作用机理，提炼出了通过赋能、强制、激励、调控等法律方法对主体能力、金融结构和市场行为等进行调整的基本框架和一般原理，从而为金融市场法制实践提供了理论基础和方法指引。

然而任何研究总是难言完备，选题的局限以及知识和能力储备的缺乏也导致了本书的研究存在着明显的不足。

第一，过于宏观抽象的选题造成了本书大开易而大阖难。金融公平作为金融市场和金融法的基本价值目标和原则，涉及金融体系运行的方方面面，也全面地覆盖着金融法律制度的整体。因此在开篇对于金融公平理念和金融公平法律实现机理进行宏大叙事的论证之后，再将金融公平落实到具体的金融法律制度构建之上时难免挂一漏万，只能围绕着金融公平法律实现的关键要素来提出相关的制度完善方案的要点。

第二，缺少定量分析以及境外样本数量不足也影响了本书的科学性和普遍性。由于作者本人知识储备和结构的现实制约，本书更多地采用了定性分析的方法，极少的定量分析也非常粗糙和初级。同时由于篇幅限制，加上各国实践在差异性中还具有类型化特点，故本书只选取了几个典型样本而并未将诸如孟加拉国、乌拉圭、英国等在通过法律路径实现金融公平上的实践经验予以比较。这些限制都在不同程度上导致了本书研究的不足。

以上不足有待于在今后的进一步研究中予以细化和完善。

第 **1** 章

重新审思金融：
金融公平理念的勃兴

作为现代经济的核心和血液，金融为实体经济配置资金要素，在驱动经济增长上发挥着巨大的作用。然而当金融丧失了公平正义的底线，痴迷于对效率和利润的片面追逐，金融开始脱离对实体经济发展和社会整体福利提升的关照，逐渐异化为缺失了道德秉性和社会担当的营利工具。自金融危机以来，金融更多地成为掠夺和贪婪的代名词，民众对金融业的不满与敌意潜滋暗长。以"占领华尔街"运动（Occupy Wall Street Protest）为代表的批判浪潮引发了整个社会对于金融发展与社会公平关系的省思。现代金融业的发展进入了新的十字路口，到底是应该认同金融本身就是利益游戏而放任其逐利本性恣肆无忌，抑或是应该在尊重市场规律的基础上通过制度约束维护和实现社会公平，关系到未来金融体系的根基以及人类社会的福祉。在这一背景下，围绕着金融发展对社会公平的效应，以及经济正义与金融伦理的理论审思渐成风潮，金融可以而且应当维护和实现公平日益成为共识。金融公平的面纱正在被撩开，金融公平理念在实践需求和理论催生中开始迎来勃兴。

第一节　金融功能理论的拓展与金融公平的价值旨向

从常规的话语体系来看，对于金融的讨论往往集中于经济学语境。然而"经济学帝国主义"使得金融总是在"成本－收益"、"需求－供给"等传统经济学范式和框架下被检视，从经济视角去研究和判断金融市场被奉为金科玉律，以至于许多学者近乎偏执地认为逐利乃是金融的本性，金融市场是效率的领地而容不得公平染指，进而排斥对金融体系的适度干预以兼顾社会公平并实现整体效率的帕累托最优。然而，随着金融学本身对于金融功能的认识趋于全面，加上金融社会学等新兴领域的异军突起，金融对于社会公平的作用开始吸引理论界的注意，金融的社会功能逐渐得到正视，公平也日益成为金融发展所关注的旨向。

一　传统金融功能理论的演进与流变

所谓金融功能，就是金融工具、金融机构以及整个金融体系对经济社会发展所具有的功效和作用。[①] 金融功能是金融与经济社会关系的本质，反映着金融对于人类经济社会发展的内在使命。对金融功能准确而全面的把握，是充分有效发挥金融的积极作用的前提。金融功能在金融发展理论、金融功能观乃至金融经济学中都有相应的阐释，对金融功能的认识也随着金融功能理论的不断

---

① 白钦先、白炜：《金融功能研究的回顾与总结》，《财经理论与实践》2009 年第 5 期。

拓展而日益全面。

　　早期的经济学家和金融发展理论将注意力主要集中于金融在促进经济增长方面的功能。美国经济学家熊彼得（Schumpeter）在其《经济发展理论》中认为银行业可以通过借贷帮助企业家进行技术创新，从而有效地促进经济增长。[①]格利（Gurley）和肖（Shaw）认为金融中介通过动员储蓄，增加了可以用于投资的资金，进而提高了投资规模以促进经济增长。[②]帕特里克（Patrick）则根据需求和供给的视角认为金融能够配置资源，在经济发展的初期通过提供资金供给刺激经济增长，当经济发展进入成熟期则根据经济发展的需要满足资金需求。[③]诞生于 20 世纪 70 年代的现代金融发展理论主要以发展中国家为研究对象，重点研究金融发展与经济增长的关系，从而对金融功能进行了更为深入的探讨。麦金农（McKinnon）和肖（Shaw）分别从"金融抑制"和"金融深化"两个角度论证了金融发展与经济发展的辩证关系，指出发展中国家因政府过分干预金融、利用利率和汇率在内的金融价格的扭曲以及其他手段进行金融抑制，造成增长率下降，妨碍了经济增长。[④]他们主张进行金融自由化改革，放松利率汇率管制，使资金价格恢复到均衡状态，以提高储蓄水平，扩大投资规模。[⑤]麦金农和肖创立的金融发展理论将金融体系对于经济发展的功能提至一个前所未有的高度，对金融的促进资本形成和资源配置功能机理给予了详细论证，并强调了以市场化和自由化促进金融发展，从而有效发挥金融机制的功能来促进经济发展这样一种基本思路。

　　然而，随着"金融深化"理论所倡导的金融自由化在拉美的实验遭遇失

①　Schumpeter, Joseph A., *The Theory of Economic Development: An Inquiry into Profits, Capital, Credit, Interst, and the Business*, Cambridge: Harvard University Press, 1934. pp. 58-72.

②　Gurley, J.G., Shaw, Edward S., *Money in a Theory of Finance*, Washington, D.C.: Brookings Institution, 1960.

③　Patrick, H. T., "Financial Development and Econmic Growth in Underdeveloped Countries", *Economic Development and Cultural Change*, 14, 1966, pp.174-189.

④　McKinnon, R.I., *Money and Capital in Economic Development*, Washington, D.C.:Brookings Institution, 1973. pp. 5-18.

⑤　Shaw, Edward S., *Financial Deepening in Economic Development*, New York: Oxford University Press, 1973.

败，人们开始质疑在信息严重不对称的落后经济体贸然推行金融自由化可能会导致金融危机。斯蒂格利茨（Stiglitz）等提出了"金融约束理论"，认为对于金融发展水平较为低下的发展中国家而言，金融深化具有极大的社会福利效应，但是自由竞争达不到社会的最优结果，需要政府发挥积极作用，通过存贷款利率控制、市场准入等一组金融约束政策为金融部门和生产部门创造获取剩余的机会，以缓解金融机构和企业部门由于信息不对称而产生的激励问题，从而推动金融发展和经济增长。[①] 金融约束理论充分认识到金融部门在处理信息不对称方面功能的长处和劣势，重视在金融配置资源过程中政府的角色，不再停留在任由金融功能的自由发挥，而是进一步主动运用金融机制的有效部分，弥补非完全信息条件下市场化金融的缺陷部分，以暂时的约束作为培育金融功能发展的过渡性手段。[②]

对金融功能的系统化研究开始于 1995 年默顿和博迪（Merton & Bodie）提出的"金融功能观"（Functional Perspective）。默顿和博迪等将金融的核心功能归纳为六类：①便利资源在不同时空和不同主体之间转移；②提供清算和结算支付的途径以完成交易；③为储备资源和在不同的企业中分割所有权提供有关机制；④提供管理风险的方法；⑤提供价格信息，帮助协调不同经济部门的决策；⑥解决信息不对称带来的激励问题。[③] "金融功能观"的本意是要基于具有相对稳定性的金融功能，在金融机构、产品和市场的变迁和动荡之中把握金融和经济之间的内在关系及其演化趋势，使金融体系更好地适应外部环境。然而"金融功能观"的提出，却引发了理论界对"金融功能"的集中研究。莱

---

① Thomas Hellmann, Kevin Murdock, Joseph Stiglitz, *Financial Restraint: Toward a New Paradigm, The Role of Government in East Asian Economic Development: Comparative Institutional Analysis*, New York: Oxford University Press, 1996. p.163.

② 王佳菲：《金融发展视角下金融功能的定位——兼论中国金融体系功能的错位与复位》，《海南金融》2006 年第 11 期。

③ Crane, D. B., K. A. Froot, Scott P. Mason, André Perold, R. C. Merton, Z. Bodie, E. R. Sirri, and P. Tufano, *The Global Financial System: A Functional Perspective*. Boston: Harvard Business School Press, 1995.

文（Levine）认为金融体系的功能有促进风险改善、信息获取和资源配置、完善公司治理、动员储蓄、促进交易等。[①] 阿伦（Allen）和盖尔（Gale）则认为金融体系的功能主要是风险分散、信息提供和公司治理。[②] 白钦先等则进一步细化了金融功能的外延，认为金融体系的功能包括四个递进层次，第一层次是基础功能，即为经济社会活动提供交易、兑换、结算、保管等服务功能以及进行简单资金融通的中介功能；第二层次为核心功能——资源配置，即通过建立整个经济中资金需求者与资金供给者之间的联系，调剂社会资金余缺，以提高资金的利用效率，从而提高整个社会的福利水平；第三层次为扩展功能，即经济调节与风险规避。经济调节指的是货币政策、财政政策、汇率政策、产业倾斜政策等通过金融体系的传导能够调节和引导经济，实现特定战略目标与目的，风险规避则是利用大数定理将风险分散化和社会化；第四层次则为衍生功能，包括风险管理、信息传递、公司治理、财富再分配、引导消费和区域协调等。[③] 王佳菲认为金融功能是随着产生阶段而逐步扩展的，在自然经济阶段金融的基础功能即便利交换和中介服务。进入工业化阶段后金融的核心功能是优化资源配置，包括促进资本形成、促进资源流动与整合、推动技术进步等。在工业化中后期，金融的衍生功能开始出现，包括了风险分担与管理、信息揭示与处理、创新生产组织形式等。在现代市场经济中，金融的调控功能凸显，政策性金融的倡导、矫正补充等功能被重视，从而引导资金流向，弥补市场缺陷。[④]

从上述金融功能的表述可以看出两个基本趋势。①对金融功能的认识开始从纯粹的经济方面的基础功能拓展到包括财富再分配、引导消费和区域协调等在内的衍生功能，对金融功能的认识日趋全面。金融功能理论发端于金融体系

---

① Levine R., "Financial Development and Economic Growth: Views and Agenda", *Journal of Economic Literature*, Vol.35, 1997, pp.688-726.

② Franklin Allen, Douglas Gale, *Comparing Financial Systems*, MIT Press, 2001.

③ 白钦先、谭庆华：《论金融功能演进与金融发展》，《金融研究》2006年第7期。

④ 王佳菲：《金融发展视角下金融功能的定位——兼论中国金融体系功能的错位与复位》，《海南金融》2006年第11期。

最原始、最基础的中介和服务功能，经过不断地丰富与深化，逐渐衍生到风险管理、公司治理、财富再分配等更广泛的领域。同时金融功能理论开始超越促进经济增长的纯粹经济考量，更加关注财富分配、区域协调等社会考量。②对金融市场的引导和干预越来越受到正视。一方面发展不完全的金融体系要发挥其功能，需要政府有效运用约束政策加以干预；另一方面由于市场缺陷，金融功能的最优发挥也需要政府的引导和干预进行有效调控。

二　金融发展的社会公平效应

20 世纪 90 年代以来，金融发展理论开始将注意力从金融发展与经济增长的关系转到金融发展与社会公平的关系上。金融在调节收入分配和消除贫困方面的功能开始受到前所未有的重视，金融发展的社会公平效应逐渐被认识和接受。

关于金融发展的社会公平效应，起始于金融发展对收入分配的影响。Greenwood 和 Jovanovic 开创性地揭示了金融发展与收入分配的关系：由于财富门槛的存在，在金融发展的初期，穷人无力负担融资成本而被排斥在金融市场之外，只有富人才能进入金融市场融资，并投资于高风险回报率的项目，这样穷人和富人之间的收入差距会拉大；但是，随着金融中介的进一步发展，以及穷人通过财富积累实现对门槛的跨越，穷人逐渐也能获得相应的金融服务，并得到较高的投资收益，穷人与富人之间的收入差距将会缩小。因此，在一国经济发展的初期，金融发展将会扩大收入差距，但从长期来看，随着收入的增长和金融市场的成熟，更多的人开始进入金融市场，收入差距会逐渐缩小，直至收敛到平等水平，即金融发展和收入分配的关系服从"库兹涅茨效应"的倒 U 形的轨迹。① Galor 和 Zeira 认为完善的金融市场是金融发展和经济增长导致

---

① Jeremy Greenwood, Boyan Jovanovic, "Financial Development, Growth, and the Distribution of Income", *Journal of Political Economy*, Vol.98, No.5,1990, pp.1076 -1107.

收入差距缩小的前提，伴随着金融自由化、金融市场的竞争和向更多的民众开放，穷人也能通过金融市场融资，并进入高收入的现代部门，进而缩小与富人之间的财富差距。[①] Clarke、Xu、Zou 等人用全球数据对金融发展和收入分配之间的关系进行了分析，得出结论认为金融发展会显著降低一国的收入分配差距。[②] 还有学者更是运用 99 个国家从 1960 年到 1999 年的数据来分析金融发展与减轻贫困之间关系，其实证研究结论显示金融发展会促进经济的增长并有利于缩小贫富差距。通过微型金融、政策性金融等方式为低收入人群提供充足的金融服务供给，可以为这类人群提供赖以发展的资金流和其他金融资源，有利于促进经济的增长和收入水平的提高。[③] Banerjee 和 Newman 则通过分析融资限制给企业筹集资金带来的影响，论证了信贷市场越完善、融资限制越少且越公平的国家，收入分配差距越小。[④]

消除贫困效应作为收入分配调整的延伸，也进入了金融发展理论的视野。Stiglitz 认为贫困的根源是市场失灵，金融市场的不完善阻碍了穷人获得资金进行投资。而消除造成金融市场失灵的因素，尤其是信息不对称和高额融资成本，能够帮助穷人进入正规金融市场获得脱贫机会。[⑤] Dollar 和 Kraay 认为金融发展所带来的经济增长会通过"涓滴效应"（Trickle Down）使包括穷人在内的所有人都受益，从而减少直至消除贫困。[⑥] Jalilian 和 Kirkpatrick 研究了低

---

① Oded Galor, Joseph Zeira, "Income Distribution and Macroeconomics", *Review of Economic Studies*, Vol.60, No.1, 1993, pp.35-52.

② George Clarke, Lixin Colin Xu, Hengfu Zou, "Finance and Income Inequality: Test of Alternative Theories", World Bank Policy Research Working Paper, No.2984, March 2003.

③ K. Beck, R. Levine, "Finance, Inequality and Poverty: Cross-country Evidence", World Bank Policy Research Working Paper, No.3338, February 2004.

④ Abhijit V. Banerjee, Andrew F. Newman, "Occupational Choice and the Process of Development", *Journal of Political Economy*, Vol.101, No.2, 1993, pp.274-298.

⑤ Joseph Stiglitz, "The Role of the State in Financial Markets", Proceedings of the World Bank Annual Conference on Development Economics, 1998, pp.19-52.

⑥ D. Dollar, A. Kraay, "Growth is Good for Poor", *Journal of Economic Growth*, Vol.7, 2002, pp.195-225.

收入国家金融发展给穷人生活带来的影响，认为金融部门的扩展能够促进经济增长，从而有效地消除贫困。[①] Beck、Demirguc-Kunt 和 Levine 分析了金融发展与减轻贫困之间的关系，结果表明在金融发展过程中，最低收入阶层的收入增长快于人均 GDP 的增长，因此，金融发展有利于减少贫困、缩小收入分配差距。[②] Honohan 也选取多国数据分析了金融发展、增长与贫穷之间的关系，证实了金融发展能够降低贫困比例。[③] 世界银行在 2006 年世界发展报告《公平与发展》中指出，金融发展能够使社会中较为贫困的阶层真正受益，使其从贫困的泥淖中解脱出来，从而实现社会的公平。[④]

此外，金融发展与不平等（inequality）和社会公平（social equity）有关。Timothy Bates 通过研究分析了金融机构在向初创企业发放贷款时的不公平现象，相比于白人企业，黑人的初创企业融资难度要大得多。[⑤] 这种身份属性所造成的在金融市场上的地位不平等比较普遍，除了种族之外，所有权结构、企业规模、股东背景与能力等都直接构成了信贷歧视的原因。在我国比较典型的小微企业、民营企业融资难正是这种不平等现象的集中体现。这种信贷机会的不平等又会造成发展机会的不平等，最终导致社会公平的缺失。Demirguc-Kunt 和 Levine 认为金融发展能够与个人能力、父辈财富、社会地位、政治关联等一起影响一个人的经济机会。金融体系影响着人们能否有足够的资金经营生意、接受教育，由此形成了机会不平等，进而造成了贫富差距和代际差异。然而通过金融体系的不断完善和资金配置的优化，金融具有消除这种不平等的

---

① Hossein Jalilian, Colin Kirkpatrick, "Financial Development and Poverty Reduction in Developing Countries", *International Journal of Finance and Economics*, Vol.7, 2002, pp.97-108.

② Thorsten Beck, Asli Demirguc-Kunt, Ross Levine, "Finance, Inequality, and Poverty: Cross-Country Evidence", NBER Working Paper, No.10979, Dec. 2004.

③ Patrick Honohan, *Financial Development, Growth and Poverty: How Close Are the Links*? World Bank Policy Research Working Paper, No. 3203, 2004.

④ The World Bank, "Equity and Development", World Development Report, 2006.

⑤ Timothy Bates, "Unequal Access: Financial Institution lending to Black- and White-Owned Small Business Start-ups", *Journal of Urban Affairs*, Vol.19, 1997, pp.487-495.

能力。[①]Banerjee 和 Duflo 通过研究认为金融发展能够减少不平等和消除贫困，接受金融服务能够有效地提升个人的生产力和福利。[②] 当然，金融发展消除不平等的功能单单凭借市场的自发调节是很难实现的。Claessens 和 Perotti 认为金融发展对不平等的影响主要是部分群体不能进入金融市场享受金融服务所带来的经济机会的不平等，这种不平等结构往往是经济能力以及政治约束造成的，金融监管当局为经济或政治精英（elites）所捕获（captured），不能有效进行调整从而造成不平等的存续。只有通过推进金融民主化和自由化，建立独立有效的监管体系才能够消除不平等。[③] 此外，金融体系与人力资本投资（即教育）以及社会福利（如医疗、住房）等个人经济社会生活密切相关，金融体系为各类群体实现生存和发展提供融资机会。各类群体公平获得融资机会实现生存与发展是社会公平的应有之义。然而融资机会能否公平获取，又取决于金融体系是否公平。因此金融体系的公平程度也会直接关系到整个社会的公平程度。

可见，金融发展对社会公平有着微妙的效果。金融发展能够调节收入分配、消除贫困、消除不平等并维护社会公平，然而这种效果并非是金融发展自发完成的，这既需要一定的过程和周期，又需要金融结构的优化和市场运行的公平。概言之，金融能够维护和实现社会公平，但这一效果又建立在金融体系自身的公平性基础之上。

三 金融功能的二元分野：经济功能与社会功能

在第二次世界大战之前，工业资本主义（Industrial Capitalism）还占

---

① Asli Demirguc-Kunt, Ross Levine, "Finance and Inequality: Theory and Evidence", NBER Working Paper, No.15275, Aug. 2009.

② Abhijit Banerjee, Esther Duflo, "Growth Theory Through the Lens of Development Economics", *Handbook of Economic Growth*, Vol.1, 2005, pp.473-552.

③ Stijin Claessens, Enrico Perotti, "Finance and Inequality: Channels and Evidence", *Journal of Comparative Economics*, Vol.35, 2007, pp.748-773.

据着主导地位。工业化的生产、流通和贸易体系构成了当时经济的主体部分。然而近几十年来，金融体系的崛起将世界推入了金融资本主义（Finance Capitalism）时代，一度为工业生产服务的金融业逐渐掌控和操纵工业，金融资本开始取代地主和产业资本统治世界。[①] 随着金融日益向社会生活各领域广泛渗透，金融已经成为社会最基本、最活跃的经济要素。作为一种稀缺资源，金融既是资源配置的对象，又是配置其他资源的方式或者手段，它不仅影响到财富的分配，还会影响到人的社会机会，从而影响人的生存和发展。[②]

事实上，当前世界正处在一个社会金融化和金融社会化的过程之中。所谓社会金融化和金融社会化一般被描述为两个过程，前者是社会行为遵循金融方式和规则的过程，后者是金融机构和社会成员共同形成有助于经济社会发展的金融环境和金融行为的过程。[③] 在这两个过程中，金融与社会深度地交错与融合，一方面金融成为社会发展过程中资源配置的重要方式，各种社会资源和生产要素通过金融手段实现了有效的分配与调整，金融渗透到社会生活的各个环节并成为社会发展的重要依托和助力；另一方面金融不再只是纯粹的经济活动，而是逐渐开始关照社会生活中基本需求的发展目标，金融活动的意义和目标不再仅仅局限于追逐利润而是拓展为社会的全面协调持续发展。社会金融化和金融社会化的进程将金融发展和社会发展牢牢地绑定在一起，使得金融体系的运行开始更多地考虑社会的需求和目标。从马克斯·韦伯（Max Web）首倡[④]，社会学家开始以社会学的视角去关注金融与社会的互动，金融社会学（Financial Sociology）由此起源。在金融社会学的视野里，金融领域不再是纯粹的经济活动的场所，而是充满社会关系和社会结构的领域，同时又被社会的力量所塑造

---

① Gorge William Edwards, *The Evolution of Finance Capitalism*, London, New York, Longmans, Green and Co., 1938, pp.35-46.

② 丁瑞莲：《现代金融的伦理维度》，人民出版社，2009，第91页。

③ 邹立行：《金融社会化和社会金融化》，《科学决策》2011年第3期。

④ 韦伯通过研究股票市场中的投机交易、市场权力及其政治性质，开创了社会学家研究金融市场的传统。参见 Max Web, *Stock and Commodity Exchange: Thoery and Society*, Theory & Society Vol. 29, 2000, pp. 305-338.

着。社会学家认为金融行为最根本的还是社会人的行为，金融行为的本质是在社会层面的互动与交流。[1]金融社会学不仅研究着金融市场运行的社会动力机制，而且也关注着金融发展与社会公平、金融技术的社会影响等方面的议题。[2]

可见，长期以来金融总是被片面地认识为来源于经济活动并服务于经济活动的组织体系，即人们一直在强调的是金融的经济功能。在过去我们一直在强调金融作为一种资金要素的配置机制，能够通过支付清算、信用中介、风险管理、信息提供等功能的发挥来促进经济增长。然而，随着金融对人类社会的影响逐渐扩展，人们对金融的认识也开始日益全面，不再仅仅认为金融是经济增长的工具，而是开始注意到金融在调节收入分配、消除不平等和实现社会公平等方面的功能，即金融的社会功能开始被正确认识。诺贝尔经济学奖获得者罗伯特·席勒（Robert Shiller）甚至超越了纯粹的经济的考量，认为"金融所要服务的目标都源自民众，这些目标反映了我们每一个职业上的抱负、家庭生活中的希望、生意当中的雄心、文化发展中的诉求，以及社会发展的终极理想……金融并非为了赚钱而赚钱，金融的存在是为了实现其他的目标，即社会的目标"[3]。易言之，金融能够发挥的作用以及人们对金融体系的期待已然超越了简单的经济增长，而是拓展为建设更好的社会。

随着人们对金融功能的认识日趋全面，金融经济功能和社会功能的二元分野也日益明晰。所谓金融的经济功能，是指金融通过金融体系的运行所实现的便利和促进经济交易、优化资金资源配置、促进经济增长等方面的作用。而金融的社会功能，则指金融在配置资源的过程中所形成的实现个体和社会发展、调节收入分配、提升社会整体福利、实现社会公平等方面的效果。金融的经济功能和社会功能，既反映了金融体系运行中的现实可能性，也体现着人们对于金融体系的理想化期待。

---

[1] 陈氚：《超越嵌入型范式：金融社会学的起源、发展和新议题》，《社会》2011年第5期。

[2] 王国伟：《金融市场的社会学：经济社会学研究的新议题》，《江淮论坛》2012年第1期。

[3] 〔美〕罗伯特·希勒：《金融与好的社会》，束宇译，中信出版社，2012，第10页。

金融经济功能和社会功能的二元分野，既是历史发展阶段差异的必然，也是关注核心差异的反映，还是作用机理差异的体现。①在历史阶段方面：金融的经济功能自金融市场形成之日起就是关注的重点，也是金融体系最为本原的功能。而金融的社会功能则是在金融发展进入新的境界，且人们对金融的认识达到新的程度的背景下被提出来的。在金融发展的早期，人类社会面临着经济发展的任务，因此金融的主要任务是发挥其经济功能，促进经济增长。而当经济发展到一定水平，社会公平成为更为紧要的诉求时，金融则开始在兼顾经济功能的同时发挥其一直被遗忘的社会功能。这是事物发展规律和不同历史时期的主要矛盾差异使然。②在关注核心方面：金融的经济功能关注金融资源配置的效率，强调经济的增长。金融的社会功能则关注金融资源配置的公平，强调社会的公平。前者重点解决的是调剂资金余缺，保证单位资金获得最大产出，确保经济总量增长和效率的最大化。后者则重点解决资金在不同群体间的公平配置，以此保障社会弱势群体也能利用资金资源获得发展机会，以实现帕累托最优。③在作用机理方面：作为基础性功能，金融的经济功能的作用是最直接的。通过金融体系的运行，资金作为核心的生产要素被配置到最需要且能发挥最大效用的地方，提高了总体生产效率，促进了经济的增长和经济总量的增加。而作为衍生性功能，金融的社会功能的作用则是间接的，一方面金融通过提升整体经济水平而改善社会总体生活状况；另一方面通过经济发展导致的经济结构、金融结构的变化，进而影响金融福利在不同社会群体间的分配。易言之，金融社会功能的发挥是建立在经济功能的基础之上的，当金融的经济功能发挥到一定程度，就能够促进金融社会功能的发挥。同时，金融社会功能的发挥又能够在一定程度上矫正金融经济功能发挥过程中造成的社会福利分配的问题。

四　金融公平是金融社会功能的价值旨归

金融的社会功能随着对金融体系的认识逐步深化和拓展而开始被重视，并逐渐与金融的经济功能相区分。金融的经济功能侧重于对效率的追求，强调通过金融资源的有效配置促进经济的增长。而金融的社会功能则侧重于对公平的追求，强调通过金融资源的合理配置实现社会公平。金融的社会功能所强调的金融发展带来的调节收入分配、减轻贫困、消除不平等、保护环境等，归根结底是社会公平的问题。

金融社会功能的发挥，实际上是基于对金融资源的公平配置，形成所有社会资源公平配置的效果，进而达到维护社会公平、促进社会发展的效果。一方面，金融资源的公平配置使得自身禀赋欠缺的主体也能够有机会利用金融市场抓住发展机会，分享人类文明进步和社会发展的成果。例如金融调节收入分配、减轻贫困等社会功能的实现，实际上是通过为穷人提供融资机会，使他们能够利用信贷资金从事农业生产或者开展小型商业活动，从而增加收入。穷人能否获得融资机会，是这一社会功能是否能得以实现的前提，而这又取决于穷人能否公平进入金融市场，金融市场能否赋予穷人公平的融资权利。另一方面，金融资源的公平配置，能够利用金融市场机制的合理设计和运行减少市场活动的负外部性，通过正向激励使得市场活动有利于社会整体福利。例如由于追逐利益的短期行为，生产者往往会出于降低生产成本的考虑而无视环境保护问题，然而通过建立排放权交易市场，将排放权作为金融交易的标的，允许排污者将排污指标包装成金融商品进行交易，不仅可以在交易过程中形成利益空间提高交易者的经济利益，而且能在一定程度上对节能减排形成正向激励，减少环境污染，从而实现保护环境的社会目标。[①] 这种效果的实现，需要金融市场结构安排和金融工具创设在充分考虑到社会整体利益的情况下公平配置金融资源。概而言之，要充分发挥金融的社会功能，需要充分强调金融资源的公平配置。

要公平配置金融资源，发挥金融的社会功能，实现社会公平，需要将公平

---

① 朱家贤：《环境金融法研究》，法律出版社，2009，第48~50页。

理念融入金融体系运行的各个环节，并以公平标准评估金融体系运行的最终结果。这有赖于以金融公平理念去对现有的金融体系和制度进行检视和改良，使其能在金融资源配置过程中矫正市场配置的缺陷，消减金融配置失衡给社会公平带来的负面效应，使更多的人分享金融发展的成果，实现金融公平进而促进经济增长与社会公平的统一。[①] 世界银行的研究一直在强调提升金融包容程度对于减少贫困、促进分享繁荣和实现可持续发展方面的重要性，并提出了要通过完善公共政策消除市场失灵，构建合理的法律监管框架，消除金融不公并加强金融消费者保护，鼓励移动金融等新科技在金融服务供给上的利用，鼓励推出适合金融消费者需求的金融服务产品等手段实现金融包容。[②] 我国银监会也有官员表示：要以可负担的成本将金融服务扩展到欠发达地区和社会低收入人群，提供价格合理、方便快捷的金融服务；建设广覆盖、多元化、竞争性的金融服务体系，实现金融资源的公平配置，促进各类弱势群体享有平等的发展机会；坚持金融服务于实体经济的本质要求，积极满足与社会发展息息相关的教育、养老、卫生、住房、就业等民生需求。[③] 这些都暗合了在金融公平理念下公平配置金融资源以实现金融社会功能的基本思路。

因此，随着金融的社会功能日益被重视，人们对金融体系促进社会发展、维护社会公平的期待更为殷切，金融公平的理念也将在社会转型的新时期迎来勃兴。深入研究和理解金融公平理念，有利于确认金融体系促进社会发展和维护社会公平的现实可能性，深化对金融发展与社会公平之间互动关系的认识，也有利于明确金融的价值旨向和社会使命，为金融体系的改革与完善提供理论支撑，以构建一个更为合理公平的金融体系。

---

① 田春雷：《金融资源公平配置的法学分析——兼论中国金融法的新价值》，《法学评论》2013 年第 3 期。

② World Bank, Financial Inclusion: Global Financial Development Report 2014, pp.1-4.

③ 钱箐旎：《普惠金融助资源公平配置》，《经济日报》2013 年 11 月 22 日，http://finance.ce.cn/rolling/201311/22/t20131122_1789403.shtml，2014-10-16。

第二节　金融伦理的理论深化与金融公平的伦理基础

公平作为人类社会的核心价值追求，既是经济社会日常活动的评判尺度，也是制度规则顶层设计的终极依归。经济的蓬勃发展给人类社会创造了巨大的物质财富，然而经济发展过程中公平的拷问始终如影随形无法回避。罔顾公平过度逐利，不仅损害了市场参与者的利益，而且造成整体利益的减损。[①] 人们开始寄望于商业伦理（business ethics）来提升市场主体的道德观念，强化经济正义（economic justice）以完善规则体系并对市场主体形成有效的制度约束，以将公平理念渗透到市场行为之中，实现经济发展利益的公平分配。[②] 金融市场作为整个经济体系的重要组成部分，无疑也会受到商业伦理和经济正义思潮的投射，金融伦理学开始成为独立分支[③]，金融活动公平性越来越受到关注。尤其是次贷危机以来金融体系遭受着诸多批评与责难，以公平理念来改造传统金融体系成为当务之急。

一　理论源流：西方公平正义思想

与实实在在创造价值的实体经济不同，金融体系总是通过复杂的交易行为实现金钱效用的最大化。由于金融市场中赤裸裸地对金钱和利润的追逐，"贪

---

① 例如 2008 年金融危机，导致了美国金融机构和企业的倒闭、失业率激增、中产阶级近 15 年积攒的财富毁于一旦，并且这种危机传导至其他国家，造成全球经济的衰退。See Helen M. Stacy, Win-Chiat Lee, *Economic Justice: Philosophical and Legal Perspectives*, Springer, 2013, p. viii。

② C. B. Macpherson, *The Rise and Fall of Economic Justice and Other Papers*, Oxford University Press, 1985, pp.1-20。

③ 以 John Boatright 为代表的金融伦理学研究蔚为风潮。参见〔美〕博特赖特《金融伦理学》，静也译，北京大学出版社，2002；John R. Boatright, *Finance Ethics: Critical Issues in Theory and Practice*, John Wiley &Sons, Inc., 2010。

婪是好的"逐渐成为以华尔街为代表的金融业者的信条，在利益冲突和市场失灵的情况下，金融业者往往会基于自利（self-interest）的动机追求自身利益的最大化，而不惜牺牲他人利益和社会整体利益。[①] 为了纠正金融业的这种倾向，经济学、法学、伦理学的学者往往求助于先贤智者，从人类思想史的宝库中寻找支撑，以构建更为公平的金融体系。而西方公平正义思想，正是金融伦理的理论基石。

（一）亚里士多德的正义理论

古希腊哲学家亚里士多德强调了公平的重要性，认为"公平是给予和维护幸福，或者是政治共同体福利的组成部分。"[②] 公平、公正、平等往往在被作为相关甚至同一概念使用。亚里士多德将正义区分为普遍的正义和特殊的正义。普遍的正义指的是"政治上的正义"[③]，是社会对个人的要求，所强调的是个人为了社会公共利益服从法律。亚氏认为社会成员利益高于个人利益，但社会成员个人的利益又不完全与社会成员的共同利益相一致，社会成员追求个人利益的行为可能损害社会成员的共同利益。防止社会成员个人损害共同利益的办法是建立和强制社会成员共同遵守的法律。[④] 而特殊的正义则是就社会成员之间的关系而言的，是具体的公正。"具体的公正及其相应的行为有两类：一类是表现于荣誉、财物或者其他可拆分的共同财富的分配上的公正（即分配公正）；另一类则是在私人交易中起矫正作用的公正（即矫正公正）。"[⑤]

亚里士多德认为分配的公正并不是平均主义，而是应坚持有差异的平等原

---

① Robert Boyden Lamb, "Ethics in Financial Services", *Business and Society Review*, Vol.104, 1999, pp.13-17.

② 亚里士多德：《尼各马科伦理学》，苗力田译，中国人民大学出版社，2003，第 94 页。

③ 古希腊的"政治"一词包含了现代意义上的"政治"与"社会"双重含义。在小型的希腊城邦国家中，政治制度包括了这样两方面：一是为这种城邦制度所决定的政策和实施政策的工具；二是在这种城邦制度中熟人型的社会生活关系。参见麦金太尔《伦理学简史》，龚群译，商务印书馆，2003，第 92 页。

④ 赵苑达：《西方主要公平与正义理论研究》，经济管理出版社，2010，第 16 页。

⑤ 亚里士多德：《尼各马科伦理学》，苗力田译，中国人民大学出版社，2003，第 134 页。

则，按照"各取所值"的原则进行分配。[①] 亚氏将分配的平等分为两种，一是数目上的平等，即在数量或大小方面与人相同或相等；二是价值上的平等（或称比例上的平等），即根据价值或个人才德进行相称的分配。[②] 因此，亚氏并不赞同绝对的平等，而是认为"平等的人们应该享有平等的权利"[③]，即分配的平等必须建立在个人价值成比例的基础之上，平等的应当平等地对待，不平等的应当不平等地对待。在亚氏看来，在利益的分配上，数目上的平等不一定都是正义的，但比例上的平等则都是正义的。而就矫正的公正而言，亚里士多德认为其"是在出于意愿的或违反意愿的私人交易中的公正"[④]。在私人交易中若一方得到的多失去的少，而另一方得到的少失去的多，即为不公正。而矫正的公正，就是为了让致损方补偿受损方，使双方得失相当，从而实现对受损者的救济。

在亚里士多德所提出的正义原则中，分配正义是最基本最核心的，矫正正义作为分配正义的衍生，对分配正义原则起着重要的补充作用。分配的正义使人们得其所得，而矫正的正义则通过致损者对受损者的损失补偿，使受损者通过公正的分配所得到的利益能够得到最终的维护。[⑤]

（二）功利主义公平观

功利主义（utilitarianism）倡导以行为的目的和效果衡量行为价值，并以行为和实践对受其影响的全体当事人的普遍福利产生的结果作为正确性的衡量指标。在功利主义的视野里，社会福利是社会上所有快乐的加总，公平正义就是社会福利的最大化。[⑥] 追根溯源，功利主义萌芽于后苏格拉底时期的

---

① 亚里士多德:《尼各马科伦理学》，苗力田译，中国人民大学出版社，2003，第98页。

② 亚里士多德:《政治学》，颜一、秦典华译，中国人民大学出版社，2003，第160页。

③ 亚里士多德:《政治学》，颜一、秦典华译，中国人民大学出版社，2003，第96页。

④ 亚里士多德:《尼各马科伦理学》，廖申白译注，商务印书馆，2003，第137页。

⑤ 赵苑达:《西方主要公平与正义理论研究》，经济管理出版社，2010，第22页。

⑥ Robert E. Kuenne, *Economic Justice in American Society*, New Jersey: Princeton University Press,1993, p.64.

犬儒主义（cyrenaics）所认为的追求福利的原则就是避苦求乐。[1] 而伊壁鸠鲁（Epicureanism）则强调快乐是幸福的开端和目的[2]，对功利主义观点的形成有很大的影响。法国思想家爱尔维修认为，虽然财富与幸福并不成正比，但没有财富不可能享有幸福，要使缺衣少食的人获得幸福，需要减少一些人的财富以满足另一些人的财富需要。并且爱尔维修认为孤立的个人不可能获得幸福，共同幸福不仅是个人幸福的保证，而且个人幸福只能在共同幸福抑或是社会幸福中实现，必须将公民追求个人幸福的倾向引导到公共幸福上来，尽力为增进这个社会的幸福做出贡献。[3] 这些思想都为功利主义的形成提供了理论积淀。而弗兰西斯·赫奇逊（Francis Hutheson）是最早提出"最大幸福原则"（principle of greatest happiness）的人，他认为"凡产生最大多数之最大幸福的行为，便是最好的行为；反之，便是最坏的行为"[4]。"最大多数的最大幸福"成为功利主义的核心思想和主要目标，并直接催生了功利主义理论。

大卫·休谟（Hume）将产生幸福的倾向定义为功利，并认为功利一词涵盖了私人利益和他人利益两个方面。休谟指出"如果有用性是道德情感的源泉，如果这种有用性并不总是被关联于自我来考虑，那么结论就是，凡是有助于社会的幸福的东西都使自己成为我们的赞许和善意的对象"[5]。概言之，"有助于社会的幸福"才是"功利"最主要的内涵。功利主义的集大成者边沁（Bentham）指出"功利是指能给利益相关者带来实惠、好处、快乐、利益或幸福……共同体的幸福是组成共同体的若干成员的幸福的总和"[6]。边沁还提出了所谓的"功利原则"（principle of utility），即"当我们对任何行为予以赞成或

---

[1] Henry Sidgwick, *Outlines of History of Ethics*, Boston: Beacon Press, 1960, pp.115-116.

[2] 伊壁鸠鲁：《自然与快乐》，包利民等译，中国社会科学出版社，2004，第32~33页。

[3] 北京大学哲学系外国哲学史教研室编译：《十八世纪法国哲学》，商务印书馆，1963，第465页。

[4] Francis Hutcheson, *An Inquiry Concerning Beauty, Order, Harmony, Design*, Hague: Martinus Nijhoff, 1973, section 3, p.8.

[5] 大卫·休谟：《道德原则研究》，曾晓平译，商务印书馆，2001，第70页。

[6] 杰里米·边沁：《道德与立法原理导论》，石殷弘译，商务印书馆，2009，第58页。

不赞成的时候，我们是看该行为是增多还是减少当事者的幸福；换句话说，就是看该行为增进或者违反当事者的幸福为准"①。基于此，功利原则被功利主义者作为判断行为对错、正义与否的标准。当一项行动增大共同体幸福的倾向大于它减少这一幸福的倾向时，则是符合功利原则的。同理，当一项行动给个人带来利益和幸福时，也给共同体成员带来了利益和幸福，则也是符合功利原则，是正义的。边沁的追随者约翰·斯图亚特·穆勒认为，公平、公正总是包含在正义理念之中，"所有与正义有关的问题就是与功利有关的问题"②，可以说，正义就是社会功利的代名词。穆勒指出："我们应当平等地善待那些已经善待我们的人，社会必须平等地善待那些已经善待社会的人，这是社会正义和分配正义的最抽象的标准。"他认为包括对获得幸福的手段的要求权的平等在内的"每个人对幸福的要求权的平等"，是正义的基本准则，能够促进大多数人的幸福的行为，就是正义的行为。③此外，穆勒还认为如果个人的行为与他人的利害无关，个人就不必向社会交代；如果个人的行为与他人的利害相关，个人就应当向社会交代，并在损害他人或社会利益时承受社会的或法律的惩罚。作为自由主义者的穆勒也并不是绝对地反对政府干预，而是主张适度地干预。减少政府对社会经济活动的干预，有利于提高效率，保证政府对某些社会经济活动的适当干预，则有利于社会公平。④

（三）作为公平的正义：罗尔斯的公平观

近半个世纪以来最具影响力的公平正义理论当属约翰·罗尔斯（John Rawls）的正义论。罗尔斯认为只有建立起一种为人们普遍接受的正义观，才能以对正义的普遍欲望和共同遵循的基本规范限制他们对其他目标的追逐，社

---

① 杰里米·边沁:《道德与立法原理导论》，石殷弘译，商务印书馆，2009，第59页。

② 约翰·斯图亚特·穆勒:《功利主义》，叶建新译，九州出版社，2007，第147页。

③ 赵苑达:《西方主要公平与正义理论研究》，经济管理出版社，2010，第70~71页。

④ 赵苑达:《西方主要公平与正义理论研究》，经济管理出版社，2010，第75页。

会才能成为一个组织良好的人类联合体。构造这样一个联合体的前提是使社会成员能够公平地享受权利和承担义务。[①] 因为社会成员能否公平分享权利和公平承担义务取决于社会基本结构，所以罗尔斯认为"正义的主要问题是社会的基本结构，即分配基本权利和义务、决定由社会合作所产生的利益如何分配的方式"[②]。罗尔斯提出了两个正义原则："（1）每一个人对于一种平等的基本自由之完全适当体制都拥有相同的不可剥夺的权利，而这种体制与适用于所有人的同样自由体制是相容的。（2）社会和经济的不平等应该满足两个条件：第一，它们所从属的职位应当在公平的平等机会下对所有人开放；第二，它们应该有利于社会之最不利成员的最大利益。"[③]

这两个正义原则并不是并列，第一个原则优先于第二个原则。第一个正义原则（平等的基本自由原则）强调基本自由的权利，并且这种基本自由又必须是平等的，这个原则主要解决宪政实质问题。第二个原则侧重于解决分配制度的问题，"要求公平的机会平等，也要求用差别原则来调整经济的不平等"[④]，因此实际上包括两个原则，即机会平等原则和差别原则。"公平的机会平等原则"（fair equality of opportunity）意味着社会应赋予所有的社会成员都有平等地获得社会有利地位的能力的条件。罗尔斯指出："基本结构应该保证公民的自由和独立，并且不断缓和这样一些方面的不平等倾向，如社会地位和财富，发挥政治影响的能力，以及利用可得到的机会的能力。"[⑤] 因此，"公平机会"不仅要把机会提供给所有公民，更为重要的是使他们具有把握机会的能力。而"差别原则"（difference principle）相比于更强调形式的机会平等而言，更加重视实际的、结果的平等。差别原则的核心，是强调在社会利益的分配上要区别对

---

① 赵苑达：《西方主要公平与正义理论研究》，经济管理出版社，2010，第90页。

② 约翰·罗尔斯：《正义论》，何怀宏、何包钢、廖申白译，中国社会科学出版社，1988，第3页。

③ 约翰·罗尔斯：《作为公平的正义》，姚大志译，上海三联书店，2002，第70页。

④ 约翰·罗尔斯：《作为公平的正义》，姚大志译，上海三联书店，2002，第76页。

⑤ 约翰·罗尔斯：《作为公平的正义》，姚大志译，上海三联书店，2002，第159页。

待，即社会利益的分配应当有利于社会之最不利成员的最大利益。机会平等原则与差别原则也不是并列的，而是机会平等原则优先。因为机会的不平等是出发点的不平等，如果机会不平等，人们在收入方面的过度差距就是不可避免的。罗尔斯既承认公民在收入分配上存在一定差异的合理性，同时又主张对人们的收入差异程度进行必要的控制。罗尔斯认为作为公平的正义（justice as fairness）应该认可社会不平等和经济不平等，这些不平等在现代国家中对于工业经济运行是必需的或是能够极大提高效率的，然而严重的经济不平等和社会不平等往往会导致社会地位的不平等和政治的不平等，公民之间的公平的合作体系将不复存在。①

二 直接来源：经济正义理论

公平正义这一亘古的话题在经年累月的研究中不断深化，并且从纯哲学层面的形而上的研究逐渐与经济社会的各个方面开始结合。在这个过程中，以公平正义的视角去考量经济运行，强调经济活动的伦理秉性的经济正义理论开始形成。经济正义通常以相比于一般的正义观念更为具体明确的正义原则来看待经济关系，以从自然法或人的社会本性中演绎出来的伦理原则来影响经济关系。② 经济正义要求经济体制建立在特定的伦理基础之上，经济活动要符合经济运行的伦理取向，经济主体的行动恪守伦理道德秩序。经济正义理论使得人们开始关注经济体系中的"道德血液"，也为金融伦理理论的形成提供了借鉴。

（一）庇古的福利经济学的公平观

受功利主义的影响，经济学家开始用社会福利来考察经济运行的结果。作

---

① 约翰·罗尔斯：《作为公平的正义》，姚大志译，上海三联书店，2002，第214~215页。

② C. B. Macpherson, *The Rise and Fall of Economic Justice and Other Papers*, Oxford University Press, 1985, p.2-3.

为"福利经济学之父"的庇古（Pigou）认为经济"作为改善人们生活的工具，要制止环绕我们的贫困和肮脏，富有家庭有害的奢侈以及笼罩许多贫苦家庭朝不保夕的命运等罪恶"[①]。为了实现这个目标，庇古尝试着找到简便易行的方法促进福利。他认为一个人的福利寓于他自己的满足之中，这种满足可以由对财物的占有而产生，也可以由其他原因而产生。福利经济学所研究的福利是能够以货币计量的那部分社会福利，即经济福利。[②] 庇古认为，个人的经济福利的总和等于一国的全部经济福利，因此个人经济福利对于社会福利有着决定性的影响。

庇古在研究影响经济福利的因素时，认为社会经济福利的大小取决于国民收入的数量和国民收入的分配。基于此他提出了福利经济学的两个基本命题：在其他条件不变的情况下，收入总量越大，社会经济福利就越大；国民收入分配越是有利于穷人，社会经济福利就越大。[③] 根据第一个命题，要增加社会经济福利就需要增加国民收入，这就要求优化生产资源配置，增加社会总产量，促进经济增长。易言之这是经济效率的问题。而根据第二个命题，要增加社会经济福利就必须优化收入分配，在某种程度上这又是经济公平的问题。[④] 庇古认为根据古老的效用递减规律，收入的增减对于富人福利的影响要远小于对穷人福利的影响。因此，"只要总的国民所得不减少，在相当大的范围内，以富有阶级享有的实际收入的相应减少为代价，最贫困阶级享有的实际收入的任何增加，都几乎肯定会增加经济福利"。[⑤] 当然，这种对于分配公平的追求是应当有限度的。尽管"用来满足富人非必需品的收入用于满足穷人的迫切需求，富人所做的牺牲并不大，而穷人从所转移的收入中得到的利益远超于富人所做的

[①]　A. C. 庇古：《福利经济学》，转引自厉以宁、吴易风、李懿《西方福利经济学评述》，商务印书馆，1984，第27页。

[②]　A. C. 庇古：《福利经济学》，朱泱、张胜纪、吴良建译，商务印书馆，2006，第16页。

[③]　A. C. 庇古：《福利经济学》，朱泱、张胜纪、吴良建译，商务印书馆，2006，第129页。

[④]　乔洪武、柳平生：《现代西方经济正义理论的演进及其启示》，《哲学研究》2007年第6期。

[⑤]　A. C. 庇古：《福利经济学》，朱泱、张胜纪、吴良建译，商务印书馆，2006，第108页。

牺牲，但如果这种转移影响到资本家的投资和积累，那就会使有钱人被搞穷了，穷人到头来反而吃了亏。"[①] 因此，依托于经济效率的国民收入总量的增加与国民收入的分配同样重要，为了实现社会经济福利的最大化，两者都不可偏废。

此外，庇古还阐述了资源配置、垄断与国民收入分配和社会经济福利之间的关系。庇古认为一种资源在不同用途间的社会边际净产品的价值即该资源的效用不一定相等，因此可以通过调整该资源的用途使其转移到能发挥更大效用的地方，从而形成国民所得最大化的资源配置安排。[②] 庇古所言的"每当任何一种用途中的资源生产的社会边际净产品的价值小于任何一种用途中的资源时，便可以通过把资源从社会边际净产品的价值较小的用途转移到价值较大的用途"[③]，在庇古的两个命题的框架下，一方面是优化资源配置使国民总收入最大化，以增加社会经济总福利；另一方面则是要公平合理地配置资源，以实现国民收入在不同群体、不同地区的合理分配，从而实现社会经济总福利的最大化。

（二）阿玛蒂亚·森的发展经济学与经济伦理思想

阿玛蒂亚·森（Amartya Sen）对经济问题的研究超越了纯粹的经济因素，将分析的对象扩展到了政治、社会、文化以及制度等非经济因素，并重新建立了经济学与伦理学的密切关系，对福利经济学进行了批判性重建。瑞典皇家科学院授予其诺贝尔经济学奖的颁奖词写道："森通过把经济学和哲学工具相结合，使有关重要经济问题的讨论重新具有了伦理方面的考虑。"

森认为当代经济学的研究方法和理论假设都存在着严重的缺陷，这种缺陷来源于经济学保持了与伦理学泾渭分明的距离，以及经济学中普遍的对自利行

---

① A. C. 庇古：《福利经济学》，转引自厉以宁、吴易风、李懿《西方福利经济学评述》，商务印书馆，1984，第44~45页。

② A. C. 庇古：《福利经济学》，朱泱、张胜纪、吴良建译，商务印书馆，2006，第149页。

③ 赵苑达：《西方主要公平与正义理论研究》，经济管理出版社，2010，第200页。

为（assumption of self-interested behaviour）的滥用。在森看来，这种理论缺陷既偏离了经济学的传统，也是对经济学理论的误解。[①] 森批判了传统经济学中"理性人"个人利益最大化的预设，认为个人的经济选择有时候会有超越个人利益的伦理考量，而基于伦理对社会公平、友谊、亲情的追求而做出的经济决定显然不能认为是非理性的。[②] 同时，森对传统的经济增长观提出了反思和批判，并认为经济增长与经济发展之间存在着区别，尽管经济增长是经济发展的一个重要方面，但是经济发展有着比经济增长更为丰富的内涵。[③] 经济增长只是具有工具价值的手段而已，我们重视经济增长是因为更需要强调一些可能从经济增长中获益的最终目的。[④] 并且，经济增长并不一定会带来相应的社会变化和生活质量的提高，经济增长对发展的影响在很大程度上取决于经济增长的成果是如何运用的。这一问题的实质是社会安排问题，这也恰好是传统增长理论严重忽视的问题。[⑤] 森反对将经济增长作为生活质量指标的传统理论，而是尤其重视能力（capabilities），即人们实际能成为什么和做什么，在发展中的重要性。[⑥] 在森的理论中，发展就是人们所享有的真实自由的扩展过程，人的自由是发展的最高价值和最终目标。森将自由定义为能享受人们珍视的生活的能力，包括免于困苦、改善生活、自我实现的能力。这种能力不仅包括经济社会福利（welfare），而且包括个人权利（entitlement）。[⑦] 在对能力的研究中，森不仅强调了结果公平，而且对机会公平和过程公平也进行了区分。在森看来，利用可行能力实现自由，不仅要避免功利主义者只以结果作为社会经济福利唯

---

① 〔印〕阿玛蒂亚·森：《伦理学和经济学》，王宇、王文玉译，商务印书馆，2000，第1页。

② 〔印〕阿玛蒂亚·森：《伦理学和经济学》，王宇、王文玉译，商务印书馆，2000，第24页。

③ Amartya Sen, "Development: Which Way Now?" *The Economic Journal*, Vol.93, 1983, p.745.

④ Amartya Sen, "Development: Which Way Now?" *The Economic Journal*, Vol.93, 1983, p.753.

⑤ 〔印〕阿玛蒂亚·森：《以自由看待发展》，于真等译，中国人民大学出版社，2002，第38页。

⑥ Martha C. Nussbaum, "Capabilities As, Fundamental Entitlements: Sen and Social Justice", *Feminist Economics*, Vol. 9, 2003, pp.33-59.

⑦ 〔印〕阿玛蒂亚·森：《以自由看待发展》，于真等译，中国人民大学出版社，2002，第30页。

一标准的结果主义倾向，又要防止落入自由主义只关注过程而忽视个人实质自由的窠臼，即实现这种能力既强调机会的自由，也强调过程的自由。在传统的经济正义理论中，主要是从收入或者分配的角度来理解经济正义。而在森的理论中，对于经济正义的讨论则超越了经济活动的生产、交换、分配、消费等环节中的正义，而是聚焦于自由和功能型活动。森认为："由于过分强调收入贫困和收入不平等，而忽略了与贫困有关的其他因素，如失业、缺医少药、缺乏教育以及受社会排斥等，已经使政府政策辩论受到扭曲。"[①] 事实上，阿玛蒂亚·森将以人为本的理念嵌入了经济学的研究中，将人的终极价值追求——自由——作为了衡量经济发展的指标。在森的视野里，经济发展的目标不是经济增长这类工具层次的实现，而是关于消除贫困、提升可行性能力最终实现个人实质自由的价值层面。

三 金融伦理学的勃兴

金融伦理学的兴起有着理论和实践的双重背景。在理论上，经济正义和商业伦理理论不断发展和深化，开始延伸到具体的金融市场，金融正义的研究开始起步，金融伦理学进入了水到渠成、瓜熟蒂落的阶段；在实践上，金融市场丑闻频现，尤其是金融危机后民众对于金融体系道德沦丧的不满日益加剧，另外金融服务过度逐利加剧社会不公，使得金融伦理学的研究更为紧迫。用道德伦理修正金融学的纯粹工具理性，使金融体系的运行符合道德伦理的基本要求并有利于创造一个更好的社会，成为金融伦理学的核心使命。

（一）博特赖特的金融伦理学理论

作为美国前商业伦理协会的会长，博特赖特（J. R. Boatright）是金融伦理学

---

① 〔印〕阿玛蒂亚·森：《以自由看待发展》，于真等译，中国人民大学出版社，2002，第101页。

的奠基人，其《金融伦理学》一书也成为金融伦理学领域的开拓之作。博氏认为金融伦理学是非常必要的。首先金融市场需要伦理学。金融交易主要在金融市场内进行，因而这些金融活动就必须有某些特定的伦理规则和期望的伦理行为作为其行动前提。这种规则与期望关注包括禁止欺诈、操纵在内的公平性问题，以维护"平整游戏广场"（level playing field），同时还要考虑金融活动的社会影响以及平衡各利益团体的责任。[1]同时，金融服务行业也需要伦理学，从事金融服务的机构作为受托人应该将自己的利益服从于客户的利益，以自身的技能和知识为客户提供服务，并且避免利益冲突。此外，金融机构里的金融人士也需要伦理学。[2]博特赖特认为，金融市场监管的主要目的是确保有效性，但是只有当人们对市场的公平性具有信心时，市场才是真正有效的。[3]个人投资者和社会成员在金融市场受到的不公平待遇主要是欺诈与操纵、不对称信息、不平等谈判力量以及无效定价。因此，金融伦理重点关注金融市场的公平性问题。[4]此外，博特赖特还从契约理论和代理理论出发，强调金融机构及其职员应该遵守信义义务（fiduciary duty），避免利益冲突。随着博特赖特金融伦理理论的演进，博氏开始从金融理论、金融市场、金融服务和金融管理四个方面的伦理规范进行研究。[5]

（二）尤努斯的金融伦理思想

穆罕默德·尤努斯（Muhammad Yunus）因其创办了孟加拉格莱珉银行（Grameen Bank），开创了为穷人提供融资服务的小额信贷新模式，因而被称为"穷人的银行家"。2006 年，为表彰他们"从社会底层推动经济和社会发展的努力"，尤努斯和格莱珉银行获得诺贝尔和平奖。尤努斯的金融伦理思想贯

---

[1] 〔美〕博特赖特：《金融伦理学》，静也译，北京大学出版社，2002，第5~6页。

[2] 〔美〕博特赖特：《金融伦理学》，静也译，北京大学出版社，2002，第6~7页。

[3] 〔美〕博特赖特：《金融伦理学》，静也译，北京大学出版社，2002，第32页。

[4] 〔美〕博特赖特：《金融伦理学》，静也译，北京大学出版社，2002，第33~42页。

[5] John R. Boatright, *Finance Ethics: Critical Issues in Theory and Practice*, John Wiley &Sons, Inc., 2010, pp.4-20.

穿在他的小微信贷实践之中。首先，尤努斯认为信贷权是一项基本人权。在尤努斯看来，信贷就像吃饭一样也是人类生存的基本权利，信贷权是摆脱贫困的基本要求。每个人在过上体面的生活方面都有同等的机会和权利，而穷人面临的困难首先在于他们不能像其他人一样从正规金融机构得到借款，而小额信贷恰恰就是这样一个打破信贷市场失灵的制度创新，因为它能够为贫困者提供一种改变初始要素配置的途径。[①] 其次，尤努斯反对金融排斥，认为应当向穷人提供同等的信贷机会。尤努斯认为穷人的信用并不比富人差，银行因为穷人没有抵押物或担保而拒绝给穷人贷款是不合理的，正规金融体系对穷人的排斥只会使穷人更穷。只要给穷人足够的信任，他们会努力地工作、诚实地还贷，银行也根本不用担心乡村里的穷人会借了钱跑掉。[②] 另外，尤努斯将社会企业的理念引入了金融机构的运营之中。尤努斯并不反对金融机构的盈利目标，但是他认为金融机构应该兼顾营利性和公益性，小额贷款不应该掺杂过多的盈利目的，否则会增加贷款成本加重穷人负担，从而偏离其本来目的。尤努斯呼吁政府可以监管小贷银行，限制其最高利率，而信贷的合理利率应当在覆盖了运营成本后再加上 10%。[③]

（三）金融伦理的宗教渊源

金融伦理的形成也与宗教有着一定的联系，可以说金融发展的价值标准深深地印刻着宗教的痕迹。宗教作为社会信仰的一部分，直接影响着社会价值标准的形成和发展，从而推动金融伦理的形成，而宗教的价值标准也直接演化出金融活动的行为取向。[④] 例如中世纪根据基督教的教义高利贷是被禁止的，直

①　http://news.xinhuanet.com/school/2006-10/23/content_5236253.htm.

②　〔孟〕穆罕默德·尤努斯：《穷人的银行家》，吴士宏译，三联书店，2006，第 103 页。

③　Muhammad Yunus, "Sacrificing Microcredit for Megaprofits", *New York Times*, January 14,2011. http://www.nytimes.com/2011/01/15/opinion/15yunus.html?_r=0. 2014-10-24.

④　Rerè M. Stulza, Rohan Williamsonb, "Culture, Openness, and Finance", *Journal of Financial Economics*, Vol.70, 2003, pp.313-349.

到卡尔文的宗教改革之后支付利率才逐渐被认可。[①] 当前最具宗教色彩的伊斯兰金融体系明显反映着宗教教义对金融市场的伦理约束。与其他着眼于商业活动中的经济和财务角度的金融体系不同，伊斯兰金融体系强调道德、伦理和社会维度以促进平等和公平来提升社会整体福利。[②] 有学者认为促进正义的金融体系至少需要满足两个道德价值条件：第一，融资方需要与筹资方分享风险和回报，而不是让所有损失都由筹资方负担。这符合伊斯兰金融的基本原则，即"无风险，无收益"。而融资方为了避免逆向选择和道德风险，会更加仔细和有效地监督筹资方的资金使用。第二，对于金融机构所提供的金融资源，穷人应享有公平的比例以缓解收入不平等。伊斯兰银行根据伊斯兰法提供金融产品和服务，是基于损益分享结构（PLS Structure, profit-and-loss sharing）而不是借贷安排（lender-borrower arrangement），伊斯兰金融禁止金融机构过度承担风险，或者将风险转嫁给借方，而是基于损益分享式的金融实现财富创造和公平分配。[③] 为了突出伊斯兰金融对于公平的维护，甚至有人直接将伊斯兰金融定义为"伊斯兰经济中为了维护社会公平的金融活动"[④]。

四　金融公平是金融伦理的内在意涵

对金融伦理的关注开启了检讨金融市场工具理性的时代。改变金融体系的唯利是图，使金融体系的运行合乎伦理标准和正义理念，是金融伦理研究的使命。金融伦理有着很宽泛的范畴，但是正如金融伦理学将金融市场的公平性作

① 丁瑞莲、邓学衷：《西方金融伦理理论述评》，《国外社会科学》2009年第5期。

② M. Kabir Hassan and Rasem N. Kayed, "The Global Financial Crisis,Risk Management and Social Justice in Islamic Finance", *ISRA International Journal of Islamic Finance*, Vol. 1, Issue 1, 2009.

③ M. Kabir Hassan and Rasem N. Kayed, "The Global Financial Crisis,Risk Management and Social Justice in Islamic Finance", *ISRA International Journal of Islamic Finance*, Vol. 1, Issue 1, 2009.

④ N. Krichene, A. Mirakhor. "Resilience and stability of the Islamic financial system: An Overview", Retrieved 6 June, 2009, from: www.islamic-foundation.org.uk/ppts/ResilienceStability_NK.ppt.

为其研究的首要的内容，金融公平是金融伦理中最为核心的价值和内涵。可以说，强调金融伦理，首要的就是强调金融公平。

一方面，几乎所有金融伦理的研究者都将公平作为金融伦理的最核心的内容。在 Shefrin 和 Statman 看来，金融公平是金融市场有效性的保证，并且金融市场的不公平实际上是对他人权利的侵犯，是不符合伦理的。他们认为对于公平的主张即为对于权利的主张，而公平的内涵也正是体现于以下七个方面的权利：①免于强制的自由（freedom from coercion），其中既有不被强制进行交易的"积极自由"，也有不被限制交易的"消极自由"；②免于误导的自由（freedom from misrepresentation），即要求人们所倚赖的市场信息应当是真实的；③平等信息（equal information），即人们能够平等地获取特定的信息；④平等的信息处理能力（equal processing power），即对市场主体进行合理分类，并对弱势群体进行保护；⑤免于冲动（freedom from impulse），即通过适当性控制特定交易或者设定冷静期，保护自我失控的行为人；⑥有效定价（efficient prices），即金融商品的价格反映其真实价值，没有不合理的偏离；⑦平等谈判能力（equal bargaining power），即通过提升弱势主体的能力，或者限制强势主体的控制力，以平衡市场主体的谈判能力。① 在我国比较早关注金融公平的学者单玉华直接指出"公平准则是金融伦理的基本准则"。② 他对金融公平与金融伦理的关注超出了交易层面的公平，延伸到作为交易结果的社会公平上。他认为任何一个金融活动中的主体不仅仅是"经济动物"，也是"社会存在物"，其活动的最终结果不仅有经济意义而且还有社会意义，在某些条件下，经济活动的行为主体不可避免地要进行价值判断和价值选择，承担相应的伦理责任。在单看来，金融活动的不公平不仅体现为强势主体在金融活动中以其资金、技术、知识、权利上的优势，进行不公平的金融操作，使对手或金融活动的其他

---

① Hersh Shefrin, Meir Statman, "Ethics, Fairness, Efficiency and Financial Markets", The Research Foundation of The Institute of Chartered Financial Analysts, 1992, pp.4-6.

② 单玉华：《对金融活动公平性的伦理关注》，《经济经纬》2007 年第 2 期。

参与者处于不公平的位置，还更集中地表现为穷人与富人的不公平，金融公平的范围开始涵盖到弱势群体的生存和发展的社会公平上。[①] 无独有偶，也有学者认为金融体系的发展需要追求社会公平，对于次贷危机的反思也应当以社会公平为基石展开。这里的社会公平包括三方面的内容：①公平合理的财富分配；②满足贫苦人群的基本生活需求；③市场弱势群体的保护。[②] 我国学者王曙光认为公正和平等都属于金融伦理的范畴[③]，公正作为金融伦理学的首要核心范畴，要求金融体系中的参与者对交易对手应给予应得的利益，即利益的公平分配和分享。金融伦理中的公正包括了制度公正和程序公正。所谓制度公正，即通过制定相应的正式法律规范或通过形成非正式的道德与习俗来约束金融市场行为，从而达到社会公正。所谓程序公正，则是金融交易程序和过程的公正，程序的公正直接关系到结果的公正公平。而金融体系中的平等，则是金融交易各方的身份、权利平等，不存在歧视和其他损害平等地位的行为。[④]

另一方面，强调金融伦理的终极目标就是实现金融公平。只有市场是公平的且人们对市场的公平性有信心，这时候人们才愿意投身于金融市场。因而公平有时候是金融市场发展的一种手段。但是在有些语境下，公平也是金融市场的目的。[⑤] 金融伦理学的发展以及对金融伦理的重视，目标就是纠正金融市场主体过度逐利的倾向，避免欺诈、操纵、信息不平等、谈判力量不平等以及无效定价，使金融交易的过程符合公平要求，金融交易主体的利益能够得到公平分配。同时，金融伦理还可以约束金融机构的行为，减少其在提供金融服务的过程中对于穷人等弱势主体的歧视，为弱势主体提供金融服务，促进金融资源

① 单玉华：《对金融活动公平性的伦理关注》，《经济经纬》2007 年第 2 期。

② M. Kabir Hassan and Rasem N. Kayed, "The Global Financial Crisis,Risk Management and Social Justice in Islamic Finance", *ISRA International Journal of Islamic Finance*, Vol. 1, Issue 1, 2009.

③ 王曙光先生认为公正和公平是同一概念，与平等并列。而笔者认为其金融伦理理论中的公正与平等可以归为同一概念，即公平。参见王曙光《金融伦理学》，北京大学出版社，2011，第 59 页。

④ 王曙光：《金融伦理学》，北京大学出版社，2011，第 59~66 页。

⑤ 〔美〕博特赖特：《金融伦理学》，静也译，北京大学出版社，2002，第 31~32 页。

的公平配置，使得弱势主体和区域能够获得发展机会，从而实现社会公平。交易公平和社会公平是金融公平的两面，前者是直接的微观的，后者是间接的宏观的，但都统一于对公平的共同追求。

随着金融伦理在理论和实践上越来越受到重视，金融公平理念的重要性也日益显著。可以说，金融伦理催生了金融公平理念，而金融公平理念作为金融伦理的皈依，反过来又推进和深化了金融伦理。虽然金融体系是道德中性的，但金融体系的运行却受到伦理和道德的诸多影响。只有强化金融伦理，使金融体系中流淌着道德的血液，这样的金融体系才会有利于人类经济社会的进步与发展。强调金融公平，是强化金融伦理的"牛鼻子"。维护和实现金融公平，是促进金融体系的运行符合伦理要求的关键。

第三节　金融公平是金融体系运行效率的内在要求

尽管金融公平是金融社会功能的价值旨向，而且是金融伦理的内在要求，但是当金融公平遭遇金融效率时，如何在效率与公平之间抉择始终是最大的争论，也是横亘在金融公平理论前的最大障碍。市场原教旨主义者往往会认为效率才是金融体系的根本，认为金融体系的运行应该按照市场调节资源配置的方式追求资金的最有效利用和利润的最大化，排斥金融体系中强调公平性的道德因素和政府干预。事实上，强调金融公平不仅是基于道德伦理和社会目标的考量，而且是金融体系有序运行且效率最优的重要保障。正如 Klaus Mathis 所指出的，公平与效率这两个目标是可以并存而且应该彼此调和的。[①] 在一定意义上，强调金融公平不仅不会损害金融效率，而且可以提升金融效率。可以说，

---

① Klaus Mathis, *Efficiency instead of Justice? Searching for the Philosophical Foundations of the Economic Analysis of Law*, Springer, 2009, pp.185-201.

金融公平并非理想主义者脱离市场规律对金融体系强加的道德约束，而是金融体系本身有效率地运行的内在要求。

一 囚徒困境、帕累托最优与公平效率之争

在金融市场活动以及金融监管中，效率与公平始终是两个关键词。强调公平有时候能促进效率，但有时候两者又相互冲突。提升效率始终是金融市场的目标，但公平却也一直是市场的追求。[①] 金融公平与金融效率的选择，可以认为是金融体系运行效用分配的不同策略。追求金融效率，即强调以符合自利（self-interest）动机的方式实现个体利益最大化，从而提升市场活力以创造更大的价值。而追求金融公平，则是强调利益在不同群体中合理分配，以实现公共利益和社会整体利益最大化。易言之，金融效率更关注市场主体能够利用金融体系追求并实现其利益，而金融公平则更关注利益在不同群体间的分享。尽管对公平的追求在一定程度上是以牺牲特定主体的部分效率为代价的，但从整体来看公平是否一定会造成效率的减损？事实上，这是一种对公平的误解。

首先，追求金融公平有利于市场主体利益的兼顾和整体利益的最大化。如果将金融体系的运行看作是利益分配的过程，那么金融市场参与主体之间的博弈必然贯穿于这个过程的始终。我们可以用囚徒困境（prisoner dilemma）的博弈模型来分析各市场主体之间的博弈关系：当市场主体追求金融公平，可以视为其在博弈中选择"合作"；当市场主体追求金融效率，则可以视为其在博弈中选择"对抗"。选择金融效率而与交易对手对抗，追求自身利益最大化，会以对方利益最小化为牺牲，而选择金融公平而与交易对手合作，则是在彼此让渡利益的基础上实现利益分享。因此在做这个博弈分析时，我们预设以下

① Hersh Shefrin, Meir Statman, "Ethics, Fairness, Efficiency and Financial Markets", The Research Foundation of The Institute of Chartered Financial Analysts, 1992, p.1.

几个前提：①追求效率或者说选择对抗，目标是实现自身利益最大化，会挤占对方的利益空间；②双方利益的对抗会产生交易成本，交易成本会抵消收益。基于此，若一方不顾法律与道德，完全追求自身利益最大化，我们设定在对方没有采取同等措施的情况下其收益为5，其侵蚀了对方的利益甚至损害对方利益，故对方收益为–2。而当双方相互采取对抗措施追求自身利益时，因争夺利益会带来成本，因此设定双方收益均为1。若双方遵循公平原则，本着互利共赢的原则彼此合作，会避免不必要的交易成本，因此设定双方收益均为3。那么按照囚徒困境的经典表述，金融活动的博弈模型可以通过表1–1来概括。

表1–1　金融活动中的"囚徒困境"博弈模型

模　式	甲合作（追求公平）	甲对抗（追求效率）
乙合作（追求公平）	3，3	5，–2
乙对抗（追求效率）	–2，5	1，1

从表1–1来看，当金融活动中的主体一方选择效率（对抗）而另一方选择公平（合作）时，选择效率追求自身利益最大化的一方收益最高，而选择公平的一方利益受损。当双方同时选择效率，追求自身利益最大化时，双方虽然都能获得一定的利益，但对抗产生的交易成本使得双方虽都有收益但收益较低。而当双方同时选择公平，在合作中实现利益的分享时，能够节省对抗产生的交易成本从而形成双方的收益，这时双方都有较高的收益。可见当金融活动的主体遵循公平原则时：第一，单个市场主体的利益虽然不能实现最大化，但是能避免不合理的成本，其利益也能得到较好的实现，也是有效率的；第二，金融活动所产生的总体利益实现了最大化，从整体上看是最有效率的。

其次，金融公平在一定程度上有助于促进金融效率。公平与效率并不总是处在此消彼长的对抗状态，当金融公平和金融效率在合适的限度内有效配合时，能够实现效率最大化。一般来讲，追求金融公平是对金融市场主体片面追求利益最大化的限制，往往是通过强化监管等方式实现。包括强制信息披露、强制信贷义务等维护金融公平的监管手段又会给金融市场主体带来一定的合规成本从而降低金融效率。然而当金融公平得到较好维护时，金融市场上的欺诈行为又会得到一定的遏制，市场环境得到净化，从而能够节省交易成本，提升金融效率。金融公平与金融效率的线性关系可以用图 1–1 来描述。

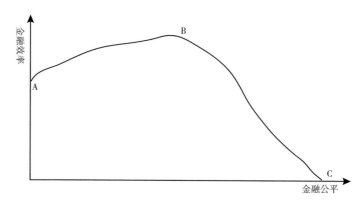

图 1–1　金融公平与金融效率的线性关系

在图 1–1 中，A 点代表完全追求金融效率的极端情况，在这种情况下几乎没有金融监管，金融市场主体自发完成金融活动，所有市场主体可以毫无制约地追求自身利益最大化，而此时金融市场的公平程度为 0。C 点代表实施最严格的监管和控制，确保金融市场的绝对公平，此时金融市场的效率程度为 0。B 点则描述了一个金融公平和金融效率都处在适当程度的情况，此时金融公平得到合理的强调，而金融效率也最高。[①] 从 A 点到 C 点的这条曲线描述了金融

---

① Baruch Lev, "Toward a Theory of Equitable and Efficient Accounting Policy", *The Accounting Review*, Vol.63, 1988, pp. 1-22.

效率与金融公平之间的关系，在 A 点到 B 点这一段，金融市场的公平程度不断提升，金融效率也得到提升，并在 B 点达到极值，金融效率与金融公平呈正相关，即金融公平促进了金融效率。在 B 点到 C 点段，金融公平程度继续加强，而金融效率逐步降低，金融效率与金融公平呈负相关，即金融公平降低了金融效率。[①] 由此可见：第一，强调金融公平并不一定会减损金融效率，在一定范围内还会提升金融效率；第二，当金融公平与金融效率在适当程度内相互配合时，可以实现金融效率的帕累托最优。

最后，对金融公平和金融效率的追求统一于社会整体利益的最大化。一方面，公共利益的实现和社会整体利益的最大化离不开金融公平。在金融体系运行过程中，金融市场主体往往是基于自利动机行事并追求自身利益最大化，这种自发性行为并不会主动将公共利益纳入考量范围。只有当金融公平成为金融市场活动的原则，金融市场主体遵循公平原则进行金融活动，才会规范和引导市场主体的行为以利于公共利益的实现。公平原则在公共政策、法律的制定过程中的重要作用是无法抹杀的，在实现公共利益上公平与效率同等重要。[②] 因此，在制定金融政策和法律制度时，必须要将金融公平作为重要的原则。另一方面，对公平的追求实际上也属于对效率的追求。虽然公共利益往往被归为公平的范畴，即对于金融公平的强调乃是为了实现和促进公共利益。但是也有学者认为公共利益最大化在一定程度上与帕累托最优或者整体经济效率是能够画等号的。[③] 也就是说经由金融公平所实现的社会公共利益最终会实现社会整体利益的最大化，这是金融效率的应有之义。

概而言之，金融公平并非与金融效率截然对立，对金融公平的追求也并不意

---

① Hersh Shefrin, Meir Statman, "Ethics, Fairness, Efficiency and Financial Markets", The Research Foundation of The Institute of Chartered Financial Analysts, 1992, p.8.

② William J. Baumol, "Applied Fairness Theory and Rationing Policy", *American Economic Review*, Vol. 72, 1982, pp. 639-651.

③ R. Watts, Can Optimal Accounting Information Be Determined by Regulation, In J. W. Buckley, J. F. Weston, *Regulation and the Accounting Profession*, Belmont, California: Wadsworth, 1980, p.3.

味着对于金融效率的无视。在一定程度上，强调金融公平能够实现并增进金融效率，两者的有效配合能够实现金融效率的帕累托最优和社会整体利益的最大化。

二　外部性与金融公平

外部性（externality）在经济学中往往用于衡量某一事物对其他主体或领域的影响。当某一行为主体的行动不是通过影响价格而影响到另一个行为个体的环境时，可以认为存在着外部性。[①] 外部性在本质上涉及人们的交互行动（trans-action）即交易，反映着人与人之间有关利益的互动关系。因为在交易中利害冲突的存在，某个人或某些人可能会承担或获得另一个或另一些人的行动所引起的成本或收益。[②] 外部性作为某个主体因他人活动而承受的效果，其核心问题在于是否公平地分享了收益或分担了成本。[③] 若某行为给他人造成了成本，则我们称其具有负外部性，若某行为给他人带来了收益，则我们称其具有正外部性。

金融在国民经济和社会生活中无处不在，因此金融活动中金融市场主体的私人成本向其他主体的溢出效应即金融外部性也比较突出。首先，金融具有一定的公共产品属性，金融机构在提供金融服务时面向的是不特定的公众，其行为的影响范围也是不特定的公众。金融体系中行为波及面非常大，会对整个社会形成影响。由于金融服务往往不具有排他性，故而作为公共产品的金融外部性就更为明显。[④] 其次，金融活动所产生的效果会传导至整个金融体系，当上述效果累积到一定程度时会对金融体系产生比较重大的影响。因为金融活动本身就是资金的流动，这种流动会进入经济社会生活的各个环节，因此金融活动

---

① Hal R. Varian, *Microeconomic Analysis*, W. W. Norton & Company, 1984, p.259.

② 盛洪：《外部性问题和制度创新》，《管理世界》1995 年第 2 期。

③ Hersh Shefrin, Meir Statman, "Ethics, Fairness, Efficiency and Financial Markets," The Research Foundation of The Institute of Chartered Financial Analysts, 1992, p.7.

④ 主父海英、白钦先：《国际金融危机中的金融负外部性考察》，《上海金融》2010 年第 1 期。

的影响有时候往往是全局性的。例如货币超发到一定程度会造成通货膨胀，金融衍生品的滥用演化成金融危机，信贷的投放影响到区域投资水平等。金融外部性同样有正负之分。当金融活动中的私人收益低于社会收益时，产生金融正外部性，当金融活动中的社会成本大于私人成本时，产生金融负外部性。[①] 因此，若要发挥金融的积极作用，就需要避免金融的负外部性，发挥金融的正外部性。

对金融公平的重视程度直接关系到金融外部性问题。理由在于金融外部性的表现取决于金融活动能否实现成本收益在相关主体间的合理分配，而这一目标的达成又有赖于金融体系能否实现金融资源的合理配置和金融交易的公平进行。当金融公平缺失，金融活动的成本收益分配将失衡，金融体系中的主体可能会承担他人行为所造成的成本，此时即所谓的金融负外部性。而当金融公平得到实现，金融活动的成本收益得以公平分配，金融体系运行中的主体可能会分享他人行为所带来的收益，此时即金融的正外部性。概言之，要实现金融正外部性，需要以金融公平为前提。

我们可以通过私人收益与社会收益之间的偏差来描述金融公平对金融外部性的影响。具体的描述如图1-2所示。这个图建立在以下依据之上。①尽管金融市场发展初期对金融效率的重视能够带来更高的收益，但当金融市场发展到一定程度，强调金融公平能够带来更高的收益。因此我们将坚持金融效率的私人收益曲线定义为De，将坚持金融公平的私人收益曲线定义为Df。②金融发展带来的社会收益是个人收益的加总，因此我们将社会收益定义为S。根据该图可见，S曲线与De、Df相交与A、B两点。

从图1-2可以看出，当坚持金融效率时，社会收益与私人收益在A点达到均衡，而当坚持金融公平时，社会收益与私人收益在B点达到均衡。易言之，在坚持金融公平的情况下金融活动所带来的社会收益与单纯坚持金融效率

---

① 主父海英:《金融负外部性研究》，辽宁大学博士学位论文，2010，第30页。

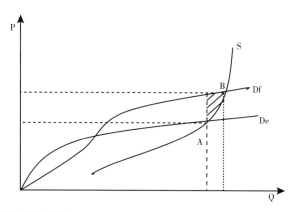

图1-2 金融公平的外部性分析

所带来的社会收益之间存在着差异，即图 1-2 中的阴影部分。如果片面坚持金融效率，则会牺牲社会总收益，被牺牲掉的社会收益即为忽视金融公平的成本，这些成本都会由所有金融市场主体甚至整个社会承担。在这种情况下，金融活动的外部性为负。反之，当强调金融公平，相比于只坚持效率而言会获得更高的社会总收益，增加的收益将会由所有金融市场主体分享。此时，金融活动的外部性为正。

上述结论不仅从理论上能够得到推演，而且在现实中也能得到验证。有学者以"安然事件"为例分析了虚假陈述的负外部性，证明了金融市场公平缺失会导致金融活动的负外部性。在"安然事件"中，尽管虚假陈述能够在一定时间内有利于公司的股价，然而其欺诈行为一方面会损害购买安然股票的投资者的利益；另一方面也会损害一般投资者对于所有上市公司财务报告真实性的信心，从而损害了众多上市公司的利益。[①] 同样，以实质公平为目标的金融资源合理配置能够带来金融活动的正外部性。例如大力发展农村金融，为农村地区提供金融服务和资金支持，满足农民的信贷需求，其本身需要建立在对金融效

① Jonathan R. Macey, "Efficient Capital Markets, Corporate Disclosure, and Enron", *Cornell Law Review*, Vol.89, 2004, p.394.

率的适当让步之上。为了实现公平，甚至还需要对农村金融进行适当的补贴。然而农村金融的发展也会有明显的利益外溢效应，即能有效支持农业的发展，提高农民收入水平，从而培育和扩展农村消费市场，进而促进整个国民经济的发展。①

结合以上分析，强调金融公平，能够减少金融体系运行的负外部性，促进金融市场活动的利益不仅在金融活动参与者之间实现公平分享，而且能够惠及所有人，增进社会整体利益。易言之，要确保金融体系发展有利于社会进步，需要以金融公平来对金融市场活动进行规范，以保证金融体系运行的正外部性。

三　信息不对称与金融公平

信息对于金融体系的运行效率至关重要。一方面信息的匹配关系到交易成本，金融交易的达成实际上是买卖双方对金融产品的价值和价格的匹配过程，当信息充分且有效时双方都能准确判断交易是否合理而尽快做出交易决策，当信息不对称时双方则会为交易决策进行信息搜集，这就要付出相应的成本。②另一方面信息的匹配直接影响价格。当买方掌握的信息充分时会对产品价格进行准确判断，该价格更接近产品的真实价值。反之当买方掌握信息不完全时，产品价格会偏离真实价值。③金融市场的效率很重要的就是价格反映金融产品真实价值且交易成本最小化，故而有效市场假说（efficient market hypothesis）认为价格反映了所有可获得的信息的市场才是有效的。④然而有效

① 胡元聪、杨秀清：《农村金融正外部性的经济法激励——基于完善农村金融法律体系的视角》，《农业经济问题》2010 年第 10 期。

② Richard Brealey, Hayne E. Leland, David H. Pyle, "Information Asymmetries, Financial Structure, and Financial Intermediation", *The Journal of Finance*, Vol.32, 1977, pp.371-387.

③ Sanford J. Grossman, Joseph E. Stiglitz, "Information and Competitive Price Systems", *The American Economic Review*, Vol.66, 1976, pp.246-253.

④ Eugene F. Fama, "Efficient Capital Markets: A Review of Theory and Empirical Work", *The Journal of Finance*, Vol.25, 1970, pp.383-417.

市场只是一种理想状态下的完美假设，由于能力禀赋的差异、信息获取成本以及金融市场本身的不确定性，金融市场中的信息不对称现象现实存在。信息不对称（information asymmetry），指的是交易的一方相比于其对手方就作为交易标的的产品或服务享有更充分更优质的信息。信息不对称是对市场主体间信息掌握程度差异的描述，其在本质上是信息获取和利用的不公平。

金融市场上存在信息不对称是市场规律使然，拥有信息优势的一方也必然会为了谋求自身利益的最大化而损害弱势一方的利益。若信息不对称没有被控制在一定限度内，则金融体系便无法在公平合理的前提下运行，并且会严重减损市场效率。当信息不对称达到一定程度时市场就会崩溃，除非能够重建信息的平衡。[①] 信息不对称现象对金融效率的损害主要是因其会产生逆向选择（adverse selection）和道德风险（moral hazard）的问题。所谓逆向选择，主要是指信息不对称所造成的市场资源配置扭曲的现象。而道德风险则是指在信息不对称的情况下一方主体为了自己的利益而做出不利于对方利益的行为的可能性。逆向选择和道德风险不仅会造成效率的减损，而且在一定程度上还会造成市场主体利益的损害，会带来负面效果。一方面，非对称信息的存在会导致不完全竞争，交易成本的高企会导致资金价格失真，从而抬高了投资者的成本。这又会影响投资者的信心进而损害市场的流动性，从而抬高融资成本。[②] Stiglitz 和 Weiss 曾以信贷市场为例讨论过信息不对称所造成的逆向选择和道德风险，他们认为在信息不对称的情况下借贷双方的互不了解，借方为了得到贷款会愿意给出更高的利率，高收益会刺激贷方向可能具有高风险的不良借款人提供贷款。在这种情况下，具备还款意愿但只能接受合理利率的借款人无法获得贷款，遭遇了"融资难"的问题，而不具备还款意愿或缺乏实际还款能力的借款人却愿意许以高息，而这种错配有可能引发违约

---

① George A. Akerlof, "The Market for 'Lemons': Quality Uncertainty and the Market Mechanism", Quarterly *Journal of Economics*, Vol. 84, 1970, pp.490-491.

② Richard A. Lambert, Christian Leuz, Robert E., "Verrecchia, Information Asymmetry, Information Precision, and the Cost of Capital", *Review of Finance*, Vol.16, 2011, pp.1-29.

风险，造成贷款损失甚至贷款人自身财务困境。[①] 另外，信息不对称也会滋生欺诈。以资本市场为例，信息不对称的存在会使得一般投资者难以及时、全面、充分地掌握上市公司的相关信息，而具有信息优势的内部人或信息获取和处理能力较强的机构投资者则能够利用未公开信息进行交易活动，损害中小投资者利益。并且这种现象长期普遍的存在会极大地损害投资者信心，破坏正常市场秩序，不利于资本市场健康发展，从长期来看会损害所有市场参与者的利益。因此，信息不对称现象会比较显著地损害金融市场的效率。

用金融公平的视角来审视信息不对称问题，可以认为信息不对称归根结底是信息权利的问题。[②] 当金融公平得到重视和维护时，各类市场主体获取和利用信息的机会和能力将会得到公平对待，各类主体信息获取权利将得到公平保障，信息数量、信息质量和信息时效都能够得到公平的安排，从而实现信息的公平。[③] 如果信息权利能够得到公平保护，那么市场主体能够机会均等、能力平等地搜集、获取和利用相关信息，信息不对称的鸿沟能够得到弥合，信息不对称会得到最大限度的消除。由此各类主体能够根据充分的信息完成决策，从而减少没有效率的交易活动。一方面，以公平原则为核心的信息披露义务要求信息的披露应符合"公平、公正、公开"的原则，这能有效地减少信息不对称的状况从而提高效率。以信息不对称为表现形式的信息失灵会损害金融体系的整体效率，而根据公平原则改善信息披露状况，尽管在某些方面会增加交易成本，但是最终有利于提升效率。[④] 易言之，高质量的信息披露有利于减少信息

---

① Joseph E. Stiglitz, Andrew Weiss, "Credit Rationing in Market with Imperfect Information", *The American Economic Review*, Vol.71, 1981, pp.393-410.

② Hersh Shefrin, Meir Statman, "Ethics, Fairness, Efficiency and Financial Markets", The Research Foundation of The Institute of Chartered Financial Analysts, 1992, p.8.

③ 刘凤根：《信息公平与公平信息披露制度——以证券市场为例》，《情报杂志》2008 年第 4 期。

④ Steven L. Schwarcz, "Controlling Financial Chaos: The Power and Limits of Law", *Wisconsin Law Review*, 2012, p.815.

不对称及资本市场合理定价，最终提高资本市场的配置效率。[1] 另一方面，对于有违公平原则的信息利用的禁止，能够减少内幕交易所带来的效率减损，确保信息所带来的效用在各主体间的合理分配，从而有利于实现整体效率的提升。[2] 应该说，公平原则作用下的信息权利的保障，对于信息不对称的矫正以及对道德风险的抑制，是符合金融效率的要求的。

概言之，对金融公平的强调和维护，能够缓解金融市场的信息不对称，一方面能够消除信息资源在金融市场主体间的失衡；另一方面又能限制信息利用的不公平，从而抑制金融活动中的逆向选择和道德风险，使金融产品价格与市场信息最大限度匹配，增强市场有效性，从而提高金融市场的整体效率。

四　认知偏差、自控缺陷与父爱主义

由于自身禀赋各有差异，金融市场参与主体之间的能力总是参差不齐的。对于弱势市场主体而言，囿于自身能力的不足，往往会出现对于金融市场的认知偏差（cognitive errors）和在参与金融活动时的自控缺陷（self-control failure）。弱势主体由于专业知识、信息来源、资金实力等方面的先天劣势，对于金融市场趋势的判断和把握往往会陷入一种盲目的自我认同，即所谓的"有效性幻觉"（illusion of validity）[3]。易言之，这类主体在理性参与金融市场竞争方面显然力有不逮，然而其往往过于自信地执意为之而不自知。它们能否从残酷的资本猎杀场有所斩获或者全身而退，全看自身造化或者概率，就像"掷硬币的游戏"一样。在这种情况下它们参与金融市场活动无异于在黑暗中蒙着

---

[1]　钱红光、陶雨萍：《会计信息披露质量与资本市场配置效率的相关性研究》，《统计与决策》2013 年第 23 期。

[2]　Anastasia Kraft, Bong Soo Lee, Kerstin Lopatta, "Management Earning Forecasts, Insider Trading, and Information Asymmetry", *Journal of Corporate Finance*, Vol.26, 2014, pp.96-123.

[3]　Amos Tversky, Daniel Kahneman, "Judgment Under Uncertainty: Heuristics and Biases", *Science*, Vol.185, 1974, pp.1124-1131.

双眼与戴着夜视镜的对手搏斗，本身就有失公平。另外，金融市场参与主体有时也会因为自控能力的缺失而做出非理性的行为。当金融活动偏离了理性和克制，市场主体不再根据自身实际而盲目参与金融交易，例如超出清偿能力的高息或者高额借贷、投资于风险与自身承受能力不匹配的金融产品等。这种近似于赌博的行为会将它们推入万劫不复的深渊。尽管金融市场本身是残酷的，但是人类社会对于公平正义的追求并不会放任这种不公平的蔓延。当前金融监管除了防范和化解系统性风险之外，还承担着消除认知偏差和限制自控缺陷的任务，尽可能地抑制某些市场主体因为缺乏信息、经验、智识和自控能力的错误行为，以维护金融市场活动的公平，这具有非常典型的父爱主义倾向。①

所谓父爱主义，即为了增进某人的福利而干预其自由。② 金融体系中的父爱主义总是体现为有力的金融监管，即通过监管力量对于自发的金融活动进行一定程度的限制，一方面使得强势市场主体的行为受到限制从而无法肆意地侵害弱势市场主体的利益；另一方面保证弱势市场主体不能参加与其能力不相适应的金融活动从而免于利益受损。概言之，金融体系中的父爱主义就是出于对弱势主体的关照和倾斜保护，对金融活动的自由进行适当干预，其本质是对金融公平的维护。那么，着眼于金融公平的父爱主义是否一定会导致金融效率的减损呢？答案是否定的。

首先，父爱主义与效率并非不相容，当存在非理性行为时，父爱主义的干预能够增进效率。③ 因为在金融市场中并非所有的参与主体都会理性行事，部分主体的非理性选择是没有效率的。基于父爱主义的干预会限制非理性选择，

---

① Hersh Shefrin, Meir Statman, Ethics, Fairness, Efficiency and Financial Markets, The Research Foundation of The Institute of Chartered Financial Analysts, 1992, p.8.

② John Kleignig, *Paternalism*, Totowa, N.J.: Rowman and Allanheld, 1984, pp.3-17; Gerald Dworkin, "Paternalism", *Monist*, Vol.56, 1972, pp.64-65; Bernard Gert, Charles M. Culver, "Paternalistic Behavior", *Philosophy and Public Affairs*, Vol.6, 1976, p.45.

③ Eyal Zamir, "The Efficiency of Paternalism", *Virginia Law Review*, Vol.84, 1998, pp. 229-286.

从而避免因非理性行为造成的效率减损。从金融体系运行的整体效率来看，父爱主义的干预并非抑制了强势主体的效率，只是减少了其因优势地位而倾轧弱势主体所得的利益。然而这并不意味着强势主体的利益就无法得到最大化。因为当弱势主体得到良好保护时，金融市场环境更加公平，能够激发市场信心，金融活动会更为频繁，由此带来的交易机会和整个金融市场的繁荣同样会使强势主体获益，金融市场给所有主体带来的利益以及社会整体福利也都会最大化。从这个语境来看，父爱主义是有效率的。

其次，父爱主义并非一味地限制市场自由，合理限度的父爱主义能够平衡公平与效率，实现整体效率的最大化。父爱主义的反对者总是认为对市场自由的干预和钳制会阻碍资源在市场机制下完成配置，从而损害效率。事实上这是对父爱主义的偏见。随着对父爱主义的反思和修正，父爱主义也逐渐地愈加理性和包容。一方面，父爱主义并非完全排斥和漠视自由，两者是可以相容和配合的。自由父爱主义（libertarian paternalism）认为可以通过引导人们的选择，即在尊重个人自主决定的基础上使个人做出更优化的选择，从而在不削减个人自由选择的情况下提高个人福祉。[1] 此亦即所谓柔性父爱主义，即在确保市场主体自由选择机会的基础上进行干预，这与硬性父爱主义对待当事人的主观意愿和自由选择的方式存在显著的区别。[2] 另一方面，父爱主义并非机械地对于所有主体进行"一刀切"式的保护抑或对金融市场进行通盘的严格管制，当前已有学者提出非对称父爱主义（asymmetric paternalism）的概念，即帮助理性受限的主体使其免于犯错，与此同时，尽可能减少对理性主体的影响。[3] 这种

---

[1]　Cass R. Sunstein, Richard H. Thaler, "Libertarian Paternalism Is Not an Oxymoron", University of *Chicago Law Review*, Vol.70, 2003, p.1160.

[2]　David S. Evans, Joshua D. Wright, "The Effect of The Consumer Financial Protection Agency Act of 2009 On Consumer Credit", *Loyola Consumer Law Review*, Vol.22, 2009, pp.227-335.

[3]　Colin Camerer, Samuel Issacharoff, George Loewenstein, Ted O'Donoghue and Matthew Rabin, "Regulation for Conservatives: Behavioral Economics and the Case for 'Asymmetric Paternalism'", *University of Pennsylvania Law Review*, Vol.151, 2003, pp.1211-1254.

主张是建立在对市场规律和自由选择充分尊重的基础上强调父爱主义的限度，对于存在认知偏差和自控缺陷的主体进行有针对性的保护，即父爱主义的干预对象只限于非理性主体和行为。这样既保证了市场效率，又能够减少因公平缺失造成的弱势主体利益受损，从而改变市场上的零和博弈甚至负和博弈的状况，实现整体效率的最大化。

强调金融公平，在某种意义上需要法律或政策的干预以矫正金融市场自发配置资源所造成的不公，这种干预正是父爱主义在金融市场上的体现。尽管父爱主义往往会招致自由主义者的批评，但是父爱主义并非不合理的，也并非不利于金融效率的。相反，适度的父爱主义在一定程度上能够纠正市场上缺乏理性的自发行为，不仅能够提高弱势主体的效率，而且有利于金融市场整体效率的提高。因此，我们对金融公平的追求不仅不会损害金融效率，反而还会增进金融效率。

通过以上分析可见，强调金融公平并不意味着对金融效率的放弃和牺牲，反而在一定程度上有利于促进金融效率。金融公平不仅是基于金融体系的功能和伦理的需求，而且从"成本—收益"的经济学分析框架来看也是金融效率的保障。金融市场有序发展离不开金融公平，可以说，金融公平是金融市场有效运行的内在要求。

第 2 章

金融公平的三重维度

随着公平在金融体系运行中的重要性日益凸显以及金融公平理念的勃兴，未来金融市场的发展将会把金融公平纳入考量范围，即金融公平将成为金融市场发展质量的重要衡量标准，因而相应的金融体系运行规则的设计也需要体现金融公平的要求。金融公平不能仅停留在价值理念层面，如何将其在金融体系运行中具体化、制度化，则有赖于对金融公平内涵和外延的充分把握。事实上，金融公平理念的核心意旨在于将公平融汇在金融体系运行的始终，一方面强调内部公平，即金融市场按照公平原则完成金融活动；另一方面也强调外部公平，即通过金融市场保障实现社会公平。易言之，金融公平所关注的范围涵盖了金融活动的全部过程和最终效果。作为系统论证金融公平理念的第一人，冯果教授指出金融公平包括了公平参与金融活动、公平进行金融交易和公平分享金融福利三个层面[①]。这一界定厘清了金融公平的基本框架，以金融体系运行的进程为逻辑主线，从金融市场进入、金融交易进行和金融福利分享三个阶段分别强调了"机会公平"、"过程公平"和"结果公平"，比较完整地覆盖了金融体系运行的各个环节，兼顾了内部公平与外部公平，是对金融公平理论体系和框架的科学界定。因此，金融公平概念的展开，可以从上述三个维度进行。

第一节　机会公平：金融市场公平进入

进入金融市场，是参与金融活动和分享金融福利的前提和起点。虽然金融市场具有开放性，资金作为一种要素能够在市场规律下自发完成供需平衡的资源配置过程，各类主体相对而言能自由、自主地进入金融市场。然而不可否认的是，由于结构性或制度性的原因，市场进入门槛在有些情况下现实存在，阻碍了金融服务需求者通过金融市场获取相应的资金或服务，也限制了有能力有意愿的主体进入金融市场提供资金和服务。金融市场的进入门槛事实上造成了相应主体不能获得参与金融市场活动的机会，这既会导致相应主体无法通过金融市场受益而损害社会公平，同时也不利于金融资源的合理有效配置而影响金融市场的健康发展。因此，要实现金融公平，就要强调进入金融市场的机会公平。

一　金融市场进入机会的公平考量

金融市场能够动员储蓄并提供支付服务，以更好地完成产品和服务的交换。同时金融市场能够生产和处理与投资者和投资项目相关的信息，完成资金

---

① 冯果：《金融法的"三足定理"及中国金融法制的变革》，《法学》2011 年第 9 期。

资源的配置，转移和管理风险。[1]当金融市场正常运行时，它们能够为市场参与主体提供资金融通的途径，从而使后者获得从投资中受益的机会，进而促进经济增长，改善收入分配并减轻贫困。然而当其运行不够良好时，不仅会错失增长机会，而且还会造成不平等，在极端情况下还会催生损失惨重的危机。[2]也就是说，金融市场经济功能和社会功能的发挥，是以市场参与主体为媒介的。一方面，金融市场参与主体通过金融体系直接获益，获得增加收入的发展机会；另一方面，则是金融市场参与主体公平地获得受益机会，在经济增长的同时调节收入分配并消除不平等。前者是金融市场对经济增长的直接作用，后者是金融市场对社会公平的间接作用，这两种作用的发生都以市场主体的参与为基础。易言之，金融功能的发挥是建立在市场参与主体进入金融市场的基础之上的，进入金融市场也是各类主体从金融体系受益的前提。

所谓金融市场进入，指的是各类主体参与金融市场活动的机会和资格。只有进入金融市场，市场主体才能够参与金融活动，通过金融体系实现自身利益。同时，市场主体是金融体系的基础要素，只有市场主体参与金融活动，金融市场才能有效运行，金融发展促进社会公平的机制才能发挥作用。可以说，金融市场进入是金融体系运行的起点，是充分利用金融功能实现个体收益和社会发展的前提。进入金融市场具有两个方面的内容：一方面是作为金融产品和服务需求者的主体进入金融市场，获取支付结算、信贷等基础金融服务，进行金融产品交易等；另一方面是作为金融产品和服务提供者的主体进入金融市场，获得许可从事金融营业活动。前者侧重于从需求者的视角出发，强调金融产品和服务的需求者能够进入金融市场获取相应的产品和服务，确保金融产品的可得性与易得性；后者则侧重于从供给者的视角出发，强调有资金和能力提

---

① Ross Levine, "Finance and Growth: Theory and Evidence", In Philippe Aghion, and Steven Durlauf eds., *Handbook of Economic Growth*. Amsterdam: North-Holland Elsevier Publishers, 2005, pp.865-934.

② Thorsten Beck, Asli Demirgüç-Kunt, Patrick Honohan, "Access to Financial Services: Measurement, Impact, and Policies", World Bank Research Observer, February 27, 2009.

供金融服务的主体能够从事金融营业并获得利润。金融服务需求者进入金融市场，形成金融产品和服务的需求，能够活跃金融市场；而金融服务供给者进入金融市场，能够为市场提供更多样化且更充足的金融服务，使金融服务需求者的需求得到满足。因此两者又统一于完善金融市场主体结构，增加和丰富金融产品与服务的供给，促进金融市场的发展。进入金融市场，对于金融服务的提供者和需求者而言都意味着获得了利用金融市场实现自身发展的机会。

金融体系的运行总是围绕着资金这一核心，且资金往往也是按照市场供需关系自由流动的，在市场规律作用下资金会在供需双方间完成配置，金融服务的供需也会在对利润的追逐中完成均衡。因此金融市场具有一定的开放性，从理论上讲适格主体均有机会进入金融市场。然而，市场缺陷和政府管制，金融市场的开放性会受到限制，导致部分主体不能公平地进入金融市场。首先，金融市场结构失衡造成的金融资源错配，使得金融服务成本畸高，从而阻碍甚至切断了部分金融服务需求者从金融体系获得服务的途径。例如正规金融机构未能覆盖农村地区和偏远地区，导致当地居民不能获取正规金融服务。其次，严格的政府管制将有能力提供金融服务的主体拒之门外，市场准入限制使以民间资本为代表的主体难以融入正规金融体系，这既限制了其参与金融活动的机会，反过来也减少了金融服务的供给，加剧了金融服务供给的不均衡。由此，许多主体被排斥在金融体系之外，失去了进入金融市场参与金融活动的机会，这既会阻碍金融体系社会功能的发挥，不利于消除不平等，损害社会公平，同时也会损害金融市场效率，不利于金融资源的有效配置。部分主体不能公平进入金融市场，表现为其进入金融市场时受到的歧视，本质上是对相应主体发展机会的剥夺。不能公平地进入金融市场，会导致相应主体无法公平地通过金融市场受益，从而损害社会公平。因此我们强调金融公平，首先就要强调起点的公平和机会的公平，即各类主体均能机会平等地进入金融市场并参与金融活动。

机会公平往往与机会平等作为同一概念使用。在罗尔斯看来，机会公平是指在社会的所有部分，对每个具有相似动机和禀赋的人来说，都应当有大致平等的教育和前途，那些具有同样能力和意志的人的期望，不应当受到他们的社会出身的影响。[1] 因此，机会公平要求消除社会因素对个人正当发展的阻碍，不仅使人们免于歧视，而且要使具有同样潜能的社会成员拥有同样的起点，对于无法拥有同样起点的社会成员应当减少自然因素对个人正当发展的阻碍。[2] 根据 Tawney 的定义，机会平等指社会中的个体不论其出身、职业、社会地位和财富，都能有平等的机会去充分发挥其天赋、体质、性格和智识。[3] 而经济学者 Taubuman 则认为机会平等即指消除了限制个体通过获取必要的训练将自身天赋转化为能力的所有的障碍。[4] 因此，机会公平地进入金融市场，应当满足以下要求：首先，不应因背景、地域、所有制等与接受和提供金融服务的能力无关的因素而阻碍和限制相应主体进入金融市场；其次，不得为具有同等能力的主体在进入金融市场时设置歧视性条件；最后，对于能力有欠缺的主体，需要尽量消除其进入金融市场的障碍，保证其也有机会利用金融市场并从中受益。

二　公平获取金融服务：基于需求者的视角

在现代市场经济背景下，储蓄、保险、信贷、支付等基础性金融服务在人们的日常生活和经营事业中扮演着重要的甚至是不可或缺的角色，获取金融服务（access to financial service）不仅是人们基本生活和参与经济活动所必需，也与经济和社会发展息息相关。首先，良好发展的金融体系以及充分覆盖的金

---

[1]　John Rawls, *A Theory of Justice*, The Belknap Press of Harvard University, 1971, p.130.

[2]　孙一平、董晓倩：《论机会公平的目标与原则》，《理论探讨》2013 年第 3 期。

[3]　R. H. Tawney, *Equality*, 4th edition, London: Unwin Books, 1964, pp.103-104.

[4]　P. Taubman, *Income Distribution and Redistribution*, Addison-Wesley, 1978, p.6.

融服务有利于经济发展和消除贫困。[①] 依照熊彼得的"创造性破坏"（creative destruction）理论，金融服务的供给为更有活力的主体提供了资金资源，使得他们有能力从缺少财富的困境中解脱出来，创造更多的财富实现更好的生活。[②] 在宏观理论的层面，本书第一章中已对金融发展促进经济增长和消除贫困的研究进行了介绍。在微观方面也有学者分析了在南印度的渔民通过获得信贷支持，升级捕捞技术和设备后大大提升了产量和效率，收入得到显著提高，从而验证了金融服务消除收入不平等和改善贫困的效应。[③] 其次，基础金融服务具有公共物品（public good）的属性，是参与现代市场经济并从中受益所必需的。在某种意义上讲，获取金融服务可以等同于获取安全用水、基本医疗和基础教育，事关人们的基本生活保障。[④] 因此，保障基本金融服务的供给，就是在保障人们的基本生活权利。无论是自然人还是企业，都有获取金融服务的需求。公平地向金融服务需求者提供相应的金融服务，使其获得利用金融体系实现发展的机会，不仅是满足居民基本经济需求的基本内容，也是增加居民收入、调节收入分配最终实现社会公平的题中应有之义。

然而在现实中，由于交易成本、信息不对称以及不确定性的存在，有些金融机构不愿意甚至拒绝为部分主体提供金融服务。以富人和大企业为代表的强势主体成为金融机构的座上宾，而以穷人和小微企业为代表的弱势主体往往难以获得金融机构的服务，因此有学者惊呼当前的金融体系得了"富贵病"[⑤]。易言之，有些主体被排斥在正规金融体系之外，无法获取金融服务。这就是所谓的"金融排斥"（financial exclusion）。

---

① T. Beck, R. Levine, Loayza, "Finance and the Source of Growth", *Journal of Financial Economics*, 2000, Vol.58, pp.261-300.

② R. Rajan, L. Zingales, *Savings Capitalism from the Capitalists*, New York: Crown Business, 2003, p.132.

③ Xavier Gine, Stefan Klonner, "Credit Constraints as a Barrier to Technology Adoption by the Poor: Lessons from South-Indian Small-Scale Fishery", United Nations University, Research Paper,No.104, 2006.

④ S. Peachey, A. Roe, "Access to Finance: A Study for the World Savings Banks Institute", WSBI, 2006.

⑤ 邢会强：《金融法的二元结构》，《法商研究》2011 年第 3 期。

有学者认为金融排斥主要表现为：①地理排斥（physical access exclusion），即由于金融机构网点的分布不平衡，部分群体因为地理因素的制约导致其获取金融服务难度大、成本高，或者是因为当地缺少分支机构和网点而无法获取金融服务，例如正规金融机构在农村地区不设置分支机构或其他基础设施；②条件排斥（condition exclusion），即金融机构在提供金融产品和服务时附加了不合理的条件，使得不满足这些条件的主体因无法满足资格要求而不能获取金融服务，例如银行在发放农业贷款时设置不合理的抵押物要求；③价格排斥（price exclusion），即金融产品和服务定价超出了部分主体的承受能力，导致这些主体无法获取金融服务，例如银行在发放贷款时对客户课以高利率要求或者收取过高账户费用；④评估排斥（assessing exclusion），是指金融机构以风险评估为手段，设置较高的准入条件对客户群体进行筛选，部分主体因无法通过评估而不能获得金融服务，例如银行对经济欠发达地区"圈红"（red-line）从而不在当地提供信贷服务；⑤营销排斥（marketing exclusion），即金融机构在进行市场营销的过程中将部分经济主体排除在目标市场之外；⑥自我排斥（self-exclusion），即相应主体因不需要金融服务或者自身经历和心理因素导致其主动将自身排斥在正规金融体系之外。①

也有学者将有的主体无法获得或者难以获得其所需要的金融服务的原因归结为三个方面的限制：①地理限制（geographic limitations），地理空间和距离会直接造成较高的金融服务成本，从而限制相应主体获取金融服务。例如农村地区的居民相比于城市居民而言获取银行服务需要承担更高的成本；②社会经济限制（socio-economic limitations），即因为高成本要求、专业知识要求或者歧视等原因导致特定收入条件、社会地位和种族的主体获取

---

① Elaine Kempson, Claire Whyley, *Kept Out or Opted Out? Understanding and Combating Financial Exclusion*, Bristol: The Policy Press, 1999, pp.4-12.

金融服务受限；③机会限制（opportunity limitation），即因为特定条件或门槛使得金融服务需求者难以获得应有的金融服务。例如有的借款人本来有着很好的盈利能力的项目，因为缺少规定的抵押物或者因缺少关系而无法获得贷款。[①]

世界银行的经济学家以银行账户的持有情况衡量了金融排斥的水平，根据调查，居民没有银行账号的原因是因为没有钱的占65%，因为银行收费太贵的占25%，其他家庭成员已有银行账户的占23%，因为离银行太远的占22%，因为缺少银行要求的证件或文件的占18%，因为对银行不信任的占14%，因为宗教原因的占5%。[②] 这个统计解释了金融排斥的原因。在此基础上进行扩展，他们将部分主体不能获得正规金融服务的原因分为主动排斥（voluntary exclusion）和被动排斥（involuntary exclusion）。主动排斥的情形包括没有金融服务需求，或者因宗教和文化原因不能使用金融服务，或者有非直接的利用金融服务的方式。而被动排斥则是因为：①金融服务需求者收入不足导致金融机构承受过高风险，②歧视性政策将金融服务需求者排除在外，③合同和信息机制缺陷导致部分主体不适格，④金融产品和服务的特性和价格导致门槛过高。[③] 概言之，逐利的金融机构出于规避风险和利润最大化的目标，将部分主体排斥在正规金融体系之外，导致那些主体难以获得必要的金融服务，也失去了利用金融市场获得发展的机会。

金融排斥现象在我国金融市场上也比较普遍。例如农村金融机构撤并潮极大地减少了农村地区的金融服务供给，增加了农户获得金融服务的成本，严重影响了金融服务的公平获得。从1998年开始，为了降低运营费用提高效率，

---

① Thorsten Beck, Augusto de la Torre, "The Basic Analytics of Access to Financial Services", World Bank Policy Research Working Paper, No.4026, 2006.

② Asli Demirgüç-Kunt, Leora Klapper, "Measuring Financial Inclusion: Explaining Variation in Use of Financial Services across and within Countries", Brookings Papers on Economic Activity, Spring 2013, pp. 279-340.

③ Thorsten Beck, Asli Demirgüç-Kunt, Patrick Honohan, "Access to Financial Services: Measurement, Impact, and Policies", World Bank Research Observer, February 27, 2009.

顺利进行股份制改革，四大国有银行根据中国人民银行颁布的《关于国有独资商业银行分支机构改革方案》对基层分支机构和营业网点进行大幅撤并，造成了农村金融的真空状态。银监会编制的《中国银行业农村金融服务分布图集》显示：县及县以下农村地区人均金融网点的资源占有率低，县及县以下农村地区平均每万人拥有机构网点数只有 1.26 个。金融服务资源难以延伸到乡镇一级的农村地区，虽然平均每个县（市、旗）的银行业金融机构网点超过 50 个，但 30% 以上都集中分布在县城城区，另外还有 3302 个乡镇未设任何银行业金融机构营业网点。乡镇的金融市场没有形成有效竞争，只设有一家银行业金融机构网点的乡镇全国还有 8231 个，当地金融市场基本处于垄断经营状态，难以形成有效竞争。金融机构大幅撤并后农村信用合作社并不足以为农村地区提供充足的金融服务，这极大地影响了农村的发展。[①] 除了金融机构数量不足造成的金融服务供给不公平外，也有部分主体因受到歧视而不能获得有效的金融服务，最为典型的就是信贷歧视的问题。商业银行在贫困区域或特定种族聚居区划定范围，无视该地区居民的实际能力和现实需要，拒绝或限制在当地发放贷款，即所谓的"圈红"（redlining）。[②] 这种圈红的现象在我国长期以来的城乡二元金融结构的背景下，体现为商业银行对于农村地区贷款意愿的不足。由于农民收入不高且不稳定，加上缺少适格的抵押物，使得很多商业银行不愿意向农民发放贷款，由此金融体系对"三农"支持不足，造成了所谓的"系统性负投资"问题，即银行从一个地区的居民中获取储蓄，而没有以相应的比例向该地区发放贷款。[③] 调查显示，2013 年农户贷款余额为 4.5 万亿元，农业贷款余额为 3.04 万亿元，分别仅占同年金融机构人民币各项贷款余额的 6.26% 和

---

① 钟笑寒、汤荔:《农村金融机构收缩的经济影响：对中国的实证研究》,《经济评论》2005 年第 1 期。

② Gregory D. Squires, *From Redlining to Reinvestment: Community Responses to Urban Disinvestment*, Temple University Press, 1992, p.2.

③ 王曙光:《金融发展理论》, 中国发展出版社, 2010, 第 320 页。

4.22%。[①] 由于信贷歧视，农民的储蓄没有用于农村地区的发展而是被输送到经济发达地区，银行等金融机构成为农村地区的抽血机，极大地阻碍了农村经济的发展和农民收入的提高。[②] 这种信贷歧视不仅限于农村，在私营部门这种歧视同样存在，从而造成了中小民营企业融资难的问题。商业银行相比于大型企业或国有企业，对民营企业尤其是小微企业贷款意愿甚微。盖因后者不能提供有效的担保，或者信用不足。除了信贷市场以外，证券市场也存在着同样的问题。有学者研究了产权性质与股权融资歧视的问题，发现相比于国有企业，民营企业上市的难度更大。尽管在现行证券监管体制下盈利能力好的企业更有可能被批准上市，但是证券市场上国有企业往往能得到更多的优待，民营企业依然受到歧视。[③] 这样一些现象都表明，在我国实现金融服务公平获取的目标还任重道远。

结合以上的分析，不难发现妨碍金融服务的公平获取的原因既有主观方面的因素，也有客观方面的因素。从客观方面来看，主要是因金融服务覆盖面的限制导致金融服务供给不足，金融服务需求者无从获取金融服务。这方面的原因主要是长期以来的金融抑制政策导致的金融市场结构失衡，金融体系发展不充分不健全，阻碍了金融资源的合理配置。从主观方面来看，主要是金融机构在提供金融服务时，基于金融服务需求者的自身条件差异而差别对待，导致部分主体因为歧视而被人为地排除在金融服务之外。这一方面源于金融服务需求者自身能力不足，金融机构为规避风险和降低成本而做出的理性选择。穷人群体无法理解复杂多样的金融服务，缺少教育也导致了其在准备贷款申请文件中的困难。相比于贫穷地区而言，设置分支机构的单位成本能够获取更大的

---

① 数据来自中国人民银行发布的《金融机构贷款投向统计报告》，转引自高建平、曹占涛《普惠金融的本质与可持续发展研究》，载《金融监管研究》2014 年第 8 期。

② 袁康：《金融公平背景下系统性负投资的法律矫正》，《湖北社会科学》2013 年第 6 期。

③ 祝继高、陆正飞：《融资需求、产权性质与股权融资歧视——基于企业上市问题的研究》，《南开管理评论》2012 年第 4 期。

收益，因此主流金融机构更倾向于将其零售机构或者分支机构安排在繁华的区域，这也就解释了为什么穷人常常离银行较远。即便是金融机构近在咫尺，穷人客户往往也会受到歧视。以信贷服务为例，其一是穷人没有抵押物，也因没有稳定工作和稳定收入现金流保证清偿能力；其二是处理这种小额交易对于金融机构而言成本太高。[④] 另一方面则是金融机构认为向富人提供金融服务会获得更大的收益，金融体系的运行对弱势群体选择了遗忘。而事实上这种观念是错误的。当穷人能借钱时，他们往往会把钱投资到农业、小生意或者教育这些能带来较高收益的地方。田野调查显示给菲律宾农民的信贷收益率达到了117%，而贫困国家助学贷款的收益率也超过了股票市场的历史平均收益率。[⑤] 在一定意义上讲，为弱势群体提供金融服务尽管规模较小，但单位收益更大。

公平获取金融服务，就是要消除金融排斥，使各类主体都能机会均等地享受金融服务，并且利用金融市场实现自身发展，最终实现社会公平。要实现金融服务的公平获取，就需要化解金融服务需求者接近金融服务的主观和客观障碍。因此，公平获取金融服务的具体要求包括以下几个方面。

第一，丰富和保证金融服务供给，确保金融服务需求者能够便利地获取金融服务。这是从金融市场结构的宏观层面来完善金融服务供给，包括放松金融管制增加金融服务提供者数量，健全多元化多层次的金融机构体系，从而提供充足的金融服务供给。在此基础上形成金融服务的竞争，进一步缩小金融机构的物理距离，降低金融服务的价格，减少获取金融服务的成本。

第二，消除金融服务中的歧视，防止人为地给金融服务设置过高的门槛，禁止不合理地拒绝提供金融服务。这要求金融机构在提供金融服务时不能不合

④　Thorsten Beck, Asli Demirgǘ-Kunt, Patrick Honohan, "Access to Financial Services: Measurement, Impact, and Policies", *World Bank Research Observer*, February 27, 2009.

⑤　Robert D. Cooter, Hans-Bernd Schäfer, *Solomon's Knot: How Law Can End the Poverty of Nations*, Princeton University Press, 2011, p.103.

理地限制相应主体获取金融服务的机会，即在同等条件下应当为金融消费者提供均等的金融服务。当然，这并不意味着应当牺牲金融机构的风险控制和盈利水平来要求金融机构提供金融服务，而是要在符合金融市场规律和金融机构经营要求的前提下，将金融服务的门槛限制降到最低，以便各类主体都能享受金融服务。

第三，有针对性地为被排斥的弱势主体提供适合的金融服务。弱势主体由于其先天不足而无法获取金融服务，但金融体系并不能将其遗忘，而应该采用有效合理的方式为其创造获取金融服务的条件。也就是说，当弱势主体因为能力不足而无法与其他强势主体公平竞争、难以获得同等的金融服务供给时，应该有意识地对相应的弱势群体进行偏重保护，增加其获取金融服务的机会。

三 公平从事金融营业：基于金融服务提供者的视角

市场主体除了以金融服务需求者即金融消费者或投资者的身份进入金融市场之外，还能够以金融服务提供者即经营者的身份进入金融市场。金融服务提供者，就是基于自身资金、信息、专业知识等优势，为市场提供金融服务的经营主体。金融服务提供者进入金融市场从事金融营业活动，对于金融服务提供者而言，能够充分发挥自身优势，利用金融市场获得营利机会，畅通投资渠道，实现资本增值。对于金融市场而言，金融服务提供者的进入能够增加金融服务供给，满足市场上的金融服务需要，同时金融服务提供者之间的相互竞争能够提升金融服务质量，优化金融市场结构，提升金融效率。让金融服务提供者进入金融市场从事金融营业，不仅有利于保障相应主体设立金融机构参与金融市场活动的机会，而且有利于金融市场的结构优化。从营业自由的角度上来讲，只要有能力、有意愿提供金融服务的主体，其设立或者参股金融机构，进入金融市场从事金融营业的合理机会就应当得到保障。

然而由于金融行业的特殊性，高额资金要求以及高风险使得金融业市场准入具有较高的门槛，加上金融风险容易在不同部门和不同主体间传导并形成系统性风险，因此出于金融安全的考量，金融行业受到了非常严格的监管，其中比较重要的一个环节就是金融市场准入的严格限制。这就形成了金融业的经营自由与行业管制之间的冲突，即在严格的监管条件下，社会资本难以像一般行业相对自由地设立经营实体那样设立金融机构，进入金融市场提供金融服务。应该说金融机构的市场准入限制有其合理性，然而过于严格的金融管制以及在对待不同性质的资本时采取的差异化态度，引发了金融机构市场准入标准的异化，进而导致金融市场结构的进一步失衡。这种市场准入标准的异化，最突出地表现为民间资本进入金融市场设立金融机构时受到的歧视。

不可否认的是，随着市场化改革的持续推进，民间资本进入金融业取得了长足的进步。2010 年《国务院关于鼓励和引导民间投资健康发展的若干意见》提出"鼓励民间资本发起或参与设立村镇银行、贷款公司、农村资金互助社等金融机构，鼓励民间资本发起设立金融中介服务机构，参与证券、保险等金融机构的改组改制"。为落实该意见，银监会于 2012 年出台了《关于鼓励和引导民间资本进入银行业的实施意见》，对民间资本设立金融机构政策进行了细化。2013 年国务院办公厅发布了《关于金融支持经济结构调整和转型升级的指导意见》，提出"尝试由民间资本发起设立自担风险的民营银行、金融租赁公司和消费金融公司等金融机构"。通过这些政策性文件可以发现，允许民间资本设立金融机构的类型范围在逐步拓展，从互助式金融机构扩展到商业性金融机构，从小微金融机构扩展到中小型金融机构，从非银行性金融机构扩展到银行性金融机构。[①] 然而，尽管各项政策似乎都为民间资本进入金融业打开了大门，但是仍然难以改变民间资本所遭受的行业壁垒和身份歧视。这是因为在长期金融抑制政策和金融管制思维的荼毒下，监管部门仍然将金融业视作关系国

---

① 冯果、袁康：《走向金融深化与金融包容：全面深化改革背景下金融法的使命自觉与制度回应》，《法学评论》2014 年第 2 期。

民经济命脉的行业而更倾向于由国有资本来经营。尽管从《商业银行法》、《金融租赁公司管理办法》、《保险法》和《证券法》等法律条文的规定来看，并无民间资本设立金融机构的明文禁止性规定，但是金融市场的"隐性规则"往往代替了显性规则发挥着重要的作用，[①] 这些隐性规则事实上构成了金融机构市场准入的实际条件，形成了民间资本进入金融业的"玻璃门"。首先，审批标准不明给民间资本设立金融机构带来了相当的不确定性。金融机构设立的审批程序使得民间资本能否顺利设立金融机构很大程度上仰仗监管部门的决定，然而尽管法律规定了设立金融机构的基础门槛，但监管部门仍可以自行决定是否批准。其次，金融机构业务牌照的隐性数量控制使得部分类型的金融机构暂时无法设立。出于行业规模控制等原因，金融监管部门往往会暂停或者收紧部分类型的金融牌照发放，从而关闭了民间资本设立相应金融机构的大门。例如信托、期货、券商等金融牌照已冻结发放，第三方支付、保险等金融牌照正在逐渐收紧。主要由国有资本设立的金融机构已经捷足先登，民间资本面对已经关闭的大门只能望洋兴叹。同样，千呼万唤始出来的民营银行牌照也是在一大批申请者之中选择了寥寥三家，[②] 而这三家与落败的竞争者相比似乎也并无独特之处，可见这同样是在牌照数量限制的外衣下对于民间资本进入金融业的限制。最后，设立金融机构的注册资本要求也成为民间资本进入金融市场难以逾越的障碍。[③] 我国金融机构的注册资本最低限额远远高于国际通常的设立要求。《商业银行法》第 13 条规定："设立全国性商业银行的注册资本最低限额为十亿元人民币。设立城市商业银行的注册资本最低限额为一亿元人民币，设立农村商业银行的注册资本最低限额为五千万元人民币。注册资本应当是实缴资本。"

---

① 黄韬：《"金融抑制"与中国金融法治的逻辑》，法律出版社，2012，第 5~15 页。

② 这三家民营银行分别是：以腾讯、百业源、立业为主发起人，在广东省深圳市设立的深圳前海微众银行；以正泰、华峰为主发起人，在浙江省温州市设立的温州民商银行，以及以华北、麦购为主发起人，在天津市设立的天津金城银行。

③ 田春雷：《金融资源公平配置与金融监管法律制度的完善》，《法学杂志》2012 年第 4 期。

而美国国民银行的注册资本最低限额为 100 万美元；日本商业银行的最低开业资本为 10 亿日元；在德国，办理存款业务的各类银行的最低资本金数额为 600 万德国马克。我国《保险法》第 69 条的规定："设立保险公司，其注册资本的最低限额为人民币二亿元。国务院保险监督管理机构根据保险公司的业务范围、经营规模，可以调整其注册资本的最低限额，但不得低于本条第一款规定的限额。保险公司的注册资本必须为实缴货币资本。"而根据英国《保险法》规定，股份制保险公司资本金的最低限额为 10 万英镑，相互保险机构不少于两万英镑；日本规定国内保险公司的最低实缴股份资本为 3000 万日元；美国纽约州规定寿险股份有限公司已缴资本不低于 300 万美元。我国普遍偏高的注册资本要求，直接给行业筑起过高的资本壁垒，将实力较弱的民间资本拒之门外。概言之，由于市场准入的限制，以民间资本为代表的主体在事实上缺少公平进入金融市场从事金融业务的机会。

市场准入的异化带来一个方面的后果是那些本来有能力从事金融业务的主体无法以正规金融机构的形式开展金融业务，只能在法律的灰色地带开展资金融通业务。金融活动从地上转为地下，不仅损害金融监管的有效性，而且还会增加交易成本，降低金融效率。首先，由于受到正规金融体系的排斥而只得选择以非正规形式操作的地下金融营业主体行为往往在监管体系之外，地下金融体系运行的隐蔽性会极大地增加监管难度，其规模大小和风险状况亦难以监测。并且由于监管缺位，地下金融机构的经营显然难以符合审慎亦监管的要求，风险防范能力和处置能力极度欠缺。地下金融风险的产生与累积容易对整个金融体系造成冲击，危害金融安全与稳定。其次，地下金融机构逃避监管会增加其运营成本，而监管缺位也导致其收费标准缺少约束，由此通过地下金融机构获取金融服务的成本会更高。当被排斥在正规金融体系之外时，金融服务需求者也只能选择高交易成本的地下金融机构的服务。这不仅造成了社会资源的浪费，而且不利于经济的健康发展。例如高企的民间借贷利率，是中小型民营企业难以承受之重。无法从银行获得贷款的民营企业只能通过民间借贷取得资金，但相比于动辄 80% 甚至更高的利率，投资实业的利润率难以望其项背。有的民营企业只能饮鸩止渴，拆东墙补西墙，当资金链断裂时企业破产，企业家跳楼或者跑路，近年，也时有无法偿还高利贷者受到人身伤害进而破坏社会稳定的消息传出。有的企业干脆放弃投资实业，开始以钱炒钱，导致实体经济的"空心化"。

市场准入的异化带来的另一方面的后果则是因为严格的准入限制导致部分区域金融机构真空，由此带来相应区域金融服务供给不足。随着金融机构纷纷向经济发达地区收缩，农村和欠发达地区面临着被正规金融机构所遗弃的困境，当地的居民也难以获取金融服务。在这一背景下，产生了村镇银行、小额贷款公司、资金互助社等新型农村金融机构，作为正规金融体系的补充，为农村地区提供金融服务。① 这些新型金融机构本身所需资金不多，相比于正规金融机构而言准入门槛较低，正好适合对于金融机构有着较强投资意愿的民间资本进入。如果管理部门依然对民营资本进入金融市场怀有歧视并进行限制，将不利于发挥民营资本和新型金融机构的补充作用，妨害金融市场结构的优化，导致部分地区陷入"缺少金融服务供给 – 居民无法获取金融服务 – 贫困加剧 – 缺少金融服务供给"的死循环。

因此，为了保障各类主体能够通过提供金融服务换取利润的机会，同时进一步促进金融市场主体结构的优化，提高金融市场竞争程度以增进金融效率和增加金融服务供给，应该充分地保护各类主体公平从事金融营业的机会。公平从事金融营业，就是各类主体不论所有制性质、规模大小、地域和行业等因素，都能够机会平等地进入金融市场，通过设立金融机构提供金融服务。公平从事金融营业的具体要求包括以下两个方面。

第一，金融业务许可应当向所有主体平等开放，相应主体从事金融营业不应遭遇到歧视性障碍。只要有能力从事金融营业的主体，都能够机会平等地开展金

---

① 沈杰、马九杰：《农村金融新政对增加农村金融信贷供给的作用——基于对新型农村金融机构的调查分析》，载《现代经济探讨》2010 年第 7 期。

融业务，不因与提供金融服务能力无关的因素而遭受隐性或显性的歧视待遇。

第二，金融机构市场准入条件应根据提供金融服务的能力设置。金融机构市场准入条件的设置既要符合金融安全和金融效率的要求，通过合理的准入条件将劣质的金融机构排除在金融市场之外，以防范和消除风险。同时市场准入条件也不宜设置得过高而导致有提供金融服务能力但资质相对普通的主体无法从事金融营业，从而浪费社会资源且不利于金融市场的繁荣与结构优化。

第二节 过程公平：金融交易公平进行

如果说公平进入金融市场解决的是市场主体参与金融活动的同等机会的问题，那么在获得金融市场的入场券之后，各类主体还面临着参与金融活动过程中的公平性问题。金融活动主要是以金融交易的形式展开，表现为金融市场主体以金融工具为标的所进行的交易活动，以此完成资金融通的过程。在此过程中由于市场主体的资源禀赋和能力水平的差异，以及市场结构和制度规则的不完备，与金融交易相关的信息获取和匹配、金融资产定价、权利义务分配等并不总是能以公平合理的方式进行，这不仅会导致部分金融市场主体的利益受损，也不利于金融市场的持续健康发展。因此，确保金融交易过程中的公平，也是金融公平的重要环节。

一 意思自治与公平原则的介入：金融交易过程中的公平

金融交易，指的是金融市场主体以货币、证券等金融工具为标的所进行的金融资产权利流转以及资金融通的过程。交易本身是市场形成的基础，因此金融交易是金融市场得以形成和维持的基本要素，也是金融市场运行和发展的核心环节。金融市场的所有活动都是围绕金融交易展开的，各类主体进入金融市场就是为了能够参与金融交易，市场化的金融资源优化配置也主要是通过金融交易来完成，可以说金融交易作为金融市场的"元活动"，贯穿于金融体系运行的始终。鉴于金融交易在金融市场中的基础性地位，金融交易的公平程度也会直接关系到整个金融体系的公平性。

相比于进入金融市场时的"机会公平"，金融交易的公平性更加集中于交易本身，即交易过程中的公平——"过程公平"。所谓过程公平，其基本含义是享有平等的权利和义务，在本质意义上是不同活动主体之间的平等，尽管不同的主体在禀赋、能力、贡献上存在着差异。过程公平要求社会发展的众多参与者，在从事自己的活动时，面对相同的环境，遵守相同的规则，拥有相同的权利，得到相同的对待。[1] 在金融交易的语境下，交易的过程包括了金融交易的撮合与达成的所有步骤，涉及金融产品和服务的对价、交易双方权利义务的配置以及交易主体的行为规范。金融交易公平进行，就是要求金融交易的过程公平，金融交易双方能够地位平等地基于合理价格、公平对等的权利义务分配，以及公平的市场规则完成交易全过程。

尽管金融交易本身作为一种民商事行为，很大程度上取决于交易主体的意思自治，只要金融交易双方意思表示真实一致，即应认可金融交易的有效性。也就是说，只要不存在任何欺诈、胁迫、乘人之危或重大误解的情形，金融交易主体之间就交易本身达成的合意应当得到尊重。在这种理念下，似乎金融交易是私人自治领域，应该遵循买卖自愿、交易自由下的买者自负，金融交易是否公平应由交易主体自我评估，而不应受到法律或者第三方介入。然而随着金融活动与日常生活的联系日益紧密，金融交易的二元属性日益凸显，简单地以商事思维来解释金融交易似乎已不能满足现实的需要。[2] 事实上，基于交易目的和交易性质的差异，金融交易可以分为金融投资与金融消费。前者是以

---

① 鲁鹏：《公平问题三思》，《江海学刊》2013 年第 1 期。

② 王保树：《金融法二元规范结构的协调与发展趋势——完善金融法体系的一个视点》，《广东社会科学》2009 年第 1 期。

盈利为目的展开的金融交易，例如投资有价证券、衍生品等，而后者则是以满足基本生活需求为目的而进行的金融交易，如银行存款、购买保险、消费信贷等。由于金融消费事关广大金融消费者的基本生活，带有一定的公共服务的性质，其交易过程的公平性会直接影响金融消费者利益，由此基于消费的金融交易在一定程度上与公共利益产生了关联，因而需要公平原则的介入，以维护公共利益和金融消费者的基本金融生活。即便是金融投资，也会因为投资者的层次属性而有着差异。当交易主体均为金融机构或成熟投资者（sophisticated investors）时，交易双方都有相应的评估和博弈能力来维护交易的公平，而当中小投资者等弱势主体参与金融交易时，往往无法有效地识别交易的公平性，也缺乏足够的谈判能力以确保交易的公平。若机械地适用买者自负的逻辑，而不通过合适的途径实现公平原则介入意思自治，对市场主体的交易过程进行公平性约束，则金融交易必定会偏离公平合理的路径，从而变成丛林社会里的弱肉强食的游戏，长此以往，失范的金融市场交易活动将会严重影响金融体系的效率。因此，强调过程公平，确保金融交易公平进行实属必要。

当然，公平原则对意思自治的介入，并不意味着对于金融交易作为民商事活动的形式理性的背离，也不意味着追求金融交易的绝对公平，而是强调在金融交易的过程中形式公平与实质公平的统一。即公平原则对意思自治的介入是有限度的。金融交易活动本身是建立在市场主体意思表示一致的基础之上，只要其符合这一外观形式，都应被视作交易主体的自由而得到尊重。但是这种自由应当建立在形式公平的基础之上，即金融交易主体应该基于平等的地位进行交易，交易条件的确定和权利义务的分配都是在平等协商的前提下完成的，交易双方都遵守市场规则不实施欺诈性的行为。形式公平能够为金融交易的公平进行提供一个好的前提，使得金融交易过程能从一个公平的起点展开。在此基础上的金融交易一般都是符合公平要求的。然而当金融交易双方能力悬殊，即便符合形式公平要求，交易结果也可能会使弱势主体的利益受到损害，这时就需要公平原则再度介入，通过对弱势主体进行倾斜性保护，并且通过强制性规定对强势主体的行为进行约束，在一定程度上限制强势主体任意确定交易条件或者免除自身应负义务，从而实现实质公平。

二 金融交易主体地位平等

金融交易主体是金融交易活动的实际参加者和具体实践者。金融交易能否达成取决于交易主体之间的协商与决策，而交易主体地位平等与否会影响金融交易过程中协商的充分性和平等性，以及交易决策的自主性的强弱。当金融交易的充分协商和自主决策受到限制时，金融交易本身的公平性则会大打折扣。因此，金融交易主体的地位平等直接关系到金融交易的公平进行。

从理论上来讲，地位平等与意志自由是市场交易的前提，交易主体在进行金融交易时应当是地位平等的。然而这种理想状态往往会与现实情况相去甚远。由于金融市场主体结构的多元化，金融交易所涉及的主体类型也比较多样，包括了银行、非银行金融机构、其他法人或非法人组织、自然人等。由于资金规模、专业技能、社会影响力、需求弹性等因素千差万别，这些交易主体在金融交易过程中的谈判能力也大小不一，由此会造成交易主体在博弈格局中的弱势地位。尤其是作为金融消费者或中小投资者的个人，在金融交易中面对大型金融机构有着先天的弱势。当金融交易发生在能力大致相当的主体之间时，交易双方的力量博弈能够在市场作用下实现其公平性。然而当金融交易发生在力量悬殊的主体之间时，弱势主体博弈能力的欠缺会诱发交易主体地位的不平等，导致金融交易的公平性受到损害。另外，金融结构的失衡也可能加剧强势交易主体与弱势交易主体的力量对比，从而加剧交易主体地位的不平等。例如金融管制背景下商业银行数量有限，容易形成金融垄断。商业银行之间凭借默契达成横向垄断协议，就金融服务收取高额的不合理费用，或者将利差最大化，面对这种情况，商业银行的客户作为金融消费者难以形成足够的力量与银行对话和谈判。由于金融消费者对于基本金融服务的需求是刚性的，在没有其他更优选择的情况下只得被动接受不合理的交易条件。还有就是弱势交易主体在进行金融交易时受到歧视和差别对待，例如金融机构嫌贫爱富，对于资金实力强的大客户会提供优惠的交易条件，而对于资金实力弱的小客户则会提出更为严苛的交易条件。以银行存款账户为例，当储户在特定账户上日均余额低于一定数额则需缴纳小额账户管理费，而存款数额较多的储户则无须缴纳该费用。而事实上银行管理存款账户所耗费的成本与账户余额并无关联，针对小额账户收取管理费的行为带有比较明显的歧视性，也给小额账户持有人带来了不合理的费用。

概言之，金融交易主体资质能力的差异，导致了交易主体在交易过程中地位不平等，这种不平等主要表现为缺乏谈判机会和谈判能力，以及受到差别对待。为了防止因为交易主体地位不平等而损害金融交易的公平性，即便我们难以直接改变交易主体的能力，但是可以采取适当的措施对强势主体进行约束，以实现金融交易主体地位的平等。金融交易主体地位平等，包括但不限于以下几个方面的要求。

第一，交易主体能够自主决定、自由选择交易对象。当交易主体无法自主决定是否交易、与谁交易时，几无可能确保该交易能够平等、公平地进行。因为一旦金融交易的一方主体不可替代，或者没有竞争，就会在金融交易中占据支配地位，能够对交易的进行产生决定性的影响，尤其是当作为交易标的的金融商品或金融服务缺少需求弹性时，弱势一方只能选择接受该交易，而不论交易条件是否公允。反之，当交易主体能够自由选择交易对象，交易对象之间形成的竞争机制会使交易条件趋于公平，交易主体也能因此获得更高的话语权来维护自身的利益。这既需要金融体系提供充足数量的交易对象以供选择，也需要交易对象能够有效地参与金融交易以形成竞争机制。可以说，交易主体对于交易对象的选择权和选择范围，会直接影响其在金融交易中的主体地位，保障交易主体的选择权利和选择范围，是维护金融交易主体地位平等的前提性条件。

第二，交易主体就具体金融交易进行协商的机会和能力。金融交易本身是资产权利移转和资金流动的过程，在这一过程中交易条件如何确定、交易程序如何设置都取决于交易主体间的博弈和协商。要确保金融交易的公平，必须建立在金融交易充分反映交易主体意志的基础上，即金融交易在磋商和敲定过程中，交易主体应该有机会就交易本身发表看法，并且其看法能够得到充分考虑并尽可能体现在该交易之中。若交易主体缺少这种机会和能力，金融交易只会是由强势交易主体单方面操纵的，弱势主体在交易中的最大利益无法得到充分实现，交易的公平性难以得到保障。因此，交易主体能够就具体金融交易进行平等协商，有利于增强交易主体在交易中的话语权，从而维护弱势主体的利益以确保交易的公平。

第三，交易主体不受到歧视性的差别对待。金融交易主体在交易过程中受到同等对待，是金融交易公平进行的基本要求。然而部分弱势主体可能由于资金实力有限，其交易数额或者交易项目并不能给交易对手带来可观的收益，从而并不那么受欢迎甚至会受到歧视待遇。这种情况在金融服务领域表现得尤为突出。金融机构往往采取设定差异化的交易条件，例如特殊的收费标准或者烦琐的交易程序等，提高非优质客户的交易成本以保证其利润，甚至直接将弱势主体排除在交易对象范围之外。而对于能给其带来较大收益的优质客户，则会提供较为优惠的交易条件，并且提供更为优质的贵宾服务，例如许多银行会向存款大户提供更高的协议利率，并且提供专属贵宾服务。在这种歧视性的差别对待下，即便是进行同类金融交易，不同资质的交易主体之间遭遇的横向不公平，也会导致金融交易公平性受损。为了保障不同主体都能同等地进行金融交易活动，就需要消除这种不合理的歧视性差别对待。

三 金融交易权利义务对等

金融的本质是资产权益的交易，[1] 或者说是财产权利的跨期交易[2]。因此金融交易实际上也是权利的交换。例如借贷就是贷方将货币权利短期转让给借

---

[1] 王国刚：《简论货币、金融与资金的相互关系及政策内涵》，《金融评论》2011 年第 2 期。

[2] 江春：《论金融的实质及制度前提》，《经济研究》1999 年第 7 期。

方，证券交易也是卖方将证券上所记载的权利（如股票对应的是股东权利，债券对应的是债权）让渡给买方。而权利与义务总是如影随形，金融交易主体在权利流转的同时也必然需要承担相应的义务，并且一方所负担的义务即对应着相对方的权利。借贷交易的借方需要按期还本付息，证券交易的买方也需要支付相应的对价。尽管金融交易的标的是金融工具和金融服务，然而金融工具和金融服务的实质依然是权利与义务，权利与义务构成了金融交易的内容。

金融交易所涉及的权利与义务并非单一的，而是复杂多样的。如果将金融交易看作基于合同的民商事行为的话，交易双方权利义务的分担都是经由双方依协商或者惯例达成合意并予以确定的。当然金融交易所涉及的权利义务不仅包括合同本身约定的权利义务，还包括合同磋商、缔结和履行过程中的附随义务。例如金融机构需要对客户信息保密、需要向交易对象充分揭示风险等。除了交易主体双方约定的权利义务之外，还有法定的权利义务。法定的权利义务是国家为了维护金融交易的公平、公正、公开，维护金融市场秩序，保护金融消费者利益而通过法律的形式所做出的强制性规定。例如存贷款利率应当基于基准利率在规定范围内浮动，金融机构需要履行投资者适当性义务以甄别合格投资者，以及市场主体不得利用未公开信息进行交易等。

由于金融主体的权利义务是金融交易的核心内容，那么权利义务的公平配置则关系到金融交易内容上的公平性。金融交易中权利与义务的分配，实际上是利益与责任的配置，直接关系到相关主体的交易目标能否实现。权利义务的公平配置，能够平衡交易双方的利益，防止金融交易褪变为强势主体侵蚀弱势主体利益的手段，这符合交易主体的切身利益，也符合金融市场持续健康发展的需要。当然，强调权利义务配置的公平，并非僵化地要求权利义务的完全同等，而是在尊重差异的基础上，按照"相同者同等对待"和"不同者差等对待"的对等原则，寻求权利义务在配置中的实质公平，[①]亦即金融市场主体会因

---

① 易小明：《对等：正义的内在生成原则》，《社会科学》2006 年第 11 期。

为能力差异而分化为强势主体和弱势主体，能力相当的主体之间的博弈相对平等，其权利义务的分配也会相对合理，而能力悬殊的主体之间的博弈则难言公平，极易出现强势主体主导权利义务分配而损害弱势主体利益的情况。因此需要在坚持交易主体地位平等的基础上，按照风险、收益与责任相适应的实质对等原则对市场主体权利义务的分配进行适当调整，以避免各方因实际能力过于悬殊而可能导致的不公平交易。[①] 所谓权利义务对等，实际上就是指金融交易主体所享受的权利应当与其承担的义务大致相称，即便在具体的交易过程中会略有偏差，但也不会出现承担较少义务而享受较多权利的现象。

金融交易权利义务对等，就要求金融商品和金融服务的公平设计。金融商品和金融服务作为金融交易的标的，其权利义务结构是金融交易公平性的前提。当金融商品或金融服务的设计本身就缺乏公平性时，购买该类金融商品和金融服务的交易主体极易遭遇利益损害。以金融衍生产品为例，2008 年全球爆发的金融危机以及 KODA 血洗大陆富豪事件、中信泰富杠杆式外汇买卖合约案、韩国 KIKO 合约案等涉及金融衍生品的经济与法律纠纷，进一步引发了人们关于金融衍生品设计的公平性思考。导致以上风险与纠纷的原因复杂多样，既有金融衍生品本身设计存在的缺陷，也有金融衍生品共有的高风险特征，还有金融衍生品销售中存在的欺诈或不当行为，更有金融衍生交易主体之间信息的不对称等多重原因。其中，金融衍生品设计中公平性的缺失成为衍生品交易中机构赚得盆满钵溢而客户却赔得倾家荡产现象的罪魁祸首。由于金融衍生品存在高风险和高杠杆性的特征，一旦合约权利义务安排不公平，则在合约权利义务最终兑现时，权利义务的不公平性会被成倍地放大，最终使得金融衍生交易中的亏损方损失惨重，而获利方则瞬间暴利，表现出显失公平的迹象。[②] 可以说，金融衍生品合约的公平性问题，既影响着衍生交易主体之间利

---

① 张书清：《金融公正理念的法学阐释》，《现代法学》2012 年第 4 期。

② 谢德城：《金融衍生品合约公平性问题的法律浅析——以合同为中心的思考》，《金融教育研究》2014 年第 1 期。

益的合理分配与协调，也关涉着金融市场的持续健康发展。因此，要维护金融交易公平进行，就必须以金融商品和服务为抓手，确保其公平设计以实现金融交易中权利义务的对等。

金融交易权利义务的对等，也要求金融商品和金融服务的公平定价。金融交易以购买金融商品和获取金融服务为表征，交易主体就金融商品和服务支付相应的对价是否公允，也直接关系到交易的公平性。从理论上来看，市场会自发完成价格发现的过程，即金融商品和金融服务的价格会在金融交易的过程中达到供需均衡状态，金融交易就以该价格为基础进行。但是在现实中由于信息不对称的存在，以及市场地位的悬殊和谈判能力的差异，可能会有金融商品和金融服务的市场价格严重偏离实际价值的现象。以新股发行价格的确定为例：当发行人和保荐人、承销商串通，捏造虚假的财务数据欺诈发行、粉饰业绩，则投资者就有可能以过高的价格购买股票，这对于广大投资者是不公平的；当新股发行价格不能完全以市场化的方式确定，而是受到行政干预或者其他因素影响，导致发行人只能以较低的价格发行股份，这对于发行人而言也是不公平的。再以饱受诟病的商业银行收费为例，即便商业银行提供金融服务会产生相应的成本，向客户收取适当的费用具有合理性，然而银行对于其收费都是单方面确定的，既未充分听取和尊重客户意见，也未及时全面地公示收费项目和标准。这种交易对象无法参与、无法充分知情的定价行为，滋生了大量不合理的收费项目，而且屡禁不绝。金融商品和服务的公平定价，是金融交易公平进行的重要保证。只有以公平合理的价格购买金融商品和接受金融服务，才符合金融交易的公平性要求。要实现公平定价，一方面需要充分发挥市场的价格形成机制，减少对价格形成的人为干预，使金融商品和服务的价格充分反映其实际价值以及市场供求状况。另一方面需要交易主体都能充分地介入定价过程，防止单方面确定不合理价格。

金融交易权利义务对等，要求交易主体权义责相适应。所有的金融交易都存在着不同程度的风险，也都有可能取得相应水平的收益。交易主体在一项金融交易中，会就交易各方的权利、义务和责任进行划分，以完成交易过程并对可能出现的风险进行安排。金融交易权利义务对等，其内在意涵就是交易主体就某项金融交易所承担的风险与预期收益大致相称，交易主体在享受权利的同时需要承担相应的义务和责任。若一方交易主体承担过高的风险而预期收益较低，或者有极高的收益预期但只承担较低的风险，都是有失公平的。同样，一方只享受权利而拒绝承担义务和责任，而另一方负担过多的义务和责任却只享受较少的权利的金融交易，也与公平二字相去甚远。在具体实践中，强势的交易主体往往会通过格式条款或者单方面的免责声明来排除自己的义务和责任，加重弱势交易主体的义务和责任。例如银行卡被盗刷后责任的承担问题，只要是凭密码进行的交易，银行都概不负责，而密码究竟是客户自己还是银行泄露的在所不论。又如同样是现金数量错误，若客户取款在柜台未点清数额的，离开柜台后银行"概不负责"，但若银行自动取款机发生故障多吐现金的，"笑纳"多余现金的客户却有涉嫌"盗窃金融机构罪"之虞。面对这些只愿享受权利却不愿承担义务和责任的霸王条款，弱势主体只得被动接受。这种权义责不相称的配置模式会导致强势主体的利益得到扩张，而弱势主体的利益受到压缩，损害金融交易的公平性。

四　金融交易遵循公平的市场规则

金融交易过程的公平除了与交易主体的地位对比和权利义务分配休戚相关外，还与交易所遵循的市场规则密不可分。就像国家的运行离不开法律一样，金融交易的组织和达成也需要遵循相应的市场规则。规则公平是金融交易过程公平的保证，否则即便是交易主体地位平等地公平配置权利义务，在市场规则缺乏公平性或者不能得到充分遵守的情况下，也很难保证金融交易符合公平要求。经济学家吴敬琏在 2001 年谈到其对股市的看法时说道："中国的股市很像一个赌场，而且很不规范。赌场里面也有规矩，比如你不能看别人的牌。而我们这里呢，有些人可以看别人的牌，可以作弊，可以搞诈骗。"其"股市赌场论"是否中肯我们姑且不做评论，但这一论断反映了规则公平对于交易公平的重要意义。只有当金融交易遵循公平的市场规则进行，市场主体的交易行为才会受到规范，交易过程中强势主体利用其优势地位倾轧弱势主体利益的行为才会受到限制，交易过程中的不公因而得以抑制，交易主体也能够对具体交易形成稳定的合理预期。

市场规则具有制度和惯例两种表现形式。制度是指通过法律、行政法规、部门规章、自律规则等成文文件予以确定的，对金融交易活动的过程进行调整的行为规范的总称。由于有着强力的监督和实施机制，制度性的市场规则具有较强的强制性和规范效力。惯例则是长期以来市场交易活动中形成的，市场交易主体自发接受其约束的非正式性行为规范的总称。尽管惯例作为非正式规范而强制效力不足，但其也作为正式制度的补充，有效地规范了金融市场交易行为。官方制定的制度和市场自生的惯例共同形成规范金融交易活动的市场规则，为金融交易的公平进行提供了保障。然而正如亚里士多德在阐释法治的内涵时所指出的"其一是已成立的法律获得普遍的服从，其二是大家所服从的法律又应该是制订得良好的法律"[①]，真正能保障和促进金融交易公平进行的市场规则也必须符合两个条件：一方面市场规则本身是公平，另一方面公平的市场规则能够得到切实的遵守。

市场规则本身的公平性，是保障金融交易公平进行的基础。当金融交易活动遵循市场规则进行时，市场规则是否能反映对公平性的价值追求，以及是否符合交易公平的具体要求，直接决定了其在调整金融交易活动中能否有效地维护交易的公平性。公平的市场规则，至少应当符合以下三个方面的标准。①透明度。灯光是最好的警察，阳光是最好的杀虫剂。只有当金融市场交易活动能够在公开透明的环境下进行，才能确保交易各方对交易标的、交易对手以及交易条件都有清楚充分的认识，由此交易主体能够根据及时、有效、充

---

① 亚里士多德:《政治学》，商务印书馆，1965，第148页。

分的信息做出交易决策，不至于因为信息不对称而导致交易公平性的缺失。强化金融交易的透明度的关键在于信息披露，真实有效的信息披露不仅能够帮助交易主体谨慎地选择交易对象，而且有助于交易主体能够以更为公允的价格进行金融交易。[1] 因此，公平的市场规则必定是以推动和保障市场信息公开透明为首要任务的。②适当性。金融市场交易主体资质能力千差万别，如果对其采取"一刀切"的统一规则，看似各类主体得到了平等对待，但实际上却造就了一场注定不公平的游戏。金融交易所涉及的金融商品种类繁多，不同的金融交易在结构和内容上从简单到复杂、从低风险到高风险，相互的差异悬殊，而交易主体的经济实力、专业水平、风险偏好等方面的情况也迥然不同，因此并非所有金融商品对于不同层次的交易主体都普遍适当。[2] 当交易主体实际能力与金融交易风险状况和能力要求不相匹配时，最终结果是弱势主体在超出其能力范围的金融交易活动中利益受损，这与金融交易公平进行的要求背道而驰。因此，公平的市场规则应当引导交易主体参加与其能力相适应的交易活动，通过保证金融交易的适当性来维护金融交易的公平性。③禁止欺诈。如果金融交易主体都能够诚信地进行金融交易，那么金融交易的公平性就能得到很大的提升。然而由于交易主体都追求利益最大化，且存在金融交易中道德风险和代理成本等问题，交易主体不惜采取欺诈手段来谋求利益。[3] 例如上市公司为了维持股价而发布虚假的财务报告粉饰业绩；背信的中介机构为了自身利益成为欺诈的帮凶，其市场"看门人"的角色形同虚设，这些欺诈行为都会严重损害金融交易的公平进行。还有就是索性设计"庞氏骗局"，以欺诈手段直接占有交

---

① 有学者以企业债券市场为样本，研究了通过强制信息披露要求增强市场透明度后，交易主体之间的谈判格局会受到影响，投资者能够以更加公平的价格购买债券，从而推动了交易的公平性。See Paul Asquith, Thom Convert, Parag Pathak, "The Effects of Mandatory Transparency in Financial Market Design: Evidence From The Corporate Bond Market", NBER Working Paper, No.19417, September 2013.

② 何颖：《金融交易的适合性原则研究》，《证券市场导报》2010 年第 2 期。

③ S. Romila Palliam, Lee G. Caldwell, Dilip K. Ghosh, "Financial Transaction and Fiduciary Obligation: Ethics Economics or Commingled Commitment?" *The International Journal of Banking and Finance*, Vol.9, 2012, pp.1-27.

易主体的财产。公平的市场规则对于欺诈行为应当是禁止而不是纵容，对于欺诈行为的规制也是检验市场规则有效性和公平性的试金石。要维护金融交易的公平进行，市场规则必须以打击欺诈来体现和维护公平，一方面要准确地对金融欺诈进行定性，明确欺诈行为的具体类型，并对欺诈行为进行禁止性规定；另一方面要针对金融欺诈行为制定严格的处罚措施。

公平的市场规则得到切实有效的遵守，是金融交易公平进行的重要保证。正如法律的生命在于实施，金融交易的市场规则即便再公平，若不能得到有效的执行则会形同虚设，无法发挥其规范金融交易活动、确保金融交易公平的功能。因此要在确保市场规则本身公平的基础上，通过强化市场规则的执行与实施，推动交易主体共同遵守市场规则，以维护公平的交易环境。要实现这一目标，需要从以下两个方面着手：其一，要加强监管，确保金融交易按照公平的市场规则有序进行，加强对违反市场规则妨碍公平交易的行为的处罚力度；其二，要畅通救济途径，保障在不公平的金融交易中利益受损的主体能够得到及时、有效的救济。通过加强监管和畅通救济途径，使公平的市场规则能够真正对金融交易活动形成有效约束，以此来保障金融交易的公平进行。

第三节　结果公平：金融福利公平分享

金融体系运行完成资源配置，会投射到经济和社会生活领域，形成相应的经济效果和社会效果。金融体系运行的结果是金融市场主体尤为关切的内容，在某种程度上形成了衡量和评价金融体系运行的重要依据。金融公平作为整个金融市场应该遵循的基本原则，一以贯之地普遍适用于金融体系运行的各个阶段。因此，除了机会公平和过程公平之外，金融体系运行还需要强调结果公平。金融发展促进社会进步与社会公平，金融发展成果为所有社会成员公平分享，都是金融公平原则的应有之义。

一 金融体系运行的结果公平：基于福利经济学的视角

金融市场通过资金的融通来优化资源的配置，这种纯粹的经济活动会影响个体经济状况，然而这种作用机制所产生的"蝴蝶效应"使得金融体系的运行会影响整体经济社会的发展。可以说，金融体系运行的结果不仅在微观层面关系到金融市场主体的利益，而且还在宏观层面关系到社会整体利益。如何使金融体系运行的结果符合经济社会发展的总体要求，符合公平正义的价值取向，是金融体系制度设计者和市场参与者共同面临的课题。金融体系运行的结果可以用金融福利来进行描述。所谓金融福利，即指金融体系运行带来的福利效果，或者说，金融福利实质上就是金融体系运行给各类主体带来的利益。对于福利，往往会有学者将其狭义地理解为健康医疗、住房保障、社会救助等满足社会成员基本需要的社会服务。[1] 然而按照福利经济学之父庇古的理论，福利即人们对获得效用的满意感。广义的福利包括正义、自由、愉快等内容的社会福利，而狭义的福利即经济福利，是指能用货币进行度量的社会福利。[2] 本文认为从更为广义的角度来定义和理解福利，既能更全面地涵盖福利的内涵和外延，也有益于概括和表述金融体系运行的复合性结果。金融体系运行既有能以货币进行度量的经济方面的结果，例如收入分配、利润波动等，又有难以用货币进行度量的社会方面的结果，例如社会公平、生态环境等，但这些都与金融市场参与者乃至普通公民的福利息息相关。因此以金融福利来描述金融体系运行的结果，是客观地评估金融体系运行状态的前提。

随着金融经济功能之外的社会功能日益得到重视，衡量金融体系发展的结果的好坏开始不再仅仅依据资金效用是否得到充分发挥，而且需要观照金融体

---

① Lund Brian, *Understanding State Welfare: Social Justice or Social Exclusion*? Sage Publications, 2002, p.1.

② 〔英〕庇古:《福利经济学》，金镝译，华夏出版社，2007，第 9 页。

系运行能否带来积极的社会效果。从福利经济学的视角来解读上述金融功能认识的拓展，我们发现金融福利被或多或少地误读了。而当前学者对于金融福利的分析，更多地关注了以货币度量为基础的经济福利。[①]对金融的经济福利的关注实际上是片面地认识金融功能、只强调金融经济功能的结果。但是福利并非只是财富增长，个人幸福与人类福祉远非货币可以度量，而涉及包括政治权利、健康、机会、安全等各个方面。诺贝尔经济学奖获得者阿玛蒂亚·森认为自由是判定社会上所有人福利状态的价值标准，包括了政治自由、经济条件、社会机会、透明性保证和防护性保障等五种工具性自由。[②]而这类福利并非与金融毫无关联，恰恰相反的是金融发展能够在某种程度上促进并实现这类福利，[③]尤其是随着金融逐步渗透人类社会生活的方方面面，其对整个社会产生的作用会越来越深刻。另外，社会整体福利并不是个人福利的简单加总，社会整体福利直接依赖于福利在个人中间如何平等分配，[④]平等分配能够让社会福利最大化。[⑤]也就是说，单纯强调金融体系运行效率，只关注金融发展带来的个人福利并不会有利于社会整体福利的提升。金融发展推动宏观经济增长固然会通过涓滴效应惠及穷人，[⑥]但若缺乏有效的分配调节机制，社会整体福利会在不平等的日益扩大中不断减损。要实现金融的经济功能和社会功能的协调发挥，需要重视并全面认识金融福利。金融发展会带来福利的增加，但要确保金融福利的最大化，则必须处理狭义上的能用货币度量的经济福利与广义上的更为抽象宽泛的社会福利、个人福利和社会整体福利之间的协调与平衡。

---

① 参见胡志强《金融系统的福利经济分析》，武汉大学出版社，2005，第235页。

② 〔印〕阿玛蒂亚·森：《以自由看待发展》，任赜、于真译，中国人民大学出版社，2012，第7页。

③ See Juan Piñeiro Chousa, Haider A. Khan, Davit N. Melikyan, Artur Tamazian, "Democracy, Finance and Development", CIRJE Discussion Paper, CIRJE-F-458, December 2006.

④ 参见〔美〕路易斯·卡普洛、斯蒂文·沙维尔《公平与福利》，冯玉军、涂永前译，法律出版社，2007，第33页。

⑤ Amartya Sen, *On Economic Inequality*, Oxford University Press, 1973, pp.83-87.

⑥ P. Aghion, P. Bolton, "A Theory of Trickle-down Growth and Development", *Review of Economic Studies*, Vol.64,1997, pp.151-172.

金融体系运行的结果表现为利益在不同主体间的分配，这种利益分配的公平性也直接影响着金融体系本身的公平程度。金融公平不仅要求各类主体都能机会公平地进入金融市场、过程公平地参与金融活动，还要求金融体系运行所带来的利益能够公平分享，即结果公平。结果公平关系到利益分配格局的实际状态，属于实质公平，要求收入和财产等有价资源在社会成员之间相对均等地分配。相比于机会公平强调机会在不同人群中的公平分配，追求社会中所有人都应拥有获得成功的平等权利和机会，以及过程公平关注分配过程，强调所有人在机会和结果获取的过程或制度上被公平对待，①结果公平更加注重利益分配的最终状态。然而结果公平并不意味着利益分配的绝对均等或者平均主义，而是强调利益在不同主体间分配的适当性和合理性。正如李昌麒教授等所指出的，结果公平的实现一是在初次分配领域，以比例平等的原则来调整分配中的利益关系，即市场主体的所得与其在劳动、资金、技术、智力等要素方面的付出和贡献大小相适应，由此体现经济上的公平。二是在再分配领域，以完全平等的原则来调整分配中的利益关系，即按照一个人最基本的生存需要来分配社会资源而不考虑其才能和经济上的贡献，由此体现社会性的公平。②结果公平既需要尊重客观经济规律，通过按比例分配的激励来维护市场效率，又需要适当调整和矫正利益分配不均，以维护社会公平。

在以金融福利描述金融体系运行结果的语境下，结果公平即表现为金融福利的公平分享。金融福利的分配是个复杂的过程，既有金融市场主体通过参与金融活动而直接享受金融福利，例如参与证券交易获得收益，或者被保险人在出险后获得理赔等；也有未参与金融活动的主体通过金融发展给整个经济社会带来的影响而间接享受金融福利，例如金融发展促进经济增长带来居民收入提高，以及碳金融的兴起减少了碳排放从而改善环境等。可以说金融福利分配方

---

① 孟天广：《转型期中国公众的分配公平感：结果公平与机会公平》，《社会》2012 年第 6 期。

② 李昌麒、黄茂钦：《公平分享：改革发展成果分享的现代理念》，《社会科学研究》2006 年第 4 期。

式多样，覆盖范围广泛。然而由于个体禀赋差异，以及金融市场结构缺陷，各类主体在金融体系运行过程中分配到的金融福利往往并不均等。尽管通过强调机会公平和过程公平，能够有助于弱势主体从金融体系运行中受益，这在一定程度上能够改善金融福利分配的公平性，但是依然会存在结构性、制度性的原因或者偶然性的原因导致金融福利分配的不公平。这时候就需要金融公平原则的介入，适当矫正金融福利分配中的不合理因素，使金融福利得以公平分配。

金融福利公平分配并非一厢情愿式的空想，而是有其充分的理论依据和现实需要的。第一，金融福利公平分配是经济正义的重要内容。金融市场活动应该符合经济正义的要求，而经济正义很大程度上都是强调分配正义在经济领域的实现。金融福利公平分配，正是分配正义在金融领域的表现。事实上，不论是分配正义理论，还是福利经济学理论，其基本问题都是在强调如何分配的问题。[①] 只有当金融福利得到公平分配，才能保证金融体系运行的正当性。第二，金融福利公平分配是社会公平的内在要求。金融体系运行所产生的效用不仅涉及经济领域，还对社会生活产生诸多影响。金融福利的范畴不仅有经济福利，还有社会福利。金融福利的分配会对生态环境、贫富差距、社会阶层、民主自由等各种社会问题产生影响。只有公平分配金融福利，才能使金融的社会功能得到公平合理的发挥，维护和促进社会公平。第三，金融福利公平分配是金融体系公共使命的集中体现。当前金融市场在对效率的推崇中失去了对公平的关注，导致金融市场成为制造和加剧社会财富不平等的营地。事实上金融市场发展至今已经开始具备相当的公共性，金融市场参与主体的多样化催生了金融体系运行中的多元利益诉求。[②] 公平的金融市场，应当能够公平合理地满足多元利益主体需求。因此，金融福利应当在各类主体间公平分配，实现金融发展成果全民共享，保证所有群体均能受益于金融市场运行所带来的经济和社会的发

---

① Hal R. Varian, "Distributive Justice, Welfare Economics, and the Theory of Fairness", *Philosophy & Public Affairs*, Vol.4, No.3, 1975, pp.223-247.

② 冯果:《资本市场为谁而存在——关于我国资本市场功能定位的反思》,《公民与法》2013 年第 6 期。

展。这时金融市场不再仅是作为少数人攫取利润的场所，而是普惠性地使各类主体都能够通过金融发展提升自身利益的平台。

金融福利公平分配的实质在于所有社会主体都能公平且普惠地受益于金融体系的运行和发展。具体而言表现为两层内涵：一方面金融体系运行给经济社会带来的效用应当向所有社会主体开放。金融福利并非简单地在金融活动主体间进行分配，还会涉及许多间接主体。金融体系的发展不仅应当满足直接主体的利益诉求，也应满足间接主体的诉求，通过金融体系的普惠性，应使金融发展成果能够为全民共享，各类主体均能从金融体系运行中受益。另一方面金融体系运行效用的分配应当符合公平要求。各类主体从金融体系运行中均能各得其所，既能够在尊重效率的基础上平等且合乎比例地获得与其能力大致相称的利益，又能够在适当的情况下基于实质公平获得相应的利益倾斜配置。正如前文所言，结果公平并非绝对均等。金融福利公平分配也并不是说在各类主体间均等地分配金融福利，而是追求帕累托最优以及社会整体福利的最大化。

实现金融福利公平分配的路径有如下三条。第一，畅通各类主体参与金融福利分配过程的路径并确保分配过程的公平。这既需要相应主体能够通过公平进入金融市场以取得享有金融福利的机会，又要求公平参与金融活动以确保直接福利分配符合公平要求，从而间接地保障金融福利得以公平分配。第二，调节个体金融福利的分配。在金融体系运行中各类主体的受益程度往往不尽相同，甚至会出现部分主体凭借其优势地位掠夺弱势主体利益的现象，导致弱势主体无法获取金融福利。这就需要对这种福利分配严重失衡的情况进行直接干预，将强势主体所获得的部分金融福利让渡给弱势主体，以确保金融福利分配的实质公平。第三，提升社会整体金融福利。社会整体金融福利的提升一方面属于做大"福利蛋糕"，从而使个体福利得以增加；另一方面则是有助于维护社会整体利益，从而实现社会公平并扩大金融福利分配的覆盖面。第一条路径实际上是金融体系运行本身的福利分配效果，通过保障机会公平和过程公平从而间接地实现金融福利公平分配这一目标。而后两条路径则是直接着眼于金融福利分配，通过直接干预对金融福利的分配进行人为调节。由于第一条路径在本章前两节已有讨论，本节主要从直接干预金融福利分配的角度讨论后两条路径。

二 个体金融福利的公平分配与调节

个体金融福利最直接地体现为进入金融市场参与金融活动而取得的收益。由于不同主体参与金融活动的程度不同，自身能力禀赋各异，加上金融体系自身结构缺陷，以及制度不完善，金融福利在个体间的分配往往并不均等，甚至差距悬殊。民生银行原行长洪琦曾在 2011 年环球企业家高峰论坛上说："企业利润那么低，银行利润那么高，所以我们有时候利润太高了，有时候自己都不好意思公布。"其言论引起了舆论哗然。但是这种说法实际上撕开了银行业暴利的遮羞布。强势的银行攫取过多的金融福利，而作为其客户的中小企业和个人却难以在金融活动中受益几成全社会的共识。中国银行业依靠高息差赚取高额利润，而存款利率赶不上通货膨胀率导致储户的财富在银行账户"缩水"已经成了公开的秘密。在 2014 年英国《银行家》杂志的全球银行排名中，中国工商银行和中国建设银行位列榜单第一和第二，其息差收入分别为 726.54 亿美元和 638.39 亿美元，中间业务费用收入分别为 200.47 亿美元和 170.9 亿美元，息差收入与中间业务收入之比为 362.42% 和 373.55%，而紧随其后的 JP MORGAN CHASE 以及美国银行息差收入与中间业务收入之比仅为 131.89% 和 134.61%。[①]《银行家》杂志也含蓄地批评了中国银行业的收入来源过度依赖利差收入。[②] 图 2-1 揭示了从 2008 年到 2014 年存贷款活动中银行和储户的金融福利分配情况。存款利率曲线与贷款利率曲线中的部分属于银

---

① 数据来源：The Banker Database。

② http://www.thebanker.com/Top-1000-World-Banks/Top-1000-World-Banks-Chinese-banks-dominate-net-interest-income-gains.

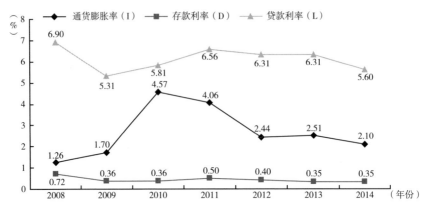

图 2-1 我国银行存贷款利率与通货膨胀率对比

资料来源：中国人民银行统计数据，http://www.pbc.gov.cn/publish/zhengcehuobisi/627/index.html，以及 World Inflation Data, http://www.inflation.eu/inflation-rates/china/historic-inflation/cpi-inflation-china.aspx。需要说明的是，由于表格系年度分析，故通货膨胀率采用年度数据，存贷款利率均采当年最大值。

行的息差收入，存款利率曲线以下的部分为储户的利息收入。然而由于通货膨胀的存在，社会实际通货膨胀率会影响实际金融福利的状况。减去通货膨胀率的因素，贷款利率曲线与通货膨胀率曲线中间的部分属于银行所获取的金融福利，通货膨胀率曲线与存款利率曲线中间的部分则现实了储户的金融福利效果。当通货膨胀率曲线低于存款利率曲线时，中间部分则是储户所享受的金融福利。然而当通货膨胀率曲线高于存款利率曲线时，则表示实际存款利率为负，储户面临着金融福利的净损失，即不仅无法从金融活动中受益反而会遭受损失。

不单银行业存在着金融福利分配不公的问题，资本市场中也同样存在。上市公司利用资本市场发行股票进行直接融资，但是完成融资后变身为一毛不拔的"铁公鸡"，从不向股东分配股息红利。在这种情况下，上市公司原始股东通过 IPO 或者定向增发，在高市盈率的作用下完成了财富的放大，在"上市造富"的效果中获取了极大的金融福利。上市公司也能获得充足的资金用于企业发展，甚至还会有巨额的超募资金。证券投资者只能依靠二级市场的交易活动赚取差价，而不能共享上市公司的业绩增长。在某种意义上来看，证券市场的投资者的金融福利在很大程度上被局限于交易利润，这会导致证券市场沦为"圈钱市"，证券投资也会偏离价值投资的轨道。

有差别的福利分配固然符合经济规律，也能够形成激励机制，但是个体福利差异过大不仅与公平价值旨向背道而驰，而且不利于社会公平和金融体系的持续发展。尽管金融福利在不同的个体间的分配存在着不同程度的差异，但是只有个体金融福利得到公平分配，才符合金融公平的基本理念和原则。个体金融福利公平分配的内涵包括以下几个方面。第一，金融福利能公平地在不同主体间进行分配，金融福利的获取与自身能力大致相称。这是个体金融福利公平分配的基本前提，也为金融福利公平分配设置了基础性的标准。这既是对强势主体获取更多金融福利的承认，也是防范弱势主体应得的金融福利被侵蚀的保障。第二，金融福利分配的差异是允许的，但这种差异应当被限定在合理的范围内。这是个体金融福利公平分配的核心要求，既允许福利分配差异的存在，又防止差异过大而导致的不公。第三，当金融福利分配的差异过大时，应适当减少强势主体金融福利并补偿弱势主体金融福利，以矫正金融福利在个体间分配的不公平。这是个体金融福利公平分配的实现手段，即通过金融福利在不同个体间的调节以减少过大的差异，使金融福利的分配重新回归到公平状态。

以直接干预的方式调节个体福利，实际上就是限制强势主体获取过高的金融福利，增加弱势主体所得的金融福利，或者将强势主体的金融福利部分地转移给弱势主体，人为地实现金融福利分配的均衡，从而实现金融福利的公平分配。调节个体福利，必然会导致强势主体金融福利的减少，在某种程度上是对强势主体金融福利的剥夺。如何让这种剥夺既符合结果公平的要求，又不至于构成侵犯私权或者违反市场机制，是个体福利调节中需要注意的两个方向的限度。金融公平不仅要求金融福利分配结果的公平，而且还需要公平结果是以公平合理的方式实现的。因此，个体福利的调节并非简单粗暴的"劫富济贫"，而是合理地将自愿调节与强制调节相结合，在尊重市场规律和强势主体私权的基础上完成福利调节过程。

自愿调节，是指金融市场上的强势主体基于自愿将部分金融福利让渡给弱势主体，以实现金融福利公平分配的调节方式。诚然，金融市场主体总是逐利的，即便银行不好意思公布高额利润，它们还是很好意思继续维持暴利的。然而即便让包括金融机构在内的强势主体"自我革命"、减少金融福利的获取具有相当的难度，但并非不可能实现的。因为在某种意义上，在一些业务或项目上放弃部分的金融福利，可能会在其他业务中获取更大的福利，正所谓"失之东隅，收之桑榆"[1]。例如金融机构利润转移，即强势主体将其在金融市场获取的高额利润以某种方式转移给普罗大众或者独立个体；再如赚得盆满钵溢的金融机构将其部分利润以慈善捐赠的形式转移出去，使其能用于一般性的个体，这就属于典型的自愿调节，即金融机构基于自我意愿将其所获取的金融福利的一部分转给其他个体享受。这种慈善捐赠能够给金融机构带来良好的社会声誉[2]，有利于其更好地开展金融活动并获取更大利润。如金融机构费用减免，即金融机构在为客户提供金融服务时减免相应的费用，以牺牲部分收入来提升客户的金融福利。尽管金融机构的收入会受到一定的影响，但是费用减免能成为争取客户的一种有效手段，使其能够通过扩大客户规模而获得更大的利益。还有前文提到的上市公司分红的问题，当上市公司能够更加慷慨地将部分利润合理地分配给广大投资者时，也会增强投资者的信心并吸引更多的投资者，公司市值会由此增加。不难发现，强势市场主体自愿调节自身金融福利，实际上是一个双赢的过程：弱势主体直接接受了强势主体让渡的利益，从而享受了更大的金融福利；而强势主体则会因为让渡利益而获得更大的远期收益。

强制调节，则并非基于强势主体的自愿而将其金融福利以相应的形式转移

---

① 《后汉书·冯异传》。

② Carola Hillenbrand, Kevin Money, "Corporate Responsibility and Corporate Reputation: Two Separate Concepts or Two Sides of the Same Coin?" *Corporate Reputation Review*, Vol.10, 2007, pp.261-277.

给弱势主体的金融福利调节方式。由于自愿调节往往过于依赖强势主体的主观自觉，具有较大的任意性。为了使金融福利的公平分配成为常态，就需要采用一些强制性的方式调节个体金融福利。例如对能够获取暴利的金融机构或特定的金融交易行为征税，将税收收入以转移支付的方式投入贫困地区用以改善贫困地区居民的生活。再如通过价格监管，防止金融服务价格畸高，避免金融机构以牺牲客户利益的高额收费为代价获取高额利润，从而实现金融福利在金融机构与客户间的公平分配。还有就是对金融机构课以强制义务，防止金融机构挑肥拣瘦，只为优质客户提供金融服务而导致弱势主体难以通过获取金融服务享受金融福利。金融福利的强制调节，往往是基于法律法规或自律规则进行的利益分配过程，而不以市场主体的意志为转移，因此具有确定性和稳定性，能够确保金融福利在个体间分配的公平。

三 社会整体福利的提升

社会整体福利，指的是所有社会成员以及社会共同体所获得的效用的总和。社会整体福利不仅限于所有个体福利的加总，而且包括了由所有社会成员组成的共同体的福利，反映了更为宏观的公共利益诉求，譬如金融稳定、经济增长、社会公平、环境保护、社会安全，等等。金融体系的运行并非只产生和分配个体福利，而且会对社会整体福利产生影响。首先，由于外部性的存在，金融体系的运行会影响到社会整体利益。金融作为市场经济的重要构成，能够对市场资源配置产生显著的作用，其对个体利益的调节会传导至公共利益最终形成对公共利益的影响。因此资源如何配置以及资源配置的有效性，不仅与金融市场参与者的利益休戚相关，而且会间接地影响社会整体利益能否实现以及多大程度地实现。例如金融市场的活跃与繁荣，会促进经济增长和收入水平的提高，然而金融结构又会影响到收入分配的公平性，进而对社会公平产生影响。其次，金融体系中存在以维护公共利益为目标的金融活动，能够直接影响社会整体福利。一方面，金融市场主体并不全是追求个体利益最大化的，同样存在着以维护社会整体福利为己任的市场主体。例如政策性金融机构就着眼于社会公共利益作为商业性金融机构的补充来参与金融市场活动，其经营带有明显的公共政策意图，能够利用金融市场实现社会整体利益。另一方面，金融市场中还存在能够直接改善和提升社会整体福利的福利性金融工具。福利性金融工具指的是金融市场主体根据合理配置风险的需要而提出和实施的有利于社会整体福利提高的金融制度、业务和组织新方案。[①] 这些精妙设计的金融工具既能产生一定的盈利效果而吸引投资者，又能实现收到维护社会公共利益的实际效果。例如排放权交易即一种典型的福利性金融工具，通过建立排放权交易市场，将排放权作为金融交易的标的，允许排污者将排污指标包装成金融商品进行交易，不仅可以在交易过程中形成套利空间提高交易者的经济利益，而且能在一定程度上对节能减排形成正向激励，减少环境污染，[②] 十八届三中全会决定提出的巨灾保险，也是一种福利性金融工具，通过有效配置资金和风险，既能集中资金开展投资活动以繁荣金融市场促进金融发展，又能在灾害发生时为受灾地区提供救助资金，从而提升社会整体福利水平。

金融福利最大限度地惠及全民，是金融福利公平分享的内在要求。提升社会整体福利，是实现金融福利惠及全民的有效途径。因此，社会整体福利的提升应当成为金融福利公平分享的重要内容。通过提升社会整体福利来实现金融福利公平分享的实现机制包括两条基本路径。第一，在金融福利分配过程中注重提升社会整体福利，能防止金融福利过多地集中于个体福利，从而避免金融福利分配的不公。这与个体金融福利的分配比较类似，区别在于个体金融福利的分配是发生在个体与个体之间的福利调节，而提升社会整体福利则是个体与整体之间的福利调节，即引导金融市场主体在获取金融福利时充分考虑并增进

---

① Andrew William Mullineux, "Financial Innovation and Social Welfare", *Journal of Financial Regulation and Compliance*, Vol.18, 2010, pp.243-256.

② 朱家贤：《环境金融法研究》，法律出版社，2009，第48~50页。

社会整体福利，从而收到调节金融福利分配的效果。第二，社会整体福利是全民共享的，当整体福利得到增加时，每个社会成员所分配到的金融福利也会得到相应增加。金融体系运行所带来的社会整体福利往往是由社会成员所共同享有并普遍受益的，当社会整体福利增加时，社会成员所能分享的福利也会相应增加。将部分个体金融福利转化为能够由社会成员共同分享的社会整体福利，或者通过金融活动提升社会整体福利，从而使得所有社会成员都能分享金融福利，以此实现金融福利的公平分配。提升社会整体福利以实现金融福利公平分配，需要做到以下几个方面。

首先，金融市场结构和制度结构应当有利于维护社会整体利益。这是金融体系运行过程中社会整体利益得以提升的基础性条件。这就要求金融体系具有良好的风险防范机制，能够有效预防金融市场波动并应对金融危机，通过保障金融市场的稳定和安全来维护社会整体利益。同时还需要确保金融体系的有效性，能够切实发挥金融服务实体经济的功能，防止金融市场"空转"、金融部门脱离实体经济运行，导致推高社会融资成本而又未对国民经济起到实质性的促进作用。

其次，金融机构积极承担社会责任，在满足营利性要求的同时也致力于提升社会整体利益。金融机构不仅作为营利性组织存在，而且应具有"准公共机构"的属性，[1]随着经济社会的发展，金融机构不仅要能持续稳健地为股东创造利润，作为社会整体的利益相关者，也要承担更多的社会责任。[2]也就是说，金融机构在从事金融活动获取利润的同时，还需要承担促进经济增长、消除贫困、无歧视地提供金融服务等有助于增进社会整体福利的社会责任，[3]一旦金融机构较好地承担社会责任，金融市场将超越片面逐利带来的部分弱势主体的利

---

① 周仲飞:《提高金融包容:一个银行法的视角》,《法律科学》2013年第1期。

② 高建平、曹占涛:《普惠金融的本质与可持续发展研究》,《金融监管研究》2014年第8期。

③ Francesc Prior, Antonio Argandoña, "Best Practices in Credit Accessibility and Corporate Social Responsibility in Financial Institutions", *Journal of Business Ethics*, Vol.87, 2009, pp.251-265.

益减损，而带来社会整体福利的提升，整个社会都将从金融发展中获益。

最后，金融体系的运行应当超越经济利益的局限，更多地关注社会整体福利。社会整体福利的提升，需要金融体系自身具备维护社会整体福利的价值秉性，以保证金融体系运行符合社会整体利益的要求，并且能够增进社会整体福利。也就是说，金融体系应当在追求资金运行效率和利润的同时，将符合社会整体利益的其他价值目标也纳入其运行原则之中，并以此为基础完成对金融体系的改造。例如将环境保护目标融入金融体系，大力发展"绿色金融"，适当限制不符合社会发展趋势要求的高污染、高能耗的产业获得信贷资源和上市资源的机会，同时通过合理设计福利性金融工具来对环境保护形成正向激励，从而有效地引导市场主体保护生态环境。再如，将民生作为金融体系运行的重要关切，推进"民生金融"的发展，利用产品和业务等方面的创新，满足人民群众日益多样化的金融需求，推动国民为城镇化、中小企业、"三农"、教育、医疗卫生、住房等涉及民生改善的领域提供资金支持，[①]从而使金融发展真正惠及民生。

---

① 胡海峰、赵亚明：《我国民生金融发展现状、问题与对策研究》，《教学与研究》2013 年第 7 期。

第 **3** 章

金融公平法律实现的路径
选择及内在机理

前一章对金融公平概念进行了系统性的分析，描绘了一幅金融市场公平进入、金融交易公平进行、金融福利公平分享的理想图景。然而如何让金融公平从梦想照进现实，让公平不再只是一种追求而成为金融体系运行的常态，则有赖于对金融公平实现机理的充分把握和有效运用。金融公平的实现是一项系统工程，金融体系的结构、金融交易的安排以及权利义务的配置都会对金融公平程度产生影响。然而金融公平的实现机理并非杂乱无章毫无规律可循，只要选择恰当的实现路径，以合理有效的手段对影响金融公平的关键要素予以规制，金融公平程度便能得到有效提升。

第一节　实现金融公平的路径选择

金融公平是金融体系运行的理想状态。然而公平作为一种普世价值是人类社会的共同追求，人们在实现公平的求索道路上从未止步，但亦尚无定法。由于金融公平涉及金融体系运行的方方面面，其涵盖范围之广、影响因素之多，决定了金融公平绝非单一路径可以实现，而是存在多样化的途径通往金融公平的至境。这些路径既有凭借市场规律自发调节资源配置的市场化道路，也有依靠金融市场主体道德自觉和自我约束的道德路径，亦有仰仗政府通过金融政策来调节金融资源配置的政策手段，还有遵循法治原则制定法律规制金融体系运行，将公平原则贯穿到金融体系运行始终的法律路径。不可否认，任何一条道路都具有实现金融公平的可能性，然而正如硬币之两面，有些路径有着其先天的缺陷与不足，导致金融公平难以维持确定的和稳定的常态。因此，选择最合乎市场规律和善治原则的路径，是实现金融公平的重要保证。

一　市场实现及其固有缺陷

党的十八届三中全会决议指出要发挥市场机制在资源配置中的决定性作用，即在经济运行过程中需要充分尊重市场规律。金融市场作为市场经济的重要组成部分，其运行也必须建立在对市场机制的充分尊重之上。金融在本质上是资金资源的跨期交换，可以说金融活动的过程就是实现资金供给与资金需求均衡的过程。金融公平的程度与金融市场均衡状态密切相关。根据经济学的一般均衡理论[①]，我

---

① 一般均衡理论是理论经济学的一个分支，其试图解释供给、需求和价格行为，并尝试证明经济中存在着一套价格系统，能够使每个消费者在给定价格下提供自己所拥有的生产要素，并在各自的预算限制下购买产品来达到自己的消费效用最大化；每个企业都会在给定的价格下决定其产量和对生产要素的需求，来达到其利润的极大化；每个市场都会在这套价格体系下达到总供给和总需求的相等。当经济具备上述条件时，即达到一般均衡。

们可以认为当金融市场中的每个资金需求者都能以其所能接受的合理价格获取资金、所有资金供给者都能在给定的价格下获取恰当的收益，市场上资金总需求与总供给相当时，金融市场即达到了均衡状态。根据福利经济学第一定理，市场均衡可以实现帕累托最优和社会福利的最大化。因此，在一定意义上来说，金融市场越趋近均衡，金融公平的程度就越高。另外，市场本身的淘汰机制和自我净化功能会在一定程度上减少不公平现象。金融市场主体在参与金融活动的过程中，会基于经济人的理性来选择交易对手并做出交易决策，当金融活动明显缺乏公平性时，利益受损的主体会选择拒绝交易并寻求更有利于自身的交易，从而维护金融市场本身的公平性。因此，通过保障市场机制在金融资源配置中顺畅有效地发挥作用，利用市场化手段引导金融资源的合理配置，强化优胜劣汰的市场竞争机制，在形成有序高效的金融市场环境的基础上实现金融公平，是金融公平的市场实现路径的核心意旨。

利用市场手段实现金融公平建立在对市场规律充分尊重的基础之上，通过市场机制的作用来使金融体系按照公平原则运行，能够尽可能避免对金融市场的不当干预，最大限度地减少在追求金融公平的过程中金融效率的减损。可以说，金融公平的市场实现，实际上是利用了金融市场自我净化的功能，在金融市场接近均衡状态的过程中自发地实现金融公平。然而，通过市场手段实现金融公平存在着其固有的缺陷。

首先，通过市场手段实现金融公平必须以市场机制有效作用为前提，然而市场机制的有效作用又建立在一系列的理想化的假设之上，这些理想状态的或然性给市场机制促进金融公平的实际效果带来了很多不确定性。易言之，我们对市场手段实现金融公平的假设建立在包括一般均衡理论和有效市场理论的基础上，然而这些理论往往需要设定理想状态，这些理想状态在金融体系的实际运行过程中往往难以存在。市场能具备实现金融公平的可能性，需要金融市场处于竞争充分、信息完全和主体理性的理想状态。①竞争充分（perfect competition）。所谓竞争充分，即金融市场结构合理，市场主体在金融活动中能够选择对手方，交易条件非单方确定而是可以协商，金融市场淘汰机制运行顺畅。当金融市场竞争充分时，金融产品和服务的提供者会基于竞争压力以更公平合理的价格和方式提供产品和服务。同时，有效竞争也会使资金价格更接近公平的均衡价格。然而金融市场的充分竞争往往会遇到很多阻力，一方面政府的金融抑制政策和金融管制会对金融市场竞争形成限制，导致市场主体结构失衡；另一方面金融市场主体的异质性会导致实力强弱对比，实力较强的市场主体往往会寻求限制竞争以实现利益最大化。因此，金融市场可以接近竞争充分的状态，但在特定时间或空间，总是会存在竞争不充分的情形，并且竞争状况也会时常出现反复。可以说，如果单纯依靠市场机制的"无形之手"而没有政府"有形之手"的干预，金融市场追求竞争充分的理想状态的道路难免会陷入西西弗斯式的（Sisyphean）困境。②信息完全（complete information）。信息完全即指金融市场主体在参与金融活动时能够及时、有效、完整地获取与市场环境、其他金融市场主体以及金融产品和服务本身有关的全部信息。在完全信息条件下，所有的金融市场参加者都能无须任何成本地获取和传播信息，使得金融产品和服务的价格更趋近于均衡价格，同时具备信息优势的主体能够凭借内部信息获取利益的情景也将不复存在，即形成了有效市场理论中所描述的强势有效市场。在这种状态下，信息不对称所导致的金融市场中的不公平现象将得以消除。然而，信息不完全是经济运行中的天然特点，加上信息成本（information cost）的存在使得信息完全是脱离经济运行实际的一种空想。③主体理性（rational players）。所谓主体理性，是指金融市场主体具有明确的偏好和足够的经验，并能基于其偏好和经验做出决策，在所有可行方案中选择执行对自己有最佳结果的行为。当金融市场主体都能依理性行事，则会极大地减少市场上的"羊群效应"，并且能降低中小投资者和金融消费者利益受损程度，增强市场有效性，从而增进金融市场的公平程度。主体理性假设是包括市场有效性假说在内的诸多理论的前提，然而主体理性的假设并未考虑金融市场主体的广泛性和异质性，大量的金融市场主体因知识、经验的欠缺导致其无法理性地做出决策。^①金融市场主体非理性的行为会影响市场机制的正常发挥，导致仅依靠市场机制难以实现金融公平。可以说，单纯通过市场机制的作用实现金融公平建立在许多镜花水月的理想假设之上，当理想状态难以到达，则市场机制实现金融公平的可能性就会大打折扣。

其次，市场调节并非总是有效的，由于市场缺陷的存在往往会导致"市场失灵"（market failure），这不仅不利于实现金融公平，反而会加剧金融不公。在市场机制运行顺畅的情况下，通过市场调节能够优化金融资源配置，使得金融活动能够以更加公平有效的方式组织和完成。然而市场调节并非万能灵药，其存在着固有的缺陷会造成市场失灵。根据漆多俊教授的理论，市场缺陷表现为市场障碍、市场机制的唯利性和市场调节的滞后性，这三大市场缺陷会引发市场失灵，使得市场调节不能发挥应有作用。^②在金融市场上，当市场调节失灵，市场机制被扭曲时，则正常的价格发现机制和合理的金融市场结构会受到影响，进而导致金融公平大打折扣。具体而言，第一，金融市场中的市场障碍表现为金融市场结构的失衡或者说金融资源配置的不合理，导致金融市场主体之间力量对比悬殊，从而影响了金融活动的公平性。第二，市场主体在参与金融活动时往往都受到经济利益的驱使，这就使得金融资源总是配置在获利最高的地区，金融市场主体也总是极力实现自身利益最大化。相应的，其他主体能否获得基本金融服务，能否在金融活动中公平受益，社会公众能否分享金融福利成为被遗忘的问题。令人遗憾的是，这种本性是市场机制所无法改变的。第三，市场调节是一种事后调节，其对金融公平的维护总是在公平性受到损害之后。即市场均衡被打破后市场机制才会发挥作用以重新达到均衡状态，但此时损害已现实发生。概言之，市场缺陷导致了市场机制有时候会在实现金融公平的道路上出现失灵，单单凭借市场机制显然不足以确定地实现金融公平。

---

① Jayendu Patel, Richard Zeckhauser, Darryll Hendricks, "The Rationality Struggle: Illustrations from Financial Markets", *The American Economic Review*, Vol.81, No.2, 1991, pp.232-236.

② 漆多俊：《经济法基础理论》，法律出版社，2008，第10~14页。

另外，市场调节更加侧重于提高金融市场效率，公平只是效率提升的副产品，或者说公平只是市场调节的次优价值。市场调节总是以金融效率作为核心目标，即要实现金融资源的有效配置。尽管我们一直在强调金融效率与金融公平并非不相容，并且金融效率的提升也确实能促进金融公平，例如金融交易成本的降低会便利弱势主体参与金融活动，金融市场的繁荣会有助于增加金融福利总量从而公众分享的金融福利也会增加，等等。然而公平毕竟只是市场调节的间接产物，并且金融资源的有效配置与金融资源的公平配置是两个迥异的概念，它们代表了不同的价值取向。前者是对金融市场效率的强调，而后者是对金融体系运行结果公平的追求。完全靠市场机制，也许可以提高金融效率，使得金融资源以更为有效的方式配置产生更大的经济利益，并以公平的方式完成初次分配，然而却难以解决涉及金融体系运行的二次分配的问题。易言之，金融资源的有效配置也可能导致资源配置结果的不公平，这意味着市场机制尽管能很好地解决效率的问题，但是往往在解决结果公平问题上捉襟见肘。

结合以上分析，市场机制能够在一定程度上促进金融公平，但并非实现金融公平的万能良药。金融公平的市场实现路径或许是一条可行道路，但既难以完全地满足金融公平的内在要求，也会因为市场机制自身的缺陷而出现失灵。

二 道德实现及其先天不足

道德是规范经济社会关系的另一种重要准则。所谓道德，就是在人类社会生活中，由经济关系所决定的，用善恶标准去评价、依靠社会舆论、内心信念和传统习惯来维持的一类社会现象。道德通过评价、命令、教育、指导、示范、激励、沟通等方式和途径，对个人与个人、个人与集体、个人与社会利益之间关系的调整，以维系社会生活的稳定，这就是道德的调节功能。道德调节以"应当"为尺度，来衡量和评价人们行为的现状，并力图使"现状"符合于"应当"。[①] 公平作为一种社会普遍认同并追求的价值，是内化在道德之中的，属于道德的内在要求。当道德得到广泛而普遍的遵守时，公平往往也水到渠成。故而道德也能通过对金融市场主体行为的调节来实现金融公平，即在道德约束下，金融市场主体以公平原则行事，接受公平原则约束，将公平作为其参与金融活动的道德底线。具体而言，通过道德调节实现金融公平主要是在道德准则的规范下，金融市场主体在参与金融活动时充分体现道德准则中的公平意旨，坚决抵制金融活动中的不公平现象，拒绝实施有损金融公平的行为，主动以金融公平为目标从事相关金融活动，自觉让渡部分利益以确保金融福利得以公平分享。概言之，金融公平的道德实现路径，就是依靠道德调节使得金融市场主体能够超越对经济利益的过度迷恋，以道德准则约束自身行为，按照金融公平原则的具体要求行事。事实上，尽管社会普遍认为市场是客观的、贪婪的，然而也不能否认道德在市场经济中确实存在，也在引导市场行为的过程中发挥着真实的作用。[②] 因为市场行为的决策都是个人做出的，那么决策者将不可避免地受到自身的道德准则的影响，并将其融入经济决策之中。[③] 因此，通过道德调节实现金融公平也具有一定的可能性。

然而，金融公平的道德实现在本质上是将金融公平的实现寄托于金融市场主体的自我约束。因为道德调节本身具有内在性和自觉性的特点，这就使得道德调节并非依靠外力来规范，而是高度依赖于金融市场主体的道德自觉和自我约束。所谓内在性是指道德调节的力量源泉来自金融市场主体内部或者说自身，它表现为各个行为者按照自己的认同所形成的文化传统、道德信念、道德原则来影响金融市场和金融活动，使金融资源配置格局以及金融活动的目标朝

---

① 罗国杰、马博宣、余进:《伦理学教程》，中国人民大学出版社，1986，第 8 页。

② Javier Aranzadi, "The Natural Link Between Virtue Ethics and Political Virtue: The Morality of the Market", *Journal of Business Ethics*, Vol. 118, 2013, pp.487-496; Jagdish Bhagwati, "Market and Morality", *American Economic Review*, 2011, Vol.101, pp.162-165.

③ E. Hartman, "Virtue, Profit, and the Separation Thesis: An Aristotelian View", *Journal of Business Ethics*, Vol.99, 2011, pp.5-17.

符合金融公平要求的方向发生变化。这与行政调节那样由来自行为主体外部的行政力量介入并对资源配置进行干预的外部调节方式相区别。所谓自觉性则是指道德调节发挥作用是同人们的自觉行动分不开的，或者在某种程度上说是依赖于金融市场主体的主观自觉。道德调节的自觉性表现为对于金融资源配置和金融活动的一种人为的引导、调整或约束，而不像市场调节那样不以人的意志为转移。道德调节的内在性和自觉性使得道德调节本身过度依赖金融市场主体的德行，这就给金融公平的实现带来了不确定性。

首先，在理性经济人的逐利本性以及性善与性恶的困惑中，金融市场主体的道德水平差异巨大，道德调节的实际效果难以稳定。通过道德调节实现金融公平建立在金融市场主体具有良好的道德水准的前提之上，然而这个前提是真命题还是伪命题还需要仔细斟酌。孟子曾言："人性之善也，犹如水之就下也。人无有不善，水无有不下"。① 在孟子的观点里认为"人性本善"。而这种性善论不仅在西方被性恶论所反驳，甚至在中国也有荀子的"人之性恶，其善者伪也"② 与其针锋相对。我们姑且对性善论与性恶论孰是孰非不予追究，但就两者旷日持久的争论就不难发现哲学家其实也难以对人的道德本性做出确定的判断。最难以捉摸的便是人心，于是经济学家们比较务实地不再触碰性善性恶这个话题，而是将市场主体假定为具有逐利本性的理性经济人。亚当·斯密认为："毫无疑问，每个人生来首先和主要关心自己。而且，因为他比其他任何人都更适合关心自己，所以他如果这样做的话是恰当和正确的。"③ 由此市场主体逐利本性得以肯定，并且诸多经济学理论和经济制度都以其作为基础性假设。直接不考虑市场主体的道德性，或者说将市场主体假设为贪婪的、恶的，不吝以最坏的"恶意"来揣度市场主体的行为，在某种程度上能够达到一种"确定性"。因为在无法判断市场主体的道德水平时，消极的判断总比积极的判断来

---

① 《孟子·告子上》。

② 《荀子·性恶》。

③ 亚当·斯密:《道德情操论》，蒋自强等译，商务印书馆，1997，第101页。

得稳妥和高明。回到金融公平的实现路径上来，将金融公平目标的实现建立在难以把握的人心上，一厢情愿地期待所有金融市场主体都具有优良的德行，不啻将金融公平置于空中楼阁。

其次，道德调节过多地依赖于金融市场主体的主观因素，缺乏有效的外部制约机制。正如前文所分析的道德调节具有内在性和自觉性，通过道德调节实现金融公平的路径归根结底要仰仗金融市场主体的自我约束。当金融市场主体在参与金融活动时全部且完全地遵照道德准则行事，自发地维护和促进金融公平时，这条路径或许是畅通的。然而若片面依靠这种自我约束，而没有强有力的外部约束机制和强制手段，一旦金融市场主体中有背离道德准则的，除了声誉受损以及由此带来的其他损失之外，这些主体也不会承担其他成本。因而背离道德的高收益与低成本会诱发金融市场主体做出违背道德准则的行为，建立在所有金融市场主体都遵守道德的理想假设之上的道德实现路径则难以持续。易言之，当人们美好的道德情怀与现实的利益关系相遇时，假设没有外部力量的监督和干预，不能指望人们会放弃对利益的追求而坚守道德信念。因此，仅仅通过道德调节实现金融公平只会是很傻很天真的愿望。

最后，很多公平缺失的原因并不能归结为道德失范而是金融体系的结构失衡，道德调节并不能完全解决金融公平的全部问题。道德调节只能是约束和规范金融市场主体的行为，通过共同遵守公平原则和共同维护公平市场环境来实现金融公平。这条路径只能是从微观层面来约束金融市场主体的行为。然而金融公平除此之外还与宏观层面的金融市场结构有关，例如当前城乡二元金融结构导致了最大的金融不公。我们很难将金融机构不向农村地区提供金融服务或者向农村地区发放贷款简单地归咎于金融机构道德失范。这种结构性的不公往往不能以道德来评价，而是涉及经济结构和政策导向等宏观问题，这显然超出了道德调节所能作用的范围。

总之，道德调节在一定程度上能够维护和促进金融公平，然而由于道德调节本身的内在性和自觉性，加上金融市场主体道德水平不可预期，因此金融公平的道德实现存在着显著的不确定性。同时由于金融公平缺失也有宏观的结构性原因，道德调节并不能完全地适用。所以通过道德调节实现金融公平能够发挥一定的作用，但并非一条确定和有效的路径。

三 政策实现及其现实弊端

广义的政策是指政党、国家机关和其他政治团体在一定时期就特定目标所制定的行动原则和具体措施。政策也称公共政策，是一个外延极为广泛的词语，它包含了多种表现形式。方针、路线、战略、规划、规章、条例、决定、办法，等等。[①] 政策能够通过突出经济社会管理的重点并介入制度变革，对经济社会发展产生有力的导向和推动。金融公平的政策实现路径，即是通过推行有利于金融公平的经济政策对金融体系运行进行调节。货币政策、利率政策、汇率政策等金融政策以及财政税收政策，都能够影响金融体系运行环境，并对金融市场主体的行为形成指引，进而影响到金融公平状况。例如通过货币政策调整能够在对市场货币供应总量进行控制的基础上平衡经济增长和金融稳定，维护人民利益不受损害；通过合理规定存贷款基准利率，能够调节社会资金流通成本，确保储户利息收益与借款人的融资成本等等。同时，金融领域以外的政策，也会对金融公平产生或多或少的影响。例如党的十八届三中全会通过的《中共中央关于全面深化改革若干重大问题的决定》对涉及国计民生的经济社会问题制定了改革政策，在深化科技体制改革中，要"改善科技型中小企业融资条件，完善风险投资机制，创新商业模式，促进科技成果资本化"，这有利于科技型中小企业能够公平地获取融资机会；在健全城乡发展一体化体制机制中，要"保障金融机构农村存款主要用于农业农村"，这有利于解决系统性负投资和城乡二元金融结构的不公平状态；在构建开放型经济新体制中，要"建

---

① 邢会强：《政策增长与法律空洞化》，《法制与社会发展》2012 年第 3 期。

立开发性金融机构",能够解决部分地区发展的金融支持不足和金融资源配置失衡;在形成合理有序的收入分配格局方面,要"优化上市公司投资者回报机制,保护投资者尤其是中小投资者合法权益",这也能够促进金融福利的公平分享。因此,基于政策对金融体系运行的影响和作用,通过制定合理的政策并确保政策得以落实,能够在一定程度上调节金融资源配置和金融体系运行,维护和促进金融公平。再如国务院办公厅于 2013 年 7 月发布《关于金融支持经济结构调整和转型升级的指导意见》,就整合金融资源支持小微企业发展、加大对三农领域的信贷支持、扩大民间资本进入金融业等事项进行了安排。[①] 这些政策都体现了金融公平的要求,不同程度地有助于实现金融市场公平进入、金融交易公平进行和金融福利公平分享。然而,由于政策本身的作用机制和内在属性存在缺陷,金融公平的政策实现路径也有着相应的弊端。

首先,政策的稳定性与长效性的不足,导致通过政策调节实现金融公平缺乏持续性。政策的制定和出台是权威主体根据特定时期的政治、经济和文化背景做出的决定,同时也是权威主体的宗旨和目标的反映。因此政策往往会根据背景的变化而发生变化,也会因为权威主体宗旨和中心任务的变化而变化。一方面,由于政策制定主体比较多元,政党、政府部门都能够制定相应的政策,"政出多门"的现象在涉及方方面面的金融市场尤其普遍。例如在集合投资计划和资产管理的监管中,银监会、证监会和保监会都出台了相应的政策。而在有些情况下,监管机构之间甚至会出现冲突而出台对立的政策,例如央行和银监会曾在影子银行的监管上出现了较大分歧。另一方面,政策制定者领导人的更迭往往也会造成政策变动,从而导致政策并不总是能得以持续。另外,政策制定程序相对简易,使得政策的出台和变动并不复杂,更是损害了政策的持续稳定。由于政策稳定性与长效性的欠缺,不能过度寄望于政策持续地发挥作用,而金融公平的实现并非一夕之功,这就影响了政策调节在实现金融公平上

---

① 国务院办公厅:《关于金融支持经济结构调整和转型升级的指导意见》,国办发〔2013〕67 号。

的持续效果。

其次，政策往往更侧重于宏观层面，因而其对于微观领域的金融公平问题的效果并不明显。政策主要是从经济社会运行的全局来调节社会关系，因而能够对金融结构、金融资源配置等宏观性的问题起到很好的效果。然而金融公平除了需要金融结构的优化以有利于金融资源公平配置之外，还需要金融体系运行过程本身符合公平要求。由于政策并无明确具体的行为模式和后果，本身高度抽象的政策对于具体微观的金融活动除了能起到指引或倡导作用之外，并不能有效地进行调节。

最后，实施机制的间接性会弱化政策在实现金融公平中的效果。政策在制定完成后需要得到有效的实施才能实现政策目标，而政策的有效实施则取决于两方面的因素：一个是政策的明确化和具体化过程。由于政策表述往往是宏观抽象的，要使政策具备实际约束力就需要完成政策的明确化具体化过程，即将政策语言转化为行为模式和后果比较明确的具体制度以便金融市场主体共同遵守。另一个是政策得到有效执行。政策的制定者与执行者往往是分离的，这既有层级的原因，也有管辖范围的考量。金融政策、财税政策往往是由中央政府来制定，然而其实施却依靠具体金融监管部门以及地方政府。当存在利益冲突，或者监管竞争时，上级政府的政策往往难以得到完全且充分的执行。[①] 也就是说，政策的实施机制是间接的，是通过政策的制度化和具体执行者的执行来实现的。即便是制定得再完备、对实现金融公平再有利的政策，若其无法得到有效实施和执行，也只能产生望梅止渴的结局。

总之，制定良好且执行充分的政策固然能有利于实现金融公平，然而政策本身稳定性与长效性的缺失，加上在微观调节的乏力和实施机制的间接性，决定了政策并非是最优的治理手段，从而难以成为金融公平的最有效的实现路径。

---

① 万江：《政策执行失灵：地方策略与中央态度》，《北方法学》2014 年第 6 期。

四　法律实现：扬长避短的最优选择

市场机制、道德约束和政策调节在实现金融公平上都显示了可能性，然而又总是离全面有效地实现金融公平有一定距离而无法成为最优方案。如何在实现金融公平的过程中避免上述三条路径的缺陷，是选择最有效的金融公平实现路径时需要重点考虑的问题。党的十八届四中全会通过的《中共中央关于全面推进依法治国若干重大问题的决定》指出："社会主义市场经济本质上是法治经济。使市场在资源配置中起决定性作用和更好发挥政府作用，必须以保护产权、维护契约、统一市场、平等交换、公平竞争、有效监管为基本导向，完善社会主义市场经济法律制度。"这一论断指明了法治是发展社会主义市场经济的重要保障和必由之路。该决定还要求"加快完善体现权利公平、机会公平、规则公平的法律制度"，体现公平是社会主义法治的题中之义。公平是法治的核心价值之一，是贯穿在法律制度中的基本精神。法律意义上的公平正义则具有明确性、规范性、统一性等特质，因而以法治的方式规定并实现公平正义，成为现代法治社会的普遍选择。[①]通过法律规制来实现金融公平，不仅能够通过规范和调整金融体系运行使其符合公平原则的要求，而且能够克服市场机制缺陷，以稳定和强制约束弥补道德和政策的不足，从而使金融公平真正得以实现。

金融公平的法律实现，即通过制定和实施完善的法律制度，规范和约束金融市场主体的行为，促进金融资源公平配置，维护公平的金融市场环境，从而实现金融公平。根据 LLSV 的经典论断，法律在金融运行中发挥着重要的作用，法治环境和法律渊源影响着金融发展水平，也影响了投资者保护和公司

---

① 李林：《通过法治实现公平正义》，《法制日报》2014 年 9 月 17 日。

治理状况。① 随着法金融学的发展，甚至有学者认为金融体系都是由法律来构筑的。② 金融公平的法律实现在本质上遵循着法治的一般轨迹，即延续了"立法－执法－司法"的运行过程。在立法环节，权力机关根据公平原则制定金融法律，国务院制定行政法规，部委制定部门规章，形成实现金融公平的正式制度，加上行业协会等自律组织出台自律规则等非正式制度，一起形成了金融法律体系，为金融公平的实现提供制度基础。符合金融公平要求的法律制度为金融市场主体从事金融活动确定了行为模式和法律后果，也赋予了政府基于金融公平原则调节金融体系运行的权力并明确了国家调节的方式和限度，将金融公平的实现纳入确定可期的法治轨道。在执法环节，金融调控和监管部门依据法律规定对金融体系运行进行调节，行政干预的强制约束使得金融市场主体的行为必须符合公平原则，高效的法律执行机制能够将金融公平的实现维持在一个稳定的过程中。司法是正义的最后一道防线，也是公平的最后救济手段。在司法环节，司法机关适用法律对金融市场中的纠纷进行裁判，救济金融市场主体受到损害的权利，从而矫正金融市场活动中的不公平，使金融市场重新恢复到公平状态。由此，在有效的法律实施机制保障下，金融公平的实现形成了一个完整的闭环：立法确定了金融公平的具体规则以供金融市场主体共同遵守，为金融公平的实现奠定了起点和基础；执法通过监督法律制度的落实，有效地约束金融市场主体的行为，将金融公平维持为一种持续稳定的状态，即规范和保障了金融公平实现的过程；司法则能够通过裁判和执行对有失公平的金融活动进行救济，为金融公平实现提供了保障。

　　金融公平的法律实现并非与市场实现、道德实现和政策实现这三种路径

---

① Rafael La Porta, Florencio Lopez-de-Silanes, Andrei Shleifer, and Robert W. Vishny, Law and Finance, *Journal of Political Economy*, 1998, Vol.106, pp.1113-1155; Rafael La Porta, Florencio Lopez-de-Silanes, Andrei Shleifer, and Robert W. Vishny, "Investor Protection and Corporate Governance", *Journal of Financial Economics*, Vol.58, 2000, pp.3-27.

② Katharina Pistor, "Towards a Legal Theory of Finance", *Journal of Comparative Economics*, Vol.41, 2013, pp.315-330.

截然对立，而是在很大程度上根植于这三种路径，有着对于公平的共同价值追求，并在对金融市场活动和金融资源配置的具体要求上有着显著的共性。其区别仅仅在于对核心价值目标的体现以及具体要求的落实上有着不同的表现形式。具体而言，法律制度并非是立法者完全凭借主观意志构建的独立王国，而是应当遵循经济社会发展的客观规律而做出的科学设置，无法绕开市场机制而存在，因此金融公平的法律实现必须尊重市场在资源配置中的决定性作用，在很大程度上是契合市场实现的基本要求的。市场机制作为客观规律总是存在并时刻发挥作用的，即便是通过法律实现路径来追求金融公平，也并不意味着市场实现路径就不再发挥作用。相反，市场化的调节机制会一以贯之地在金融体系在追求和实现金融公平的道路上发挥其应有的功能。同时，法律与道德的关系这一恒久命题，也揭示着金融公平法律实现与道德实现之间的深厚渊源。法治的关键在于良法之治，而良法则必定要体现道德秉性，符合社会所公认的道德准则。金融公平的法律实现路径与道德实现路径殊途同归，尽管用以规范金融市场运行的手段不同，但都并无二致地反映着共同的价值取向和道德要求。并且道德往往比法律有着更高的要求，法律只是最低限度的道德，对于金融公平原则中那些过高的要求，并不宜以法律制度的形式进行强行规定的，依然需要用道德这种软性约束来进行调整，即道德实现路径并不能偏废。此外，立法者在制定法律时也必须将特定的政策目标纳入考量范畴，金融公平的法律实现也并不例外地完成着政策法律化的过程，即将监管政策以法律制度的形式予以确认和实施，而那些法律化的时机和条件尚不成熟的政策也同时发挥着重要的作用，与成文的法律制度相配合完成对金融体系运行的调整任务。概言之，金融公平法律实现的路径选择并不意味着对于市场实现、道德实现和政策实现的抛弃和背离，而是一脉相承并同时发挥着作用。

　　然而，法律实施机制的系统性和稳定性使得金融公平的实现更具确定性。相比于市场实现路径、道德实现路径和政策实现路径，金融公平的法律实现路径有着显著的优势。在某种意义上讲，法律实现路径在融合了前述三种路径的优点的同时又能避免这三种路径的不足，从而可以扬长避短成为金融公平实现路径的最优选择。

首先，金融公平的法律实现路径能够在肯定市场调节的基础上，通过规范国家调节来有效弥补市场缺陷，增强了金融公平实现的有效性。市场实现充分发挥了市场机制在资源配置中的决定性作用，将金融公平的实现完全交给市场，体现出了对于市场规律的尊重。然而尽管市场机制能够通过达到市场均衡促进公平，但是市场缺陷的存在往往会阻碍市场机制的发挥从而损害公平，因此需要通过国家调节来有效弥补市场缺陷。在市场调节和国家调节的配合下，金融体系运行才能既符合效率又实现公平。然而，市场调节和国家调节都须臾离不开法治，因此金融公平的法律实现路径并非是对市场调节的放弃或者背离，而是对市场调节和国家调节的统一和糅合。法治是市场机制的重要保证，市场交易的正常进行需要法律基础，市场秩序需要法律维护，市场的合理预期需要法律维护，可以说没有法律保障的市场机制是难以正常运行的。[①] 所以，金融公平的法律实现路径并未偏离以市场机制在实现金融公平中的核心轨道，而是通过法治途径确保其更好地发挥作用。国家调节也需要法律的规范和保障，国家调节经济的权力来源于法律的授权，没有法律约束的国家调节有可能会因为调节权力的滥用而损害效率和公平。[②] 法律实现路径能够通过寻求国家调节在法律框架下的合理行使来维护和实现金融公平。可以说，金融公平的法律实现路径一方面充分尊重市场调节，将市场调节以法律的形式加以确认，保障市场调节能够更加顺畅地发挥作用；另一方面重视国家调节并将国家调节纳入法制轨道，使国家调节能够在法律约束下规范有效地进行，从而确保金融公平的有效实现。

其次，金融公平的法律实现路径能够将缺乏强制约束力的道德转化为具有

① 王利明:《中国为什么要建设法治国家?》,《中国人民大学学报》2011 年第 6 期。

② 孙晋、王菁、翟孟:《经济转轨三十年: 中国经济法学的嬗变与新生——以"国家调节理论"为主要考察视角》,《中南大学学报 (社会科学版)》2010 年第 1 期。

强制约束力的法律，提高了金融公平的实现的确定性。道德实现路径将金融公平寄托于金融市场主体的道德自觉，希望通过金融市场主体的自我约束来实现金融公平。而法律实现路径则是通过由国家强制力的保证实施的法律来对金融市场主体的活动形成强制约束从而实现金融公平。在某种意义上，道德与法律的价值目标是一致的。法律是我们道德生活的见证和外部沉淀[①]，是道德原则的具体化。因此道德调节和法律规范在实现金融公平的核心目标和具体要求上是异曲同工的，法律实现并非否定道德实现，而是将实现金融公平的道德要求规定在法律制度之中成为法律义务，这在某种程度上是对道德实现的深化和发展。尽管法律与道德都能规范和指导金融市场主体的行为，但两者的作用机制存在着较大差别。道德没有强制力约束，只能通过金融市场主体的信仰和责任感以及舆论作为"软约束"。而法律却有明确的行为模式和法律后果，因而是一种"硬约束"。因此，相比而言法律在实现金融公平的实际效果上，要比依靠自我约束的道德更具有确定性。因此，将金融公平的道德要求明确为法律义务，能够使金融公平的实现脱离对于金融市场主体道德秉性的依赖，而是依靠法律的明确规定和有效执行而获得实现的确定性。

最后，金融公平的法律实现路径能够通过稳定持续且明确具体的法律制度规范金融体系运行，使金融公平的实现更为稳定长效。政策基于其灵活性和高效性在指导经济社会建设的过程中发挥着方向性、阶段性、指导性的作用。没有政策就没有社会有目的地发展，也没有法律的适时制定和实施，但是政策的特性又决定其根本不可能取代法律的作用。法律具有广泛的民意基础，具有明确的规范性和可操作性，具有稳定性和后果的可预测性。[②]而政策往往是过于宏观而难以调节具体的经济社会关系，并且政策的灵活性优势同时也是稳定性不足的劣势。因此，政策与法律往往是相互配合，政策引领法律的制定和完

---

① 〔美〕E.博登海默：《法理学：法律哲学与法律方法》，邓正来译，中国政法大学出版社，1999，第376页。

② 蔡定剑、刘丹：《从政策社会到法治社会——兼论政策对法制建设的消极影响》，《中外法学》1999年第2期。

善，法律确认政策并将其以法律形式进行固定和具体化，最终以符合法治规律的形式发挥作用。因此在金融公平的实现过程中政策调节固然重要，但通过法律治理才能使金融公平在更加稳定具体的法律制度的作用下得以实现。

第二节　金融公平法律实现的关键要素

金融公平包括了机会公平、过程公平和结果公平三方面的要求，涵盖了金融体系运行的全过程，其内涵之丰富，涉及面之广泛，以至于我们在研究如何实现金融公平这一命题时竟无从下手。然而，高度归纳起来，金融公平不外乎在宏观层面要求在金融结构优化合理的基础上实现金融资源的公平配置，在微观层面需要金融活动按照公平原则展开，金融市场主体权利义务公平对等。通过法律调节实现金融公平，需要从客观上维护金融市场的公平环境，在主观上提高金融市场主体实现公平的能力，并以制度规则作为工具将主观客观方面的努力常态化。基于这一概括，我们可以通过把握影响金融公平的关键要素，抓住金融公平法律实现的"牛鼻子"，从而以点带面，为突破金融公平的核心障碍并采取恰当的法律调整措施提供准备。

一　主体要素：主体能力

能力通常被用来描述相应主体实现特定目标的基本素质和机会。根据阿玛蒂亚·森的定义，能力（capability）是指一个人能够实现的各种功能的组合，是某种意义上的积极的自由，代表着能够实现理想生活的真实机会。[1] 努斯鲍

---

[1] Amartya Sen, "The Standard of Living: Lecture II, Lives and Capabilities", G. Hawthorn, *The Standard of Living*, Cambridge University Press, 1987, p.36.

姆（Nussbaum）则将能力理论应用于个人发展和福利，认为能力不仅取决于知识、技能等内部能力（internal capabilities），还受获取产品、服务的机会等外部条件（external conditions）影响，而特定主体的能力会影响其参与经济社会活动、获取福利和实现发展的水平和程度。① 能力方法最开始是用来研究发展问题的，然而能力理论在很大程度上对金融市场的研究产生了深远的影响，金融市场主体能力也开始受到理论界的广泛关注。在金融市场语境下的主体能力往往被等同于市场主体的金融能力（financial capability），Sherraden 认为金融能力是指金融市场主体可以并且有机会理解、评估其金融利益并以最有利于其利益的方式行事。② 在她看来，金融能力是各类市场主体都能平等地获取并且受益于金融服务的重要前提。③ 事实上金融能力归根结底是金融市场主体的能力，表现为金融主体在参与金融市场活动中获取知识、信息、机会，就金融交易进行谈判、博弈以及实现并维护利益的能力集合。金融市场主体能力反映了相应主体在金融市场中的话语权，会影响其在参与金融市场活动过程中与其他主体的力量对比，会对金融市场进入、金融交易进行和金融福利分享产生影响。

　　事实上，金融活动本身就是能力博弈的过程。不同的金融主体在资金实力、专业知识、信息获取等方面的能力千差万别，加上金融结构所导致的市场支配力不尽一致，使得各市场主体具有不同程度的主体能力。金融市场主体参与金融活动，会充分利用自身能力来充分利用金融市场，在金融资源配置和金融交易的过程中实现并维护自身利益。但是金融市场上的博弈往往表现为零

① M. C. Nussbaum, *Women and Human Development: The Capabilities Approach*, Cambridge University Press, 2000, p.85.

② E. Johnson, M. S. Sherraden, "From Financial Literacy to Financial Capability Among Youth", *Journal of Sociology and Social Welfare*, Vol.34, 2007, pp.119-145.

③ Margaret Sherraden, Building Blocks of Financial Capability, Julie Birkenmaier, Margaret Sherraden, Jami Curley, *Financial Capability and Asset Development: Research, Education, Policy, and Practice*, Oxford University Press, 2013, p.3.

和博弈，金融活动中的利益在一定程度上是有限的，因而利益的争夺和分配总是与金融体系运行相依相生。这时主体能力就是金融活动中的关键因素，能力较强的主体可以在金融活动中更大限度地获取利益，而能力稍弱的主体则只能接受利益被削减甚至侵蚀的现实。因此能力差异会导致金融利益分配格局的倾斜。当金融利益或者说金融福利分配差距相对合理，这时可以认为是符合金融公平的，然而当金融利益或者说金融福利分配差距过大，则与金融公平的要求相去甚远。在这个层面上来讲，金融市场主体能力的对比会影响金融公平的程度，因而金融公平能够在金融市场主体的力量对比的动态平衡中实现。相比于金融市场主体维护金融公平的主观自觉而言，金融市场主体能力更为确定且更容易通过法律进行调节。按照"能力协调—利益平衡—公平实现"的逻辑，通过调节金融市场主体能力对比，使得金融利益的分配相对平衡，从而可以实现金融公平。

然而如何调节金融市场主体的能力以达到"能力协调"的效果，则是在金融公平实现过程中无法绕开的问题。易言之，金融市场主体能力尽管由个人禀赋所决定，但是是否存在某种因素对主体能力产生影响呢？实际上研究能力理论的学者们已经就这个问题给出了回答，即主体能力与制度存在着关联并受制度影响。制度（institutions）在能力理论中扮演着相当重要的角色，因为制度通过对社会、经济以及政治的调整会影响人们的生活，制度并不只是对个人的行为进行规范，而且还会构造和改善外部环境。[1] 阿玛蒂亚·森在阐述其能力、自由与发展的过程中也充分强调了制度的重要性，他认为人们生活在制度构建的世界，我们的机会依赖于制度以什么样的形式存在和运行。制度能有助于增强我们的能力并实现自由，最终实现发展。[2] 尽管森在他《正义的理念》一书中对"先验制度主义"（transcendental institutionalism）进行了批判，认为

---

[1] Walter W. Powell, Paul J. DiMaggio, *The New Institutionalism in Organizational Analysis*, University of Chicago Press, 1991, p.11.

[2] Amartya Sen, *Development as Freedom*, Oxford University Press, 1999, p.142.

脱离社会现实的制度设计并不一定能维护社会公平，但是在事实上也反映了森开始认真考虑能力与制度之间的关联。[①] 这里的制度包括了政策、法律、自律规则等能够约束人们行为的规范，但更主要的是指法律。一直以来，理论研究只是关注了能力在发展中的重要性，而法律制度能够影响并增进能力并未引起足够的重视。[②] 事实上，法律制度采取明确市场主体权利（entitlement）并为权利的实现创造有利条件，可以有针对性地提升某些特定主体的能力。在提升金融市场主体能力方面，法律尤其能够发挥重要作用，这不仅是简单地对金融市场进行有效监管使金融机构提供更好的产品和服务，而且还要求改善收入较低、金融知识不足、地域偏远的金融能力欠缺的主体（financial vulnerable populations）参与金融市场的可能性及其方式。[③] 良好的法律制度能够增强能力欠缺主体进入和利用金融体系的机会，并通过对市场进入、信息、激励、设施、限制和安全等内容的规范来调整市场主体的能力，从而改变金融市场主体参与金融活动的能力对比。[④] 因此，通过法律调节实现金融公平，需要利用法律制度对金融市场主体能力的影响来协调金融市场主体之间的能力对比。

根据努斯鲍姆的观点，内部能力和外部条件共同构成了个人的综合能力（combined capability），然而内部能力和外部条件并不总是同时存在的。有时候个人具备良好的内部能力但却缺乏社会提供的有利的外部条件，有时候个人即便是具备了得天独厚的外部条件但自身能力却欠缺，这都会降低整体综合能

① Amartya Sen, *The Idea of Justice*, Harvard University Press, 2010, p.24.

② Stephen L. Esquith, Fred Gifford, *Capability, Power and Institutions: Toward a More Critical Development Ethics*, The Pennsylvania State University Press, 2010, pp.1-2.

③ Margaret Sherraden, "Building Blocks of Financial Capability", Julie Birkenmaier, Margaret Sherraden, Jami Curley, *Financial Capability and Asset Development: Research, Education, Policy, and Practice*, Oxford University Press, 2013, p.5.

④ Sondra Beverly, Michael Sherraden, Reid Cramer, Trina R. Williams Shanks, Yunju Nam, Min Zhan, "Determinants of Asset Holdings", Signe-Mary McKernan, Michael Sherraden, *Asset Building and Low-income Families*, Urban Institute Press, 2008, pp.89-153.

力。内部能力是在与社会经济环境所提供的外部条件的互动中得以发展最终形成个体的综合能力的。① 因此，内部能力是主体能力的内因和基础，外部条件为主体能力提供好的环境以有利于内部能力的发挥，二者相结合而形成和增强主体能力。所以强调主体能力的提高必须兼顾内部能力与外部条件两方面的因素。努斯鲍姆的理论能够给我们在通过法律制度协调金融市场主体能力提供借鉴，从而生成两条进路：一方面通过法律制度明确弱势市场主体的权利，增强其内部能力；另一方面通过法律制度构建弱势市场主体保护体系，为其能力增强创造良好的外部条件。

内部能力是金融市场主体能力协调的基础。金融市场主体的内部能力包括了资金、知识、信息等由其自身禀赋条件所决定的能力，这些内部能力直接决定着金融市场主体在参与金融活动时的地位。就资金能力而言，在金权至上的金融市场，资金成为金融市场主体实力的源泉，也是金融活动的风向标。具有较强资金实力的主体往往会吸引金融机构为其提供丰富的金融产品和服务，也因此而获得了较强的话语权和谈判能力。而缺乏资金的主体则因在其身上无利可图而有可能被金融市场遗忘甚至抛弃，难以获取金融产品和服务，或者即便是能够参与金融活动，也会因能力欠缺而备受倾轧。就知识能力而言，知识则决定了金融市场主体能否在充分理解和熟知金融市场的基础上理性地做出决策。具备良好知识能力的市场主体能够有效识别、防范和处置风险，而知识能力欠缺的主体则难以有效应对市场风险，同时也会因为对所参与的金融活动了解不够而受到损失。就信息能力而言，信息的获取能力和分析能力决定了金融市场主体能否在信息不对称的市场格局中获得优势。信息能力强的主体能基于真实、及时、全面的信息做出正确的决策，而信息能力差的主体则会脆弱地暴露于市场欺诈之中。通过法律协调金融市场主体能力，就是利用

---

① M. C. Nussbaum, *Creating Capabilities: The Human Development Approach*, Harvard University Press, 2011, pp.21-22.

法律调节来增强内部能力欠缺的主体能力，使其能够有效地在金融市场参与利益博弈，从而在利益平衡的基础上实现金融资源的公平配置和金融活动的公平进行。

外部条件能为金融市场主体能力协调创造良好的环境。虽然外部条件并不能直接生成主体能力，但是会影响主体能力的分布和发挥。影响金融市场主体能力的外部条件包括了参与金融活动的"机会"以及对金融体系运行的"监管"等影响金融资源公平配置和金融活动公平进行的外在环境。参与金融活动的机会与金融结构有关，正如前文所提到的，只有在合理的金融结构下才能实现各类主体都有机会参与并利用金融市场。而从能力视角来看，机会是市场主体进入并参与金融市场的可能性，而这种可能性可以被视为一种能力。机会的存在以及可获取性为金融市场主体利用金融市场分享金融福利创造了有利的条件，能否获取这种机会成为区分市场主体是否具备金融能力的重要标准，意味着金融资源能否在不同的主体间公平地配置。同时，金融监管部门对金融市场的有效监管对于金融体系的良性运行具有重大意义。有效的监管能够减少市场失灵给金融市场运行机制造成的冲击以及对主体能力的限制，使得金融市场主体能力能够在相对稳定的环境中充分发挥。例如监管部门采取打击内幕交易、操纵市场等手段维护证券市场公平交易环境，能够使资金、信息等能力相对公平地行使，在很大程度上实现证券市场主体间的能力均衡，从而有利于公平的实现。

概言之，主体能力会决定金融市场主体间的能力对比，影响金融活动中的利益博弈进而关系到金融市场进入、金融交易进行和金融福利分配是否公平。按照"能力协调－利益平衡－公平实现"的路径，对金融市场主体能力进行调节，使各类主体之间的能力对比相对均衡，有利于金融公平的实现。因此，金融市场主体能力是实现金融公平的关键要素。尽管主体能力是由个人禀赋决定的，但是法律制度能够对金融市场主体能力产生显著影响。通过法律调节实现金融公平，也离不开对金融市场主体能力的协调。因此，金融公平的法律实现，需要把握金融市场主体能力这一要素。

二　结构要素：金融结构

金融结构这一概念，是在 20 世纪 60 年代各类金融工具与金融机构日益多样化的背景下提出的。美国金融学家雷蒙德·戈德史密斯在其关于金融结构的经典著作《金融结构与金融发展》中认为金融结构就是各种金融工具和金融机构的形式、性质及其相对规模[1]，金融结构与金融相关比率[2]、金融资产总额在各个组成部分中的分布、金融机构与非金融机构的金融工具发行比率、所有金融机构在非金融单位发行的金融工具的未清偿总额中所占的比例、各类主要金融机构的相对规模、金融机构相互之间的往来资产在金融机构资产总额中所占的比重、主要非金融部门进行的内部融资和外部融资的相对规模、外部融资中各种金融工具所占的比重等指标相关，并指出金融发展的过程实际上就是金融结构变化的过程。[3] 自戈氏提出这一概念之后，金融结构成为金融学家在研究金融发展中关注的焦点，并基于结构差异形成了以银行为代表的中介在动员储蓄、配置资金、公司治理和风险管理中扮演着主要角色的以信贷为主导融资模式的"银行主导型金融体系"（Bank-based financial system）和以证券市场直接融资为主要方式的"市场主导型金融体系"（Market-based financial system）的二元分野，在两者孰优孰劣之间进行着持久的争论。[4] 麦金农和肖的金融深化理论也涉及了金融结构，他们在分析发展中国家金融的特殊性时指出了金融结构的"二元性"特点，即一方面存在着有组织的或官方的金融机构；另一方面又存在着无组织的或非正式的金融机构，前者往往集中于某些经济发展水平较

---

① Raymond W. Goldsmith, *Financial Structure and Development*, Yale University Press, 1969, pp.4-5.

② 金融相关比率是指一定时期内社会金融活动总量与经济活动总量的比值。

③ Raymond W. Goldsmith, *The Determinants of Financial Structure*, HMSO, 1966, pp.3-58.

④ Ross Levine, "Bank-Based or Market-Based Financial Systems: Which is Better?" *Journal of Financial Intermediation*, Vol.11, 2002, pp.1-30; Franklin Allen, Douglas Gale, *Comparing Financial Systems*, MIT Press, 2001, pp.3-25.

高的城市地区，而后者则通常存在于比较落后偏僻的乡村地带，而这种二元金融结构不仅会限制金融体系动员和分配资金的作用，而且往往也会使政府的货币金融政策的实施效果大打折扣。[①] 我国金融学者白钦先则认为戈氏低估了金融体系的复杂性，忽略了金融市场要素的多元性，并提出金融结构应该是"金融相关要素的组成、相互关系及其量的比例"，并认为适度的、优化的金融结构变迁可以促进金融发展，而非适度的非优化的金融结构变迁会阻碍金融发展。[②]

从本质上讲，金融结构与金融资源配置状况紧密相关。金融工具和金融机构作为金融市场要素在金融体系运行中发挥着基础性作用，金融机构为资金的融通提供外部环境和通道，金融工具则作为资金融通的载体和凭据。因此金融工具和金融机构既可以被视作金融资源本身，也可以被认为是金融资源配置的载体。金融资源配置的过程是在相应的金融结构之中完成的，并且会导致金融结构的变化。而金融结构又决定了金融资源配置的具体模式和实际效果。因而金融结构不仅是金融资源配置的产物和最终形态，同时也会反过来对金融资源配置产生影响。从一定意义上讲，金融结构是金融发展中的关键，通过优化金融结构能够实现金融资源配置的优化，从而有利于金融功能的有效发挥。

基于此，Levine 等采用跨国数据证实了金融结构是影响一个国家经济发展的显著因素，并验证了不同金融结构通过降低信息和交易成本以促进资源分配效率进而加速经济长期发展的不同路径，指出了金融结构的选择与优化与经济增长之间的关联。[③] Allen 等认为信息收集与风险转移是金融结构作用于经济增长的重要机制，因而不同的金融结构在经济发展中产生的影响是不同

---

① 　王修华、谢朝华：《西方金融结构理论的演进与启示》，《现代经济探讨》2008 年第 4 期。

② 　白钦先：《金融结构、金融功能演进与金融发展理论的研究历程》，《经济评论》2005 年第 3 期。

③ 　R. Levine, S. Zerovs, "Stock Market Development and Long-run Growth", *The World Bank Economic Review*, Vol.2, 1996, pp.323-339.

的。[1] Beck 等则在研究中认为金融结构并无优劣之分，关键是要区分经济发展的不同阶段采取合适的金融结构，以最有利的方式促进经济增长。[2] 这与林毅夫等在"新结构经济学"的框架下提出的"最优金融结构理论"不谋而合，即金融结构需要符合实体经济对于金融服务的特定需求，而这种需求则取决于一国经济发展阶段的要素禀赋结构。[3] 在前人的理论研究基础上，当前更趋向于以更为宏观、更为全局的视角来看待金融结构，并将其理解为在特定的经济制度安排背景下，构成金融体系的各种金融成分的规模、比例变动和相互作用方式，是金融机构、金融工具、金融市场和金融资产在结构意义上的总和。金融结构对实体经济发展的影响正是在特定制度安排的约束下，通过金融中介、金融市场配置要素资源和金融服务来影响企业、行业和产业进而影响整体经济的运行与发展。[4]

当前对金融结构的讨论总是与经济增长联系在一起的，金融结构对公平的作用并未引起足够的关注。或者说，学者们总是从金融的经济功能的视角去看待金融结构的优化，而忽视了从金融的社会功能的角度去研究金融结构的影响。事实上，金融结构能通过对金融资源配置的作用，影响金融市场进入、金融交易进行和金融福利分配。只有在合理的金融结构下，金融资源才能公平配置，从而在宏观层面为金融公平的实现提供客观环境，这是金融公平实现的基础和前提。可以说金融结构不合理是金融公平缺失的客观根源。金融结构会对金融市场主体的力量对比、行为模式以及金融活动福利效果的产生和分配产生影响。而合理的金融结构能够优化金融体系运行的宏观环境，使得金融资源以更加公平的方式完成配置，从而有利于实现金融公平。

① Franklin Allen, Hiroko Oura, "Sustained Economic Growth and the Financial System", *Institute for Monetary and Economic Studies*, Bank of Japan, Dec, 2004.

② T. Beck, R. Levine, "Stock Markets, Banks and Growth: Panel Evidence", *Journal of Banking and Finance*, Vol.3, 2004, pp.423-442.

③ 林毅夫、孙希芳、姜烨：《经济发展中的最优金融结构理论初探》，《经济研究》2009 年第 8 期。

④ 莫申生：《制度安排视角下中国金融结构调整与经济发展》，浙江大学博士学位论文，2014 年 9 月。

首先，金融结构决定了金融机构资源和金融工具资源的配置模式，影响着进入金融市场的公平机会。金融结构的扭曲总是与金融抑制如影随形，金融抑制的国家往往会采取限制银行业准入、控制利率、干预银行贷款等政策。金融抑制政策造成的金融结构的扭曲会导致金融资源配置的失衡，即金融资源在不同地区、不同主体间的不公平配置。在以农村为代表的经济欠发达地区，金融机构出于成本收益的考量而不愿意提供金融服务，使得金融机构和金融工具在农村地区供给不足，农村地区金融体系只能以相对自发和封闭的形态存在和运行。同时在金融结构体现为以银行为中心且严格限制市场准入的特点时，少数几家大银行就会垄断银行业，资本更趋向流入大公司，而在经济体中拥有比较优势的小公司则很难获得信贷资源，只能想方设法谋求内部资金或求助于非正式的外部融资。[1] 从而金融市场会呈现"双重二元金融结构"的对立，即城市金融体系与农村金融体系的对立，正规金融和非正规金融的对立。[2] 这种因为金融机构资源和金融工具资源的不合理配置而形成的金融结构，会直接影响金融市场主体进入并参与和利用金融市场的机会。一方面会限制以新设金融机构的形式提供金融服务，另一方面也阻碍了市场主体利用金融市场获取融资和其他基本金融服务的渠道。因此，金融结构的失衡，是导致市场主体不能公平进入金融市场的结构性根源。

其次，金融结构决定了金融机构资源和金融工具资源的分布，影响着金融产品和服务的供需对比，进而会影响金融交易进行的公平过程。在不同的金融结构中，或者金融结构的不同发展阶段，金融机构和金融工具的分布情况是有差异的。这种差异会造成供求关系和力量对比的变化。在合理的金融结构中，金融机构数量充足且分布均衡，金融工具类型多样而选择较多，金融市场上的供求双方不会因为结构性的原因而存在市场支配力的绝对优势，此时供给

---

[1]　林毅夫、徐立新：《金融结构与经济发展相关性的最新研究进展》，《金融监管研究》2012 年第 3 期。

[2]　王曙光：《金融发展理论》，中国发展出版社，2010，第 165 页。

与需求会在相对合理的条件下完成匹配，金融交易的过程因而会是公平的。反之，若金融结构不合理，金融机构和金融工具不能均衡地匹配市场需求，即可能形成垄断或者力量悬殊而导致的欺诈、操纵，使得金融交易不能公平地进行。

最后，金融结构决定了金融机构和金融工具的类型构成，影响着金融福利分享的公平结果。在一个金融市场上，若只有逐利的商业性金融机构和不具有社会效益的金融工具，则金融活动本身只是利益的游戏而不能起到增进社会福利的效果。然而当金融结构优化，各种政策性金融机构以及承担相应社会责任的金融机构参与到金融市场，在金融创新中产生的福利性金融工具能够上市，金融机构和金融工具的类型得以丰富。这种金融结构的变化会引发金融福利产生和分配的情况发生变化，即金融体系在运行过程中会产生更多的社会福利，并且使金融福利能够以更公平的方式完成分配。

因此，能够实现和维护金融公平的金融结构应当具有以下几方面的特征。①金融机构、金融产品和服务覆盖充分。金融市场上的产品和服务以及作为产品和服务提供者的金融机构的覆盖程度，直接关系到不同地域、不同层次的投资者或者金融消费者能否公平地获取金融服务。完善合理的金融结构，应该能够覆盖不同类型、不同区域所有主体的金融需求，以确保金融服务的需求者能够公平地进入并利用金融体系。②金融体系开放且充分竞争。金融市场上的金融机构和金融工具应当是向所有经济主体开放的，所有有能力的主体都能够进入金融市场作为金融产品和服务的提供者开展金融营业。并且市场上的金融机构和金融工具数量充足且相互之间能够形成充分有效的竞争，金融市场主体能力相对平衡。③市场机制运行顺畅且交易成本低。金融结构应该能够有利于市场机制的充分有效发挥，不存在结构性或制度性的障碍，交易成本得以降低，信息不对称有效减少，金融交易能够基于均衡价格达成。④金融机构和金融工具类型多元化。金融市场上的金融机构和金融工具类型多元，不仅能够满足不同类型主体的金融需求，而且在目标和功能上也具有多样化的特点，即不再只以盈利为唯一目标，而且还追求社会整体利益，不再只强调经济功能，而且还重视社会功能。

金融结构是否合理取决于很多方面的因素，除了市场要素禀赋结构对金融结构的决定性作用之外，还有其他因素会导致金融结构与最优结构的接近或者偏离，例如领导人的信仰以及政治等。[①] 然而，法律对金融结构的影响尤其受到重视。LLSV 基于法律制度对投资者保护程度对融资结构的影响来分析金融结构的形成，将金融结构的差异和变化归结于以投资者保护、产权制度等为代表的法律制度的差异和变化。[②] 受这一范式的影响，Beck 等人进一步研究了法律渊源和法律传统在金融发展和金融结构形成中的作用。从政治视角（political channel）看，大陆法系传统倾向于将国家权力优先于私有财产保护，从适应性视角（adaptability channel）来看，灵活的普通法传统相比于严格但僵化的大陆法传统更能适应经济社会条件的变化而有利于金融发展和金融结构的优化。[③] Levine 的研究还发现，当法律和监管体系能够保护债权人的优先权利，那么金融中介就能得到较好的发展，因而只有建立完善的法律制度，有效地保护投资者才是金融结构优化的关键。他主张金融结构的优劣并不在于是银行主导型还是市场主导型，而在于是否存在功能完善的法律体系有效地维护金融体系的运转，从而使相应的金融结构能够最符合金融功能的发挥。[④] 由于法律制度对金融结构的形成和变迁具有明显的影响，那么金融结构的优化，或者说调整金融结构使其能够为金融公平的实现提供有利的客观环境也离不开法律制度的完善。因此，金融公平的法律实现离不开金融结构的调整，这既来源于金融

---

① 林毅夫、徐立新：《金融结构与经济发展相关性的最新研究进展》，《金融监管研究》2012 年第 3 期。

② Rafael La Porta, Florencio Lopez-de-Silanes, Andrei Shleifer, and Robert W. Vishny, "Law and Finance", *Journal of Political Economy*, 1998, Vol.106, pp.1113-1155.

③ Thorsten Beck, Asli Demirgç-Kunt, Ross Levine, "Law and Finance: Why Does Legal Origin Matter?" *Journal of Comparative Economics*, Vol.31, 2003, pp.653-675.

④ Ross Levine, "The Legal Environment, Banks, and Long-run Economic Growth", *Journal of Money, Credit and Banking*, Vol.30, 1998, pp.596-613.

结构对于金融公平的客观影响，也是法律制度对金融结构的作用机理使然。在市场准入、投资者保护、信息披露等法律制度的调整下，通过公平配置金融资源形成合理的金融结构，并反过来进一步促进金融资源的公平配置，在以此形成的良性循环基础上为金融公平提供有利的客观条件。

概言之，金融结构是金融体系运行的宏观构架，是金融资源配置的产物，同时又会影响金融资源配置。金融结构的优化，能够为金融市场公平进入、金融交易公平进行和金融福利公平分享创造良好的客观条件，因而金融结构是金融公平实现的重要的客观要素。由于法律制度在金融结构形成和调整过程中具有显著的作用，因而金融公平的法律实现，正是要通过法律制度来调整金融结构使其能够有利于金融资源的公平配置。

三 行为要素：市场行为

市场行为，指的是金融市场主体在参与金融活动中基于特定的目标并在考虑相关因素的基础上所做出的具体行为。金融体系运行是金融市场主体行为的集合，所有金融市场主体间的互动构成了金融市场动态发展的过程。通过金融市场主体的市场行为，金融活动得以进行，金融资源实现交换和配置，金融福利完成分配和调节。可以说市场行为是金融活动的落脚点，是金融体系运行最基础的构成要素，直接影响着金融体系的运行状况。因此，金融体系运行是否公平，最直接地表现为市场行为是否具有公平旨向和是否符合公平要求。可以说，市场行为的公平性也就直接决定着金融体系运行的公平性。另外，由于市场调节的自发性，金融市场主体在参与金融活动时都是根据有限理性做出的自利行为，在主体能力相对协调和市场机制运行顺畅的理想假设下可能实现金融公平。但是由于市场缺陷的现实存在，金融公平往往是依靠国家调节或者公共规制来实现和保障的，然而这种国家调节或者公共规制必须通过市场主体行为的改变来发挥作用，通过调整市场主体的预期及预期支配下的行为选择来使金融市场主体的市场行为符合金融公平的要求。[①] 概言之，一方面市场行为是金融体系运行的基础构成要素；另一方面市场行为又是国家调节得以落实的必要载体，因此金融公平的实现绕不开对金融市场主体的市场行为这一关键要素的调整。

金融市场主体的市场行为包含着丰富的内容，既包括了金融机构在从事金融活动中的经营行为，也包括了金融市场主体间就资金、金融产品和服务的交易行为，还包括了监管部门为维护金融市场秩序而实施的监管和调控行为。市场行为是金融市场主体基于特定考虑而做出的决策，反映着金融市场主体对利益的权衡和取舍。当市场行为背后所涉及的利益分配大致相称，即不存在其他主体的利益因该市场行为而受损时，可以认为该市场行为是符合金融公平要求的。反之，当市场行为导致利益分配悬殊，有金融市场主体甚至金融市场之外的主体因该行为而遭受利益损害时，则该市场行为是与金融公平原则相背离的。尽管当代行为经济学已经确认了个人的动机和行为往往存在着公平偏好，这种公平偏好使得市场主体往往采取追求公平和惩罚不公平的行为。[②] 但是公平有着一张普罗透斯的脸，理解公平的角度不同往往会带来对于公平本身认识的差异。在有些情况下，采取某种市场行为对于有些主体是公平的，然而对于另一些市场主体则是明显不公的。例如相比于民营企业、小微企业和农村地区，银行更倾向于向国有企业、大型企业和城市地区提供信贷服务。这种行为偏好对于银行而言能够避免坏账风险，也更符合降低成本的要求，具有公平性和合理性。然而这种行为却会导致部分市场主体的信贷权无法得到保障，部分经济领域和地区因为信贷资源缺乏而发展不足，对于这类主体则是不公平的。同时不可否认的是，金融市场主体选择市场行为的动机和策略往往会与公平存在着一定的偏离。理性经济人在做出经济决策时具有强烈的自利动机，当这种自我利益与其他主体利益或社会整体利益相容时，该金融市场主体做出的市场

[①]　靳文辉：《论公共规制的有效实现——以市场主体行为作为中心的分析》，《法商研究》2014 年第 3 期。

[②]　董志强：《我们为何偏好公平：一个演化视角的解释》，《经济研究》2011 年第 8 期。

行为不涉及利益损害因而是公平的，而当这种自我利益与其他主体利益或社会整体利益不相容时，该金融市场主体往往会不惜牺牲其他主体利益或社会整体利益而选择实现自我利益。实现金融公平，需要所有金融市场主体在采取相应的市场行为时遵循公平原则，符合公平要求，追求公平目标。易言之，金融公平的实现需要确保金融市场行为的公平。具体而言，要实现金融公平，需要约束和调整金融市场主体的行为，鼓励符合金融公平要求的市场行为，限制妨碍金融公平要求的市场行为。

个体行为决策往往是在诸多影响因素的共同作用下形成的，影响金融市场行为的因素是多元化的。传统金融理论认为金融市场主体的行为决策是建立在理性预期（rational expectation）、风险回避（risk aversion）、效用最大化（utility maximizing）以及相机抉择（discretion）等假设基础之上的，即金融市场主体总是基于理性而权衡利弊，做出符合自身效用最大化的市场行为。而当前兴起的行为金融理论则认为个体理性是有限的，市场有效性是不足的，从而将金融市场主体的市场行为置于心理学、社会学、人类学的视角中来考察。[1]这无疑使得金融市场主体的市场行为分析更趋复杂和捉摸不定。实际上，不论是所谓"动物精神"还是"羊群效应"，行为金融理论追根溯源还是要回归到"趋利避害"的人类本性上来。影响和矫正金融市场主体的市场行为决策，也不外乎示金融市场主体以利害，使其按照符合金融公平的要求来做出行为决策。具体而言，一方面是以赋予利益的方式来诱导，即通过增加收益来激励金融市场主体选择符合公平要求的行为；另一方面则是以剥夺利益的方式来限制，即通过增加成本来引导金融市场主体放弃不符合公平要求的行为。概言之，通过调整市场行为的成本收益结构，可以影响金融市场主体的行为决策，使其符合金融公平的要求。

---

[1] Robert J. Shiller, "Human Behavior and the Efficiency of the Financial System", Cowles Foundation Paper, No.1025, 2001.

规范和约束主体行为是法律最直接的功能，法律制度在调整主体行为上具有天然优势和合法性基础。调整金融市场主体的市场行为既是金融公平法律实现所必需的，也是金融公平法律实现最直接的表现。通过完善法律制度设计，优化金融市场行为的成本收益结构，能够引导金融市场主体按照金融公平原则做出行为决策，从而有利于实现金融公平。金融公平的法律实现除了要关注相对静态的主体能力和金融结构，还需要落脚到作为金融体系运行最为基础的动态要素的市场行为上来。只有规范和约束金融市场主体的市场行为，才能够保障金融体系的动态运行符合金融公平的要求。因此，金融公平的法律实现，也需要把握金融市场主体的市场行为这一关键要素。

四　工具要素：法律制度

金融公平的法律实现的基本模式是通过法律制度的规范和调整实现金融体系公平运行。法律制度是金融公平法律实现的基本工具和着力点。依靠法律制度的调整，是金融公平的法律实现区别于其他金融公平实现路径的核心特征。法律制度不仅具有规范性、明确性和可操作性等行为特征，而且具有与公平正义、理性自由等相联系的价值特征，是把道德意义上不确定的公平予以具体化、条文化、规范化、统一化和标准化的制度安排。[①] 因此，借助法律制度这一有力工具，不仅是确保金融公平能真正实现的基础，也符合法律制度对于公平价值的内在追求。法律制度通过法律规则，以明确的行为模式和法律后果对金融市场主体形成约束，规范金融市场主体行为，调节金融体系运行，能够在实现和维护金融公平上发挥显著的作用。具体而言，法律制度实现金融公平具有双重路径：一方面是基于市场活动的角度，确认金融市场主体之间的权利义务，规范金融市场活动秩序，维护平等市场主体在参与金融活动过程中的权利

---

① 李林：《通过法治实现公平正义》，《法制日报》2014 年 9 月 14 日。

义务公平配置，从而在具体的金融活动中实现公平；另一方面则是基于国家调节的角度，在充分尊重市场机制的基础上授权相关部门对金融体系进行监管和调控，优化金融结构并营造良好的金融环境，推动金融资源公平配置，从而在宏观的金融体系运行中实现公平。因此，金融公平的法律实现，是以体现并能促进公平的法律制度推动金融资源公平配置和金融活动公平进行的过程，法律制度在这一过程中发挥着重要的工具作用。

能够实现金融公平的法律制度具有多元化的特点，是所有能对金融市场主体形成约束的制度规则的集合，涵盖范围比较广泛。从法律渊源上看，金融公平法律制度既包括了法律、行政法规、部门规章、司法解释等常规规范，也包括了国际组织文件、自律规则等新型规范。法律能够以金融市场活动的基本原则和核心规范来为金融公平的实现奠定制度基础，是金融公平制度体系中最为核心、效力层级最高的法律渊源。制定和修改程序的简易性使得行政法规和部门规章能够相对灵活地适时调整具体规则，对金融市场的变化及时做出反应。司法解释则是作为补充，通过在解决金融纠纷的法律适用过程中解释法律，使得法律规范和权利义务关系更加明确具体。以上四种传统的法律渊源构成了常规的金融公平制度体系。但是由于金融市场自身特点以及有关国际组织在促进金融公平中的不遗余力，自律规则和国际组织文件在金融公平法律制度体系中也占有重要地位。自律规则不仅包括自律组织所制定的对于所有成员具有约束力的规则，而且包括了金融市场主体自己制定的维护和实现金融公平的纲领或者承诺。自律规则是金融市场主体主动接受的义务，是一种被法律肯定和监督的自我约束。而随着包括世界银行、联合国开发计划署等在内的国际组织对于信贷权和小微金融的日益关注，以及国际证监会组织[①]等在金融市场稳定、透明、有效运行上推动国际合作的一直以来的努力，越来越多的指引、原则被提出来。虽然这些文件并不具有直接约束力，但是会通过影响国内立法，以及金

---

① 国际证监会组织在《证券监管目标和原则》中就将"保证市场公平"列为目标之一。

融市场主体的自发遵守而发挥约束作用。从规范类型来看，既包括了强制性规范也包括了倡导性规范。强制性规范是指必须依照法律适用、不能以个人意志予以变更和排除适用的规范。尽管金融市场是以私人金融交易为基本构成的，金融市场法律制度往往具有很强的私法属性而多为任意性规范，然而由于金融服务的公共性以及金融监管的必要性，金融市场法律制度同样也存在着具有一定公法属性的强制性规范，并且即使是私法规范中也有着相当数量的强制性规范。[①] 同时，金融公平的法律制度并不总是以强制规范来约束金融市场主体的，而是也通过倡导性规范来对金融市场主体行为进行引导。倡导性规范是提倡和诱导金融市场主体采取特定行为模式的法律规范。[②] 倡导性规范并非以否定性的评价和法律后果来约束金融市场主体，而是以积极的评价和法律后果譬如奖励、更低监管要求等激励手段来进行引导。因此可以说，金融公平的法律制度体系，既包括由国家强制力保证实施的具有强制约束力的"硬法"，又有无国家强制力保证实施的具有倡导性的"软法"。现代法治需要更多地通过协商性、指导性、倡导性的软法来规范行为，[③] 实现金融公平的法律制度也应该寻求多元化的途径来调整和规范金融市场主体行为。

金融公平法律制度应当是制定良好的法律制度，这是法律制度能够有效调节金融资源配置、规范金融市场活动，真正起到实现金融公平效果的前提。易言之，制定良好的法律制度是金融公平法律实现的起点。要充分发挥法律制度在实现金融公平中的工具功能，必须确保法律制度本身的质量，使其不仅体现和反映着金融公平的内在要求，而且具有维护和保障金融公平的现实能力。首先，金融公平法律制度应当体系健全、内容全面。由于金融公平内涵丰富，涉及金融体系运行的方方面面，因而金融公平的法律实现是一项系统工程。这就

---

① 王保树：《金融法二元规范结构的协调与发展趋势——完善金融法体系的一个视点》，《广东社会科学》2009 年第 1 期。

② 王轶：《论倡导性规范——以合同法为背景的分析》，《清华法学》2007 年第 1 期。

③ 罗豪才、宋功德：《软法亦法——公共治理呼唤软法之治》，法律出版社，2009，第 11~31 页。

决定了实现金融公平的法律制度需要对影响金融公平的各种金融市场要素能进行全面、有效的调整。具体而言，需要明确并公平分配金融市场主体权利义务，制定合理的金融机构市场准入制度、金融营业和金融创新监管制度、中小投资者与金融消费者保护制度等有利于金融资源公平配置和金融活动公平开展的法律制度，以明确的行为模式和法律后果对金融活动进行约束和引导。同时对法律制度进行及时的更新和补充，确保金融公平法律制度的生成和完善能够与金融体系运行的发展阶段及现实需要相适应。其次，金融公平法律制度应当科学合理。体系健全和内容全面是从"量"的角度来衡量法律制度的质量，而科学合理则是强调法律制度的"质"。一方面，法律制度应当保障金融公平实现的方式和机制是科学合理的。金融公平法律制度应当避免滥用国家调节经济的权力对金融体系运行进行直接干预，而应当建立在对市场机制充分尊重的基础之上，将市场规律与法律制度相结合，通过法律制度优化金融结构、提升主体能力，使金融市场能够在最优结构中通过市场机制实现金融公平，只有在市场失灵的情况下，法律制度才能授权政府对金融市场活动进行直接干预以确保公平。[1] 另一方面，法律制度制定过程本身也应该是公平的。法律制度制定过程即利益分配和调节的过程，因而往往会受到利益干预从而影响法律制度本身的公平。金融公平法律制度会调整金融体系运行从而通过利益平衡来实现金融公平，而利益平衡必然触及某些部门或者利益集团的切身利益。为了避免立法导致损失，利益集团会通过各种手段"俘获"立法者，[2] 使立法能够维护其至

---

[1] 张守文教授在论述政府与市场的关系时指出经济治理应当遵循"司马迁定理"辨证施治，即"善者因之，其次利导之，其次教诲之，其次整齐之，最下者与之争"。其中，"善者因之"强调最好的经济治理是顺其自然，不加干预。而"其次利导之"则强调在尊重经济自由的前提下，国家可因势利导，进行一定的鼓励、引导、调控。而"其次整齐之"则是指国家对私人经济活动应依法加以限制和强制，使其整齐有序。经济治理应当遵循这种优先层次和排序。参见张守文《政府与市场关系的法律调整》，《中国法学》2014年第5期。

[2] "规制俘获理论"（Capture Theory of Regulation）认为，规制者存在寻求经济利益或政治利益的动机，相关利益集团在决策过程中会积极活动以形成对自己有利的决定，由此可能出现规制者被利益集团俘获的现象。俘获现象在金融监管中比较常见，甚至有一部纪录片《监守自盗》（*Insider Jobs*）将2008年次贷危机归咎于利益集团对监管部门的俘获。Lawrence G. Baxter, "Capture in Financial Regulation: Can We Channel It Toward The Common Good?" *Cornell Journal of Law and Public Policy*, Vol.21, 2011, pp.175-201.

增进其利益，从而弱化金融公平实现效果。因此，需要使立法过程更加公开透明，以及保证各类金融市场主体都能参与金融公平法律制度制定过程。[①]

徒法不足以自行，仅制定良好的法律制度并不一定能实现金融公平。在某种意义上，法律的实际执行效率比法律制度本身更为重要。[②] Coffee 在 LLSV 等人的研究基础上进一步深入，认为法律渊源和传统是难以改变的，而法律实施作为变量，是影响金融市场环境、改变市场竞争力和促进金融发展的重要因素。[③] 作为金融市场环境重要内容的金融公平程度，自然也与法律实施息息相关。在法律得到有效实施的金融市场，投资者能得到更好的保护，[④] 而穷人的信贷权也能得到更好的保障。[⑤] 法律制度是静态的，而法律实施却是动态的，法律制度在实施过程中才具有生命力，因此法律制度的有效实施是金融公平得以实现的必由之路和重要保障。易言之，金融公平的法律实现，不仅要确保法律制度制定良好，而且要保障法律制度得到有效执行。首先，政府应当严格依照法律制度的授权对金融体系运行予以有效的调控和监管，使体现金融公平要求的法律制度能够真实且充分地对金融体系运行进行规制。其次，应当建立畅通的诉讼途径使在金融活动中权利受到侵害的主体能够获得法律救济，利用司法这一公平正义的最后一道防线来保障金融公平。还有就是要营造所有金融市场主体普遍遵守法律制度、共同维护金融公平的守法文化。通过法律的充分有效实施，使得金融公平在法律制度运行的动态过程中得以实现。

---

① Sidney A. Shapiro, "The Complexity of Regulatory Capture: Diagnosis, Causality, and Remediation", *Roger Williams University Law Review*, Vol.17, 2012, p.221.

② Daniel Berkowitz, Katharina Pistor, Jean-Francois Richard, "Economic Development, Legality, and the Transplant Effect", *European Economic Review*, Vol.47, 2003, pp.165-195; Katharina Pistor, Martin Raiser, Stanislaw Gelfer, "Law and Finance in Transition Economies", *Economics of Transition*, Vol.8, 2000, pp.325-368.

③ John C. Coffee Jr., "Law and the Market: The Impact of Enforcement", *University of Pennsylvania Law Review*, Vol.156, 2007, pp.229-311.

④ Franco Modigliani, "Enrico Perotti, Security Markets versus Bank Finance: Legal Enforcement and Investors' Protection", *International Review of Finance*, Vol.1, 2000, pp.81-96.

⑤ Kee-Hong Bae, Vidhan K. Goyal, "Creditor Rights, Enforcement, and Bank Loans", *The Journal of Finance*, Vol.64, 2009, pp.8223-8860.

第三节　金融公平法律实现的调整方法

金融公平法律实现的实质是要通过法律对金融关系进行调整以实现金融公平。易言之，金融公平法律实现的过程就是法律不断对金融体系运行中的金融关系进行调整的过程。然而，法律调整是通过法律调整方法来发生作用的，因此要研究如何通过法律实现金融公平，必须要弄清楚金融公平的法律调整方法的问题。法律调整方法是法律制度作用于社会关系的特殊手段和方式，主要表现在两个方面：一是确定主体的法律地位和资格以及主体之间权利和义务关系；二是认定、归结法律责任，实施法律制裁。[①] 法律制度通过明确特定主体在社会关系中的行为模式和法律后果，对相应主体的行为进行规范，从而起到调整社会关系的效果。不同的部门法的调整方法各有差异。[②] 金融公平问题贯穿于金融体系运行的整个过程，涉及的法律关系复杂多样：既有平等主体之间的横向法律关系，又有不平等主体之间的纵向法律关系；既有宏观的金融监管和金融调控中的法律关系，又有微观金融交易中的法律关系；既有金融市场主体之间的民商事法律关系，又有国家调节经济的行政法律关系，还有金融犯罪的刑事法律关系。这就决定了金融公平的法律调整方法具有复合性和多元化的特点。而我们在研究金融公平的法律调整方法时，必须要打破部门法之间的藩篱与偏见，建立功能导向型的法律调整方法理论体系。金融公平的法律调整方法，是法律调节金融体系运行和金融活动得以实现金融公平的基本机理，反映了法律制度作用于金融公平的理路。归纳金融公平的法律调整方法，有助于科学地进行制度设计，进一步完善法律制度以实现金融公平。

---

① 张文显：《建立社会主义民主政治的法律体系——政治法应是一个独立的法律部门》，《法学研究》1994 年第 5 期。

② 漆多俊：《论经济法的调整方法》，《法律科学》1991 年第 5 期。

一　赋能

20 世纪 80 年代以来，"激发权能"（empowerment）开始成为社会学、教育学、政治学等学科的新兴核心概念，亦成为精神健康、公共卫生、人文服务、政治与经济发展等实践领域的热门话语。[1] 在这一话语体系下，权能是一种权利或者能力，是拥有或获取某种资源的能力。[2] 激发权能则指通过某种途径、手段或策略，增加处在弱势地位的个体或群体的权能，包括获取处理问题和压力的知识、技能和能力，在更大程度上控制自己生活的能力等，以促进共同目标的实现。[3] 上述途径、手段或策略多种多样，而法律作为其中一种，在激发权能上扮演着重要的角色。通过法律激发权能，即 legal empowerment，通常译作"法律赋能"。根据贫穷人口法律赋能委员会和联合国开发计划署的定义，法律赋能是使穷人受到保护并运用法律来推动其在国家和市场中的权利和权益的过程。[4] Stephen Golub 认为，法律赋能是指利用法律服务及其相关活动增进弱势人群掌控自己生活的能力的超越传统法治（rule of law orthodoxy）的另一种范式。[5] 法律赋能的逻辑在于增进弱势人群的能力，促进其自下而上地实现其权益。我们认为，法律赋能的本质实际上是对于"权利自觉"[6] 的追求，

---

[1] Edward W, Schwerin. *Mediation, Citizen Empowerment and Transformational Politics*, Westport, 1995. p.72.

[2] Ibid.

[3] Bong-Ho Mok. Yuet W. Cheung. Tak-sing Cheung, "Empowerment Effect of Self-help Group Participation in a Chinese Context", *Journal of Social Service Research*, Volume 32, Issue 3, 2006, pp.87-108.

[4] Commision on Legal Empowerment of the Poor, *Making the Law Work for Everyone*，Volume 1, 2008.

[5] Stephen Golub, "Beyond Rule of Law Orthodoxy: The Legal Empowerment Alternative", Carnegie Endowment for International Peace Working Paper，No.41，October 2003.

[6] 费孝通先生提出了"文化自觉"的概念，即文化的自我觉醒、自我反省和自我创建。参见费孝通《费孝通论文化与文化自觉》，群言出版社，2007，第 190 页。在法学语境中，各类主体认识并积极地自我实现权利，亦可谓之"权利自觉"。权利自觉一方面意味着正确地认识权利，另一方面也意味着能够正当地主张、维护和实现权利。

法律赋能就是通过法律创建一种机制，确认弱势主体的权利，并促进弱势主体认识且积极地自我实现这种权利。[①]

尽管赋能并不存在于常规的法律调整方法理论体系之中，但这并不意味着赋能不能作为法律借以调整社会关系的一种方式。广义上的法律赋能是比较宽泛的概念，其第一层内涵是法律通过确认和保护权利来提升弱势主体能力，是立足于法律的制定和实施的基础层面；而第二层内涵则包括了通过普法宣传、法律援助等服务提高弱势主体的能力，这属于立足于法律服务的衍生层面。基础层面的法律赋能是以法律调整为核心的，反映着法律确认弱势主体权利，并通过制度设计构建出一套权利实现和保护机制，从而能够通过调整社会主体权利义务结构进而影响社会关系。相比于以法律服务为核心的衍生层面的法律赋能而言，基础层面的法律赋能更集中地体现着法律在调整社会关系中的直接作用。在这个层面的意义上，赋能的调整方法可以等同于民法、行政法中常见的确认权利或者说是赋权的调整方法。[②]然而，赋能又是超越赋权的概念。法律赋权仅仅停留在法律对于弱势人群权利的书面确认，而法律赋能则在此基础之上寻求权利和能力的实现；在过程上，法律赋权是对于权利的静态描述，而法律赋能则是权利的动态实现，将权利上升到了实在的能力；在目标上，法律赋权通过廓清权利范围和界限以便实现法律的确定性和预测性等效果，而法律赋能则着眼并侧重于能力的发展与提升。概言之，法律赋能不仅仅包括对于权利的确认，还关注权利的实现和维护的机制。[③]

正如前文所论述的金融市场主体能力是金融公平实现的关键要素之一，通过法律实现金融公平需要平衡金融市场主体的能力。因此，赋能是金融公平法律实现的必要手段，法律也能够通过赋能来调整金融市场主体能力以实现金融

[①] 冯果、袁康：《从法律赋能到金融公平——收入分配调整与市场深化下金融法的新进路》，《法学评论》2012年第4期。

[②] 朱景文：《中国特色社会主义法律体系：结构、特色和趋势》，《中国社会科学》2011年第3期。

[③] 冯果、袁康：《从法律赋能到金融公平——收入分配调整与市场深化下金融法的新进路》，《法学评论》2012年第4期。

公平。通过法律赋能实现金融公平，是利用法律赋能的逻辑来对金融法的思维范式和制度结构进行一定的调整，通过重构金融法律制度以确认金融市场主体的权利尤其是弱势主体的权利，促进金融市场主体的权利自觉，增强其参与金融市场博弈和维护自身权益的能力，使各类主体自身力量与行政权力相互配合相互补充，最终实现金融公平的目标。赋能是在"权利本位"的视角通过明确和实现金融市场主体的权利来推动金融市场主体主动实现公平的"权利自觉"进路，与通过国家调节来调整金融结构或干预金融活动来让金融市场主体被动获取公平的"父爱主义"进路具有显著的区别。因为金融公平并非仅在国家调节中实现，还需要在金融活动过程中由市场主体自我实现，因此金融公平的法律调节方法不能仅局限为经典经济法理论中的国家调节方法，而且还可以通过赋能的方式来调整不同主体间的能力对比以实现金融公平。

法律赋能最首要的是明确金融市场主体的权利。正如权利的贫困是贫困的根源，权利的不公也是金融公平缺失的起点。金融公平要求金融市场主体都能平等地享有相应的权利，以使得公平进入金融市场、公平进行金融交易、公平分享金融福利成为可能。然而金融公平的实现无法建立在"应然权利"（right）之上，而是需要"实然权利"（entitlement）作为基础。[①] 赋能的过程，就是通过法律规定将"应然权利"明确为"实然权利"的过程，使得金融市场主体的权利不只是停留于乌托邦式的理想预设，而是成为真正得以确认和保障的切实可行的事实。当法定权利得以明确时，金融市场主体得以通过主张权利来获得公平对待，从而实现金融公平。由于金融公平贯穿在金融体系运行的各个环节，因而需要法律予以明确的金融市场主体权利内容也是复杂多样的，其中即包含了信贷权、金融营业权、公平交易权、公平获取信息的权利，等等。法律通过明确金融市场主体的权利，确立了相应主体得到法律保护以维护金融公平

①　Elizabeth Hoffman, Matthew L. Spitzer, "Entitlements, Rights, and Fairness: An Experimental Examination of Subjects' Concepts of Distributive Justice", *The Journal of Legal Studies*, Vol.14, 1985, pp.259-297.

的法律依据。具体而言，法律明确金融市场主体权利以实现金融公平的方式主要有二：一方面，确认金融市场主体参与金融活动的基本权利，赋予各类主体平等的进行博弈的能力；另一方面，弱势金融市场主体的权利应当得到倾斜配置，即应当赋予弱势金融市场主体更多的权利以提高其能力，从而矫正因能力差异造成的不公平。

法律赋能不仅是确认金融市场主体的权利，而且还通过一系列的机制来保证权利的实现，使写在法律条文中的权利能够落实为真正享有的权利，使金融市场主体能够在知悉权利和主张权利的基础上自发地对抗金融不公，通过实现权利来促进金融公平的实现。金融市场主体权利的实现可以分为三个阶段：第一是权利认知，即金融市场主体能够充分知悉法律赋予自己的权利，了解金融市场运行的法律规则，具有相应的金融知识。权利认知是金融市场主体权利实现的前提，这个过程可以通过包括投资者教育、金融业普法宣传、金融服务提供者的权利提示等手段实现。[①] 第二是权利保护，即法律在确认权利的基础上设计了相应的规则，防范金融市场主体的权利受到损害。法律基于金融市场主体权利调整金融体系运行，使得金融市场进入、金融交易进行以及金融福利分配都能体现对于金融市场主体权利的尊重和维护。第三是权利救济，即当金融市场主体权利受到侵害时法律能够介入，通过有效的救济途径来保障相应主体受损的权利得以修复。便捷高效的救济途径，使得权益受损的金融市场主体能够主张并维护自身合法权益，及时且低成本地纠正侵犯权利的不公平现象。

二 强制

强制的本意是指用某种强迫的力量或行动对付阻力或惯性，以压迫、驱

---

① Toni Williams, "Empowerment of Whom and for What? Financial Literacy Education and the New Regulation of Consumer Financial Services", *Law and Policy*, Vol.29, 2007, pp.226-256.

动、达到或影响。强制的基本特征是不论被强制的主体是否出于自愿，都由外部强力来约束被强制的主体，使其作为或不作为。在国家调节的语境下，强制是指国家为克服市场障碍，以命令、禁止或限制等方式对市场主体行为进行调整和规制的手段。[1] 因此，强制可以被视作国家为了维护正常经济秩序，基于国家强制力而不以市场主体意志为转移地约束后者，使其作为或不作为。强制本身反映着国家在市场主体意思自治与市场秩序、个体利益与公共利益之间的偏好，即基于市场缺陷的假设，政府限制市场主体意思自治和自主行为，以确保市场秩序和公共利益。法律在国家强制中扮演着重要的角色，是强制的依据和手段，即强制必须是来源于法律中明确的强制性规范，并且是通过强制性规范的有效执行而得以实现的，即强制主要表现为法律对市场主体课以必须如何作为的积极义务和禁止何种作为的消极义务，市场主体必须严格按照法律规定履行上述义务。也就是说，法律制度反映着国家采取强制手段干预经济的权力，这种权力必须按照法律规定的范围和程序才能行使，同时法律的执行是强制手段规制市场主体行为的保证，政府的监管执法和严格的法律责任能够确保市场主体充分履行强制义务。

在金融市场中，由于金融市场结构和主体能力差异，往往会存在强势金融市场主体为自身利益最大化而实施损害弱势市场主体利益和公共利益的行为，这与金融公平的原则背道而驰。金融市场主体的行为，在很大程度上是在市场机制作用下的自发行为，然而这种自发行为总是基于自我利益的最大化，公平往往被排除在这些自发行为的考量因素之外。因此要实现金融公平，不能放任金融市场主体的自发行为，而需要对金融市场主体行为进行干预，在一定限度内突破金融市场主体的意思自治，以强制来约束金融市场主体的行为，使其符合金融公平原则的要求。法律按照金融公平的原则，通过强制性规范对金融市场主体课以强制义务，确立其强行性的行为模式，使公平原则贯穿于金融市场

---

[1]　漆多俊：《经济法基础理论》，法律出版社，2008，第20页。

主体行为之中，从而实现金融公平。

首先，法律通过对金融市场主体课以积极义务，要求其实施促进金融公平的行为。所谓积极义务又称作为义务，是以义务人须为一定行为为内容的义务，通常由命令性规则所规定，往往表述为"应当""必须"等。由于金融市场主体实施某一行为的动机和目标往往是其自身利益，从而会与金融公平的要求存在偏差，即金融市场主体会因为与其自身利益相冲突，或者对增进自身利益并无助益，而不愿意做出某种有利于金融公平的行为。因此，法律通过强制性规范明确金融市场主体的积极义务，能够补充金融市场主体自发行为所不能涵盖的内容，从而约束金融市场主体行为，强制其实施符合金融公平要求的行为。可以说，积极义务主要是在激励不足的情况下以强制手段为替代，要求金融市场主体积极作为。例如我国《商业银行法》第二十九条规定："商业银行办理个人储蓄存款业务，应当遵循存款自愿、取款自由、存款有息、为存款人保密的原则"，即明确了商业银行在保护存款人方面的四项强制义务，有利于公平地保护存款人的利益。再如我国《证券法》第六十五条①和第六十六条②规定了上市公司和公司债券上市交易的公司所应履行的持续信息公开义务，能够保障投资者在真实、及时、充分地了解相关信息的基础上做出投资决策。这些法定义务，都能强制金融市场主体做出符合金融公平要求的行为。除了这些已在立法中予以规定的积极义务之外，还有许多未成为法定义务的积极义务受到了诸多关注，一旦这些积极义务写进立法，将会极大地改变金融公平状况。

---

① 《证券法》第六十五条：上市公司和公司债券上市交易的公司，应当在每一会计年度的上半年结束之日起二个月内，向国务院证券监督管理机构和证券交易所报送记载以下内容的中期报告，并予公告：（一）公司财务会计报告和经营情况；（二）涉及公司的重大诉讼事项；（三）已发行的股票、公司债券变动情况；（四）提交股东大会审议的重要事项；（五）国务院证券监督管理机构规定的其他事项。

② 《证券法》第六十六条：上市公司和公司债券上市交易的公司，应当在每一会计年度结束之日起四个月内，向国务院证券监督管理机构和证券交易所报送记载以下内容的年度报告，并予公告：（一）公司概况；（二）公司财务会计报告和经营情况；（三）董事、监事、高级管理人员简介及其持股情况；（四）已发行的股票、公司债券情况，包括持有公司股份最多的前十名股东的名单和持股数额；（五）公司的实际控制人；（六）国务院证券监督管理机构规定的其他事项。

例如商业银行在向弱势群体提供基本金融服务时的强制缔约义务，即对于提出生命线性的银行业务申请（要约）的客户，银行法应规定银行具有强制接受申请（承诺的义务，如果银行拒绝承诺，客户可以向法院诉请法院强制银行缔结合同，或者要求银行承担缔约过失责任）。① 商业银行的强制缔约义务，能够在一定程度上解决金融市场进入不公的问题，保障弱势主体有机会获取基本金融服务。

其次，法律通过对金融市场主体课以消极义务，禁止其进行损害金融公平的行为。消极义务又称不作为义务，即以义务人须不为某一行为为内容的义务，通常由禁止性规范所规定，往往表述为"不得""禁止"等。如果说积极义务是在激励不足的情况下以强制手段来推动金融市场主体的行为，那么消极义务则是在激励过剩的情况下以强制手段来限制和约束金融市场主体的行为。这种情况主要是出现在金融市场主体自身利益与公共利益产生直接冲突的背景下。由于自身利益的驱使，金融市场主体可能会选择实施某种特定行为，即便这种行为会损害公共利益或弱势主体利益。这时法律通过规定强制性的消极义务，禁止金融市场主体实施上述特定行为，从而可以防止损害金融公平的行为发生。例如我国《证券法》第七十三条"禁止证券交易内幕信息的知情人和非法获取内幕信息的人利用内幕信息从事证券交易活动"，规定了禁止内幕交易的义务，对证券市场从事证券交易的主体形成了强制约束，在一定程度上会对内幕交易起到显著的限制作用，维护了证券交易的公平性。

最后，法律通过确定严格的法律责任，来约束金融市场主体充分履行强制义务。强制的效果不能仅仅凭借规定了积极义务或消极义务而实现，国家强制力是法律的强制手段能够有效发挥作用的重要保障。一方面金融监管部门对违反法定强制义务的行为进行监督查处。金融监管部门是金融执法机构，对在其法定监管权限范围内的金融市场主体行为和金融市场秩序负有监管职责。法律赋予金融监管部门的监管职能，能够监督金融市场主体履行法定的强制义务。另一方面

---

① 周仲飞：《提高金融包容：一个银行法的视角》，《法律科学》2013 年第 1 期。

严格的法律责任确保金融市场主体履行义务。法律责任是当事人违反法律规定时所应承受的后果，当金融市场主体不履行强制义务时，法律会对其施加相应的惩罚。这里的法律责任会根据规定强制义务的法律渊源、强制义务所涉及的法律关系、违反义务的程度及其所造成的危害等因素的不同而表现为各种形式，涵盖了民事责任、行政责任甚至刑事责任，具体包括了声誉罚（如公开谴责、通报批评等）、财产罚（主要是罚款、没收违法所得）、行为罚（市场禁入、吊销执照、停业整顿等）甚至自由罚（危害性过大的触犯刑法的会被处以刑罚）①。

三　激励

金融公平是将道德要求融入了金融体系运行之中。然而金融活动毕竟是市场行为，若对金融市场主体提出过高的道德义务则会偏离市场行为的本来面目，同时也可能会损害金融市场主体自我利益实现的权利。正如昂格尔所言："如果法律中被承认的道德戒律被确立得与日常行为的动机和模式相距太远，那么，它们不是令人窒息就是空想的东西。"② 如果将所有对金融公平的期待全部以强制性规范的形式规定在法律之中，不加区别地约束所有金融市场主体，无疑是一种形而上学的禁锢或者说是道德绑架，背离了正常的市场规律，而这种将利他性道德变成强制义务的法律也是没有社会基础的。③ 而作为实现规制目标重要组成部分的法律激励机制，具有区别于强制机制的独特理念和内在机理，能够激发规制对象的主观动力，具有更容易被认同、接受和服从的先天优势。④ 因此，要规范和约束金融市场主体行为，使其符合金融公平的要求，需

---

① 例如基金经理李旭利利用未公开信息交易获刑，被判处有期徒刑 4 年，罚金 1800 万元，没收违法所得一千余万元。

② 〔美〕昂格尔：《现代社会中的法律》，吴玉章、周汉华译，译林出版社，2001，第 207 页。

③ 王方玉：《利他性道德行为的法律激励——基于富勒的两种道德观念》，《河北法学》2013 年第 5 期。

④ 参见靳文辉《论公共规制的有效实现》，《法商研究》2014 年第 3 期；方桂荣《信息偏在条件下环境金融的法律激励机制构建》，《法商研究》2015 年第 4 期。

要对相应的要求进行区分。具体而言，事关金融公平的底线要求可以通过强制性规范来做出硬性规定，并以强制的手段来落实，而较高要求则可以通过倡导性规范和任意性规范进行柔性规定，以激励的方式来实现。

激励（incentive），是指为了实现特定目标，通过非强制性的评价、奖励或特殊待遇等方式激发、引导和鼓励人们做出一定行为的法律调整方法。[①] 法律通过激发个体行为的发生，使个体受到鼓励做出法律所要求和期望的行为，最终实现法律所设定的整个社会关系的模式系统的要求，取得预期的法律效果，形成理想的法律秩序。[②] 从"成本–收益"分析框架来看，假设个体为理性经济人，其行为决策遵循着成本最小化和收益最大化的标准。当法律对成本收益进行调整和控制，即通过外部条件的改变增加或减少成本收益时，可以对个体行为形成外部激励，引导其做出符合法律目标的行为。从"需要–动机"分析框架来看，经济性动机并非个体行为的单一根源，利益最大化也不再是个体行为的唯一标准，社会性动机、成就动机等也影响着个体的行为决策。当法律所做出的调整能够满足个体的内部需要，激发了个体的行为动机，则会有针对性地驱动个体行为。[③] 激励与强制都能发挥调整个体行为的功能，但是两者最大的区别在于激励对个体行为的调整所依靠的并非外部的刚性强力，而是通过诱导的方式使相应个体采取最优行为。[④] 胡元聪教授认为法律的激励方式主要表现为赋予权利、减免义务、减免责任、增加收益、减少成本，给予特殊待遇、特殊资格、特殊荣誉等。[⑤] 笔者认为这种分类略显冗杂，譬如减免义务即给予特殊待遇，赋予权利即给予特殊资格。事实上，能够对个体行为形成激励的因素，不外乎是经济性利益的或者非经济性利益的，经济激励主要是使为或

---

① 倪正茂：《激励法学探析》，上海社会科学院出版社，2012，第150页。

② 付子堂：《法律的行为激励功能论评》，《法律科学》1999年第6期。

③ 丰霏：《论法律制度激励功能的分析模式》，《北方法学》2010年第4期。

④ 张维迎：《信息、信任和法律》，生活·读书·新知三联书店，2003，第66页。

⑤ 胡元聪：《我国法律激励的类型化分析》，《法商研究》2013年第4期。

不为特定行为的主体能够获取经济利益，而非经济激励主要是身份、资格、荣誉等通过声誉机制来引导个体行为。法律通过设置相应的声誉激励和经济激励，能够诱导金融市场主体主动地按照符合金融公平要求的方式开展金融活动。

声誉激励，是指法律确认金融市场主体行为对于金融公平的积极意义，并通过荣誉称号、资格认定等方式影响金融市场主体声誉，引导金融市场主体基于维护良好声誉评价的动机而采取有利于金融公平的行为。例如国际项目融资中的"赤道原则"（Equator Priciples）虽然不是强制性法律规定，但是赤道原则是参照了国际金融公司可持续发展政策和指南所建立的自愿性行业基准，倡导金融机构对项目融资中的环境问题和社会问题尽到审慎性核查的义务。在项目融资中采纳了赤道原则的银行可以称为"赤道银行"。这一称谓能够体现出金融机构在承担社会责任中的努力，因此很多金融机构会主动地采用并遵守赤道规则，以期提高社会声誉。例如我国的兴业银行即一个典型范例。[①] 这种声誉激励，有利于金融机构在审核融资项目时选择那些符合环境保护和社会发展要求的，提高了金融发展所带来的社会福利。除了正向的声誉激励之外还有反向的声誉激励，即法律不仅可以通过对金融市场主体的行为进行积极评价以引导其实施该特定行为，还可以通过消极评价或者是负面评价来约束金融市场主体不为特定行为。例如证监会发布的《证券期货市场诚信监督管理暂行办法》[②]规定了建立全国统一的证券期货市场诚信档案数据库，对诚实守信的金融市场主体的肯定与表彰自不待言，而金融市场主体为了避免在诚信档案中留下不良记录，也会自我约束其行为，从而限制了证券期货市场上有违公平的不诚信行为。

经济激励，是指法律通过设置具体规则，以减免义务、赋予权利、给予特殊待遇等方式使金融市场主体能够降低成本或者增加收益，引导金融市场主体基于获取更大经济利益的动机而采取有利于金融公平的行为。经济激励的具体

---

① 《兴业银行对外宣传是中国首家"赤道银行"》，http://www.cib.com.cn/cn/Sustainable_Finance/。

② 《证券期货市场诚信监督管理暂行办法》，2012 年 7 月 25 日证监会令第 80 号。

方式有税收减免、政府补贴、差异化监管指标、政府奖励和其他优惠条件。例如财政部、国家税务总局出台了《关于金融机构与小型微型企业签订借款合同免征印花税的通知》[①]，对于金融机构对小型、微型企业签订的借款合同免征印花税。这一规定就是通过降低成本和减免义务来形成经济激励，从而鼓励金融机构对小型、微型企业提供金融支持，在一定程度上有利于解决小微企业融资难的问题。再如中国银监会发布的《关于调整商业银行存贷比计算口径的通知》[②]中，将支农再贷款、支小再贷款所对应的贷款，"三农"专项金融债所对应的涉农贷款、小微企业专项金融债所对应的小微企业贷款等从存贷比分子中扣除，这种特殊待遇使得商业银行开展更多的资产业务并获益成为可能，从而能够激励商业银行更多地发放支持农业和支持小微企业的贷款。此外，奖励也可以成为激励金融市场主体从事符合金融公平要求行为的因素。例如财政部印发《财政县域金融机构涉农贷款增量奖励资金管理暂行办法》[③]，规定了财政部门对县域金融机构上年涉农贷款平均余额同比增长超过 15% 的部分，按照 2% 的比例给予奖励，从而以直接的经济利益激励县域金融机构在地方发放支农贷款，在一定程度上抑制县域金融机构扮演农村资金"抽水机"的角色，促进县域居民能公平地获取贷款机会。

作为法律调整方法的激励机制，其运行需要依托于一系列的法律工具，这包括了能够对规制对象施以声誉激励和经济激励以增强规制对象采取符合法律原则和目标之行为的主动性和积极性。激励实际上是充分利用了市场规律，在尊重金融市场主体自由选择的基础上通过调整利益和激发动机来引导金融市场主体的行为，使之符合金融公平的要求。通过激励手段实现金融公平，超越了对于强制手段的僵化使用和路径依赖，是法律调整和市场机制和谐共生的理想状态。在激励的场域中，金融公平不再是法律所强加给金融市场主体的强制性

[①]　财政部、国家税务总局:《关于金融机构与小型微型企业签订借款合同免征印花税的通知》，财税〔2014〕78 号。

[②]　中国银监会:《关于调整商业银行存贷比计算口径的通知》，银监发〔2014〕34 号。

[③]　财政部:《关于印发〈财政县域金融机构涉农贷款增量奖励资金管理暂行办法〉的通知》，财金〔2009〕30 号。

义务，而是金融市场主体自发的追求。可以说，激励作为法律调整的一种有效方法，在金融公平的法律实现中大有可为。

四 调控

金融公平不仅与能力、行为等微观要素有关，而且深受金融结构这一宏观要素影响。法律对金融公平的调整，并不局限于从权利和义务的进路采取赋能、强制、激励等方法对个体能力和行为进行调节，而且还能够对宏观金融结构进行调控，通过金融结构的优化实现金融资源的公平配置。法律对金融结构的调控并不能简单地等同于国家的金融宏观调控，后者更多的是指具有宏观调控权的主体采取相应的政策工具影响宏观金融市场以达到特定目标，是最广义层面的调控。金融调控的目标不仅仅是金融公平，金融效率、金融稳定等都是金融宏观调控的主要目标。而法律作为一种制度规范，并不能主动地根据金融市场的运行状态灵活地进行宏观调控，而一方面是赋予相关部门金融监管和调控的权力并对这种权力的行使进行约束；另一方面则是预先地通过法律制度创设、限制和引导金融市场中的机构和工具，调整其数量和活跃程度，以优化金融结构。

调控作为金融公平的法律调整方法，具有以下几个方面的特征。第一，调控所针对的对象是宏观的金融结构，而非微观的市场行为。强制和激励可以从正反两个向度来约束金融市场主体的行为，但其必须作用于现实存在的主体之上，也只能约束和影响金融市场主体的具体行为，即只能在既有金融结构的基础之上实现金融公平。而调控则是跳出了既有金融结构的局限，站在优化金融结构的高度，通过创设和限制金融市场中的机构和工具来改变金融结构，具有显著的宏观性。第二，调控的作用机制是间接影响，而非直接约束。调控是通过优化金融结构来改变金融资源配置的模式和效果，以金融资源的公平配置来间接地实现金融公平，而不是通过约束金融市场主体的行为来直接地实现金融公平。第三，调控所采取的手段是创设和限制金融机构和金融工具，或者为金融机构和工具的创设或限制提供条件。金融结构优化的过程实际上就是金融机构和金融工具数量、规模调整的过程，即新的金融机构和金融工具产生，以及原有金融机构和金融工具规模增减的过程。法律能通过直接规定设立特定金融机构或工具，或者根据调控目标规定相应的设立和运行要求，从而对金融机构和工具的数量进行调控，使其趋近于最优结构。概言之，作为金融公平的法律调整方法，调控的本质就是以法律制度设计来调整宏观金融结构，通过金融结构优化达到金融资源公平配置的效果。就机构结构而言，法律可以通过调控金融机构类型、区域和规模的均衡以实现金融结构的优化。就工具结构而言，法律也可以通过确认特定金融工具的合法性并构建有利于其发展的制度体系，从而丰富金融工具的类型和规模。

直接创设是法律调控的表现形式之一。所谓直接创设，指的是为了弥补特定类型金融机构或市场主体的缺位，法律通过明确规定，要求相应义务主体基于金融公平的目标，设立特定的金融机构或类似的金融市场主体。一方面，法律直接创设金融机构主要是为了弥补市场失灵所带来的金融机构类型缺失。根据漆多俊先生的理论，市场机制具有唯利性的缺陷，市场主体往往关注的是自身利益，并且是眼前可实现的利益，而对于投资周期长、风险大的行业部门和产品，如公用和公共事业、新技术和新产品的开发，以及其他同国计民生密切相关，或可能推进国民经济长远发展和总体效益的行业不愿投资。为了弥补唯利性的缺陷，国家通过直接进入市场参与投资经营，作为补充从事民间资本不能或不愿从事的经营活动。参与由此成为国家调节经济的重要方式。[1] 这一经典理论同样适用于金融领域：金融活动本身就具有鲜明的逐利性，金融市场主体往往关注的是利润最大化，基于成本和风险的考虑往往会集中于经济发达地区和为具有较好经济实力的客户提供金融服务，而怠于向偏远地区或贫困人群提供金融服务，过度追求经济利益而忽视社会效益，导致的后果就是金融资源

---

[1]　漆多俊：《经济法基础理论》，法律出版社，2008，第19页。

过度集中，部分地区和人群所能利用的金融资源不足，使得弱势主体无法获取金融服务和分享金融福利。为了弥补金融机构过度逐利的缺陷，国家通过设立不以营利为目的的政策性金融机构参与金融市场活动。例如国务院《关于组建国家开发银行的通知》和《关于组建中国进出口银行的通知》就设立了市场机制下民间资本不能设立或不会设立的政策性银行，通过政策性金融提供金融服务供给，丰富了金融机构的类型，完善了金融结构。另一方面，法律直接创设金融机构或特定市场主体，是为了矫正金融市场不公平，减轻金融不公所造成的危害后果。例如由证监会、财政部和人民银行联合发布的《证券投资者保护基金管理办法》第二条明确规定了设立中国证券投资者保护基金有限责任公司负责基金的筹集、管理和使用。投资者保护基金公司的设立，有助于保护证券投资者的利益，是维护金融公平的机构体系中的重要角色。除了直接创设金融机构，法律还能创设有利于维护金融公平的金融工具。

市场准入是法律调控的另一种表现方式。法律通过制定一定的市场准入标准，确定和调整金融机构进入金融市场的门槛，影响不同类型、不同区域、不同规模的金融机构数量，从而完成对金融结构的优化。金融机构的市场准入制度本来是基于金融行业的特殊性而引入的制度，即以一定的限制条件来保证金融机构具备适当的能力，从而确保金融市场稳定。法律通过调整市场准入标准，可以改变设立金融机构的限制条件和难易程度，由此可以调整金融市场中特定类型、区域和规模的金融机构的数量和比例，达到优化金融结构的目标。例如银监会颁布的《农村中小金融机构行政许可事项实施办法》规定了农村商业银行、农村合作银行、农村信用社、村镇银行、贷款公司、农村资金互助社等农村中小金融机构的设立条件，这种差异化的市场准入标准会引导更多的资本设立农村中小金融机构，增加农村地区金融服务供给。

总之，法律通过赋能、强制、激励、调控等调整方法，来增进主体能力，约束市场行为，优化金融结构，促进金融资源公平配置和金融活动公平开展，维护金融体系公平运行。

第 4 章

全球实践与中国问题：
金融公平法律实现的经验与困境

  随着金融在消除贫困方面的作用日益凸显，以及金融市场进一步成熟和完善，金融公平思潮正潜移默化地影响着全球金融体系的制度构建和运行实践。易言之，世界各国的金融市场活动和金融法制发展都直接或间接地体现着对金融公平的追求。然而由于全球经济的多样化和区域发展不均衡，各国金融市场发展程度和阶段各异，导致了不同国家和地区的金融市场对于金融公平的具体要求有所区别和侧重。在金融市场发展尚不充分的发展中国家，公平进入金融市场获取金融产品和服务，实现金融包容，是消除贫困和促进发展的经济社会目标中的重要内容。而在金融市场相对成熟的发达国家，确保金融市场活动本身的公平性，保护中小投资者和金融消费者的利益，则成为维护金融市场秩序的核心考量。因此，各国在通过法律调节实现金融公平方面的实践，是在不同的经济社会发展目标下做出的差异化的道路选择。当前我国正处于经济社会转轨时期，我国金融市场取得了长足的发展并正走向成熟，然而同样存在着发展中国家所面临的金融包容不足的问题。因此，普遍吸收和借鉴发展中国家和发达国家金融公平法律实现的有益经验，分析我国金融公平法律实现的不足与问题，是寻找符合我国国情的金融公平法律实现道路的必要过程。

第一节　发展中国家的金融公平法律实现：金融包容的视角

由于金融市场发展并不充分，加上面临着严峻的消除贫困的任务，发展中国家的金融公平问题更为突出地表现为金融市场进入的不公平，即穷人、妇女和农村居民以及中小企业难以获取信贷等有利于其发展的金融服务，部分弱势主体面临着比较严重的金融排斥（Financial Exclusion）。发展中国家追求金融公平的实践所面临的主要矛盾表现为金融发展与消除贫困、破解金融排斥并实现金融包容（Financial Inclusion）。因此，金融市场尚不成熟的发展中国家为实现金融公平的立法活动也呈现以金融包容为重点的特征。

2005 年，联合国在宣传"国际小额信贷年"时正式提出"包容性金融体系"（Inclusive Financial System）的概念，并将"金融包容"的目标归纳为四个方面：①家庭和企业可以用合理的价格获得各种金融服务，包括储蓄、信贷、租赁、代理、保险、养老金、兑付、地区和国际汇兑等；②健全的金融机构，应遵循有关内部管理制度，行业业绩标准，接受市场的监督，同时也需要健全的审慎监管；③金融机构的可持续性以确保可提供长期的金融服务；④要在金融领域形成竞争，为客户提供更高效和更多可供选择的金融服务。它强调金融包容不仅致力于对需求主体的包容，而且注重供给主体的可持续发展。[①] 由此金融包容指的是一种状态，即所有人都能有尊严地获得充分便捷且收费合理的金融服务，且这种金融服务是在稳定且有竞争的金融市场上由相当数量的提供者向有需要的人提供的。[②] 世界银行在其《2014 全球金融发展报告：金融包容》中将金融包容界定为个人和企业获取和使用金融服务的比例和机会，具体而言，金融包容主要以使用和持有银行账户、获取贷款等指标来衡量。[③] 尽管发达国家与发展中国家同样面临着金融包容的问题与挑战，但是相比而言发展中国家与发达国家存在着巨大的差距。世界银行报告指出发展中国家有 35% 的小企业认为接近金融（access to finance）的困难是其运营中的主要障碍，而在发达国家这一比例仅为 8%。[④] 世界银行 Global Findex 数据库显示，全球有将近 50% 的成年人没有银行账户，这些人群主要是穷人、妇女和农村居民，并且没有银行账户的人群主要集中在发展中国家。从图 4-1 来看，发达国家例如加拿大、澳大利亚等国的成人银行账户持有比例基本超过了 90%，印度、秘鲁、阿根廷等国在 20% 上下，而刚果、阿富汗等国甚至不及 10%。图 4-2 则显示出美国、加拿大、英国和北欧发达国家等有超过 20% 的成人从正规金融机构获取过贷款，中国、印度等只有 7% 上下，而非洲诸国的数据只有寥寥 1% 上下。可见，金融包容相对于发展中国家而言更具有紧迫性，金融包容成为发展中国家推动金融公平的重点是现实使然。

鉴于法律在消除金融排斥、促进金融包容方面的作用，发展中国家也高度重视通过法律调节的手段来实现金融包容。例如巴西允许银行与非银行零售代理机构进行合作，通过制度改革减少金融包容发展障碍。巴西央

[①] 王修华、何梦、关键：《金融包容理论与实践研究进展》，《经济学动态》2014 年第 11 期。

[②] http://www.centerforfinancialinclusion.org/about.

[③] World Bank, "Global Financial Development Report 2014: Financial Inclusion", 2014, p.2.

[④] World Bank, "Global Financial Development Report 2014: Financial Inclusion", 2014, p.3.

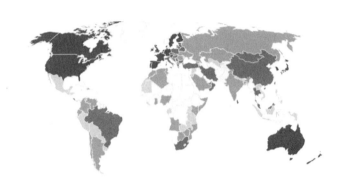

图4-1　发展中国家与发达国家金融机构账户持有比例对比

资料来源：世界银行，http://datatopics.worldbank.org/financialinclusion/。

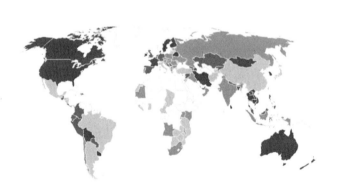

图4-2　发展中国家与发达国家成人从金融机构获取正规贷款比例对比

资料来源：世界银行，http://datatopics.worldbank.org/financialinclusion/。

行放宽对代理商作为金融服务接入点的限制，引入"业务联络员"的网络
计划。该网络计划由银行和15万家中介合作，成功覆盖了金融系统中约
62%的金融服务，成为世界上最大的金融服务网络。这使得巴西的每个城
市都至少能获得最低水平的金融服务。[①]除此之外，埃及、印度等国家对于
非银行金融机构出台了相关法规，包括营业执照的取得和对小型金融、租
赁和保理业务的监管，使小微金融得以规范发展，为农村地区和穷人提供
小额贷款服务。墨西哥通过立法、监管和协调使得代理商能够合法提供金
融服务。巴基斯坦制定法律法规以确保支付系统安全高效，并且促进电子
货币的发展和信用报告机构的运行。马来西亚等国家通过建立消费者保护
机制和金融纠纷处理机制保障新金融政策的稳定施行。[②]但是由于发展中国
家国情各不相同，法治化程度也有一定差别，并且为促进金融包容所做的
努力也较多地体现为国际组织的倡议以及国内的实践尝试，国内相关立法
并不系统，由此表现出了实践多于制度，政策多于法律的特点。在诸多发
展中国家促进金融包容，保障穷人、农村居民等弱势群体能够公平进入金
融市场的实践中，比较具有代表性的就是印度小微金融的发展，以及非洲
移动货币的尝试，以及巴西的代理银行。印度、巴西、南非这三个金砖国
家作为新兴市场的代表，与中国当前的发展有着紧密的相关性和较强的相
似性，因此本书选取这三个国家作为样本，分析其在金融公平法律实现方
面的实践经验。

一　印度：小微金融法制保障体系

小微金融是为穷人、农村居民等提供金融服务和信贷机会的有效形式。尽

---

① A. Hanning, S. Jansen, "Financial Inclusion and Financial Stability: Current Policy Issues", Asian Development Bank Institute Working Paper, No.259, 2010.

② 王修华、何梦、关键：《金融包容理论与实践研究进展》，《经济学动态》2014年第11期。

管小微金融是在穆罕默德·尤努斯因其所领导的格莱珉银行在孟加拉国的成功实践和显著的减贫效果而获得诺贝尔和平奖之后才受到极高的关注，然而在此之前小微金融已然存在并且在各国均有不同程度的发展。包括加纳的"susus"、印度的"chit fund"、墨西哥的"tandas"、玻利维亚的"pasanaku"等都属于小微金融的早期形态。[①] 在印度，正规金融机构在小微金融发展的早期垄断了所有的小额信贷业务，印度国家银行（SBI）、主要大型商业银行以及印度农业和农村发展银行（NABARD）、合作银行以及地区农村银行都能够发放小额贷款以满足农村和穷人的需要。然而长期依靠政府补贴以及行政主导中的权力寻租，导致了小微金融的传统模式偏离了既定轨道，僵化的低利率束缚导致运营成本高企、贷款多为农村地区精英获取而并未真正惠及普通居民。传统的以正规金融机构向穷人提供小额信贷的小微金融模式逐渐转型为新型小微金融模式，即由市场自发形成的自我可持续的（self-sustainability）私营部门的小微金融机构（MFI）、非政府组织（NGO）以及自助小组（Self-Help Groups，SHGs）来为穷人提供包括小额信贷在内的信贷、储蓄、保险、支付等全方位的金融服务。[②] 尽管政府补贴是有必要的，但是这种新型模式更加注重发挥自我可持续的金融主体在促进金融包容方面的作用和功能，并且以立法来对这些主体确认地位并规范运转。自助小组和私营部门的小微金融机构成为为印度的穷人、小微企业等弱势主体提供金融服务的重要力量，而法律通过确认这类主体的地位并规范其活动，有效地保障了这些主体促进金融公平作用的发挥。

自助小组（Self-help Group，SHG）是印度小微金融实践中的重要主体类型，也是印度小微金融模式的一大特色。从 20 世纪 80 年代印度穷人即已通过自助小组来与银行建立联系获取贷款，当时的法律对小微金融很大程度上是从

---

① Nadiya Mrakkath, *Sustainability of Indian Microfinance Institutions*, Springer, 2014, pp.2-4.

② Nadiya Mrakkath, *Sustainability of Indian Microfinance Institutions*, Springer, 2014, pp.6-9.

民商事组织的角度来进行规制，而并无专门的法律来调整小微金融的运行。例如安德拉邦（Andhra Pradesh）即通过《互助合作社团法》（APMACS Act.）要求自助小组注册为社团法人。[①]印度的自助小组最初是由农村地区的妇女自发组成、自主管理，将资金少、能力弱的个人集合在一起，通过集聚效应以集体名义在普通的商业银行形成一定数额的储蓄。在需要资金时，自助小组以集体名义向银行申请贷款，并决定是否向相应成员发放贷款及具体数额。[②]SHG通常是由20名左右的农村妇女（一般规模为14名）组成，小组成员定期会面并每月存入10~50卢比的小额存款。法律允许并鼓励非政府组织（NGO）或者其他自助小组促进机构（Self Help Promoting Agencies，SHPAs）例如政府机构或者银行来帮助组织成立自助小组。这种帮助主要是银行、非政府组织和政府部门推动 SHG 的成立，并通过培训来提高小组成员的金融知识和运营能力，包括了审计、信贷管理等。NABARD 还推动了一个叫作"Computer Munshi"的项目，在五个地区培训年轻人作为 computer munshi，并向每个受训人员提供电脑和软件等设备让其为当地的自助小组提供账户管理等服务，每个人可以为 100~300 个小组提供服务。此外还有兼职会计师（para-accountant）等为小组提供服务，以建立并提高小组及其成员的能力。[③]当自助小组汇集存款并向成员发放贷款满六个月，并按照规定保留有账户和记录的，这些自助小组则有资格参与由政府设立的政策性银行 NABARD 发起的自助小组 – 银行连接项目（SHG Bank Linkage Program，SBLP）。[④]通过政府参与并主导的这个项目，自助小组可以向银行申请贷款供成员使用。同时印度还通过立法鼓励商业银行与

---

① "Andhra Pradesh Mutually Aided Cooperative Societies Act 1995", Act No. 30 of 1995.

② Frances Sinha, Ajay Tankha, K. Raja Reddy, Malcolm Harper, *Microfinance Self-help Groups in India: Living Up to Their Promise?* Practical Action Publishing, 2009, pp.3-5.

③ Siddaraju V.G., Ramesh, *Financial Inclusion in India: Issues and Challenges*, Gyan Publishing House, 2013, pp.48-49.

④ Hans Dieter Seibel, "SHG Banking: A Financial Technology for Reaching Marginal Areas and the Very Poor: NABARD's Program of Promoting Local Financial Intermediaries Owned and Managed by the Rural Poor in India", Working Paper, University of Cologne, Development Research Center, 2001,3.

自助小组建立联系，激励其为自助小组提供贷款。与格莱珉银行的共同担保模式相区别的是，印度的 SHG 在法律上具有独立的法人主体资格，其作为独立的借款人向银行获取贷款，并自主决定向其成员分配的比例。自助小组成员负责各自债务的清偿，并就小组债务承担连带责任。这样自助小组就扮演着沟通银行与农村妇女的中介角色。由于自助小组将一定数量的居民集合起来，提高了清偿能力和谈判能力，银行进行调查和贷款管理的费用更低，使得银行更愿意提供贷款，而且贷款数额比个体单独贷款数额的总和更高，且利率更低。[①]因此，SHG 的实践被认为是通过将自然人个体的有限信用和谈判能力集中为一个独立法人实体来面对银行争取金融服务，提升了农村妇女获取金融资源的能力，调和了需要金融服务的主体能力欠缺与金融机构提供信贷等服务的高要求之间的矛盾，通过赋能（empowerment）来增加其进入金融市场的机会，有利于农村居民利用信贷资源解决生活开支并摆脱贫困。[②]

小微金融机构（Microfinance Institutions，MFIs）是印度小微金融体系最重要的主体类型。小微金融机构模式与自助小组模式共同构成了印度小微金融的两大模式，相比于小型的以提升能力为主要目标的非营利的自助小组，小微金融机构更具有商业化运营的色彩。小微金融机构能够渗透到大型商业银行或者说正规金融机构所忽略的区域和人群中，为他们提供金融服务，从而有利于促进金融包容，实现金融公平。小微金融机构所面临的法律问题，一是其主体地位，二则是对其的监管。印度的小微金融机构存在着三种形式。①作为非政府组织的小微金融机构（NGO MFIs）。这类小微金融机构不以营利为目的，以公益组织的形态为穷人提供金融服务。这类组织需要按照《社团登记法》申请登记，并按照《印度信托法》来运营，且只能通过募集捐赠的款项来发放贷款。②合作型小微金融机构（Cooperative MFIs）。这类小微金融机构主要是

---

① Prabhu Ghate, *Indian Microfinance: The Challenges of Rapid Growth*, Sage Publications, 2007, pp.24-25.

② Kartick Das, Gopal Sharma, *Financial Inclusion, Self-help Groups and Women Empowerment*, New Century Publications, 2013, p.6.

吸收成员的资金并为成员提供金融服务。例如个体妇女协会（Self Employed Women's Association，SEWA）是最早被广为人知的合作型小微金融机构。这类小微金融机构需要根据《互助合作社团法》或《跨邦合作社团法》来进行登记。③非银行金融公司型小微金融机构（NBFC MFIs），即以非金融公司（Non-Banking Finance Company）的组织形态存在的进行商业化运作的小微金融机构。非营利的NBFC MFIs需要根据《公司法》第25条来设立并登记，以营利为目的的则需要根据《公司法》设立，还需要向RBI申请注册。[①] 除了这三种小微金融机构之外，开展小微金融业务的商业银行、政策性银行也都是印度小微金融体系中不可忽视的主体和力量。直到2000年以前，除了印度储备银行（Reserved Bank of Inida，RBI）对银行向互助小组和小微金融机构贷款的少数指引之外，几乎没有专门的法律来对小微金融机构及其运作进行调整。随着印度小微金融的不断发展，印度当局和市场力量几次尝试推动立法来形成相对完整的小微金融法律体系，但都功败垂成。例如在2007年，第一份小微金融系统性立法《小微金融部门发展与监管法案》（*Micro Financial Sector Development and Regulation Bill*）已送下议院审读，但因当届政府改组而功亏一篑。经过大幅修改后，该法案又于2011年提交下议院，却因议会金融委员会认为其过于简略且缺乏共识而未能通过。

对于印度而言，既需要活跃的小微金融机构为弱势主体提供金融服务，同时也需要小微金融机构公平地对待弱势主体，防止其在提供金融服务的同时损害服务对象的利益。易言之，印度法律不仅需要明确小微金融机构的地位以及运营的合法性，而且也要对小微金融机构的经营活动进行监管和约束。由于印度安德拉邦（Andhra Pradesh）的克利须那（Krishna）地区出现了小微金融机构被指在收回贷款过程中采用高压手段导致借款人自杀，几大主要小微金融机构被关闭，从而引发了印度小微金融行业的危机。为了确保小微金融体系的

---

① Siddaraju V.G., Ramesh, *Financial Inclusion in India: Issues and Challenges*, Gyan Publishing House, 2013, p.41.

公平有序运行，作为行业自律组织的印度社区发展金融机构协会（Sa-Dhan）于 2006 年发布了《小微金融机构行为自律守则》（*Sa-Dhan's Voluntary Mutual Code of Conduct for Microfinance Institution*），作为自律规则来对包括利率、收款方法、优化治理等在内的小微金融机构运营进行调整。该《自律守则》的主要内容包括以下方面①。第一，补充性借贷原则（Complementing credit delivery by SHGs）。即小微金融机构只能作为互助小组－银行联系项目（SHG-Bank Linkage Programme）的补充来向穷人提供信贷，主要是向无法从银行获得适当信贷服务的穷人提供信贷服务。小微金融机构应当通过信息共享来避免向同一主体重复放贷。第二，利率和储蓄（Interest rates and savings）。小微金融机构可以按照合理的利率计息，但利息必须在适当的范围内。②利率、贷款流程、各项收费等信息均应明示。小微金融机构只有在获得中央银行或州法明确许可后方能向其成员或客户吸收存款。第三，收款（Recovery of loans）。小微金融机构不能收取土地权证、房产证、配给证（ration cards）等的原件作为担保，但是可以根据中央银行"了解你的客户"的规定收取复印件。小微金融机构应严格约束其职员不得使用过分的语言或恐吓方法收款。小微金融机构应向借款人提供人寿保险或其他保险，其保额应不低于贷款数额和其他费用。当借款人或其家庭成员死亡，或者借款人生活出现重大变故和困难的，小微金融机构应当提供方案以减轻其家庭所受影响。第四，治理和透明度（Governance and transparency）。小微金融机构采用高标准的公司治理结构，董事会中有相应比例的独立董事真正参与决策；小微金融机构高管应在财务报告中公开年薪；小微金融机构应确保其职员的行为符合道德要求，对于违反规定的职员应采取相应的行为，并披露被解职的职员信息；小微金融机构应与政府部门、银行和媒体保持联系和沟通。

---

① Prabhu Ghate, *Indian Microfinance: The Challenges* of Rapid Growth, Sage Publications, 2007, pp.88-89.

② 自律守则明确了利率的构成和数额。Sa-Dhan 预估了小微金融机构的资金成本为 9%，发放贷款的成本为 5%，收回贷款的成本为 5%，坏账损失为 1%~3%，利润率为 1%~2%，从而总共的贷款利率应为 21%~24%。

　　此外，印度金融监管部门也针对小微金融机构的运营出台了相应的监管规则，以有利于小微金融机构真正惠及弱势群体，有利于金融公平。具体而言有以下有特色的措施。①优先部门借贷（Priority Sector Lending），即政府要求银行等金融机构应将不低于40%的商业贷款以优惠利率提供给农业、教育、住房、小微企业等优先部门。[①]尽管这个政策因为给商业银行带来了沉重的负担而颇受争议，但40%的比例至今未变动，只是指定的有限部门的范围得以扩展，将粮食加工、奶制品和禽畜加工等也纳入其中。即通过这种强制的约束，保障了金融机构对于弱势部门的信贷支持。[②]优先部门借贷要求对于小微金融机构只适用于NBFC-MFI。印度储备银行（RBI）要求NBFC-MFI至少75%的贷款必须是投向于产生收入的活动（income-generating activities），以确保小微金融机构的贷款真正用于提高穷人的收入。②利率上限（interest rate ceiling）。为了防止高利贷对弱势群体造成危害，印度的《放贷人法》（Moneylenders' Act）对借款利率进行了严格的限制，明确了利率上限。各州也都将《放贷人法》的利率上限要求适用到小微金融机构上，以确保利率的公平合理。安德拉邦的《小微金融机构信贷监管条例》不仅禁止了借新还旧，而且还强制性要求利息总额不得超过本金。[③]③定价限制。根据RBI的规定，所有的NBFC-MFIs总利润上限不得超过12%，即允许其以营利为目的，但为了防止其从弱势群体身上攫取过多利润而失去公平本意，以设定利润率上限来防止其过度逐利。另外，单笔借款每年的利息不得超过26%，贷款手续费必须低于贷款总额的1%。④公平运营（fair practices in lending）。小微金融机构不得向借款人收取押金或预扣利润，贷款利率应当在办公场所、网站和所发放的材料

---

①　Rajaram Dasgupta, "Priority Sector Lending: Yesterday, Today and Tomorrow", *Economic and Political Weekly*, Vol.37, 2002, pp.4239-4245.

②　Ashish Gupta, Cherry Arora, "Banking Sector Reforms In India: Impact and Prospects", *International Journal of Applied Financial Management Perspectives*, Vol.2, 2013, pp.718-724.

③　Adhra Pradesh Micro Finance Institution (Regulation of Money Lending) Ordinance, 2010.

中明示，并且不得因为贷款清偿的延期而收取罚款，也不能向已在两家机构获取贷款的同一借款人发放贷款，以防止过度借贷。[①] 此外，小微金融机构放款应当采用标准格式的贷款协议，并且应确保其收款方式是非胁迫高压的（non-coercive）。[②]

印度小微金融的发展尽管是在政策引导和市场实践的过程中逐步摸索出来的，但也须臾离不开法律制度的有力保障。法律通过确认 SHG 和 MFI 的法律地位，能够提升弱势主体能力，优化金融机构资源配置和金融结构，同时对小微金融机构的运营进行规范，从而确保了弱势主体公平地获取金融服务以及金融活动过程中的公平性，使得印度的穷人、妇女和农村地区能够利用金融市场来摆脱贫困和实现发展，公平地分享金融福利。

二 南非：移动货币的监管与激励

印度的经验在某种意义上来看是基于金融市场主体的角度，即以自助小组来提升弱势主体能力，通过扶持和规范小微金融机构来增加金融机构资源进而优化金融结构。然而培育金融市场主体并非实现金融包容的唯一路径，除了以数量更多以及更有针对性地为弱势主体提供金融服务的金融机构之外，也可以通过为各类主体提供经济便捷的金融工具，保障弱势主体有机会、低成本地接近金融服务并利用金融市场，分享金融福利。在相对落后的发展中国家，金融机构的覆盖范围和网点设置会在农村地区或者偏远地区出现遗漏，限制了当地居民公平地获取金融服务的机会。然而移动通信网络在一定程度上能够突破地域限制，再加上近场通信（Near Field Communication，NFC）技术的发展，使

---

① Prabhu Ghate, "Consumer Protection in Indian Microfinance: Lesson from Andhra Pradesh and the Microfinance Bill", *Economic and Political Weekly*, Vol.42, 2007, pp.1176-1184.

② CUTS C-CIER, "Regulation of Microfinance Institution in India", Briefing Paper, CUTS Centre for Competition, Investment and Economic Regulation, 2/2013.

得个人移动通信终端能够与加油站、便利店等相连接，解决金融服务的网点问题。例如肯尼亚的 M-Pesa[1]、南非和巴西的移动货币（Mobile-Money）又称电子货币（E-Money）等成功经验得到了国际社会广泛认同。在这些国家，由于金融机构在农村地区或者偏远地区覆盖不足，当地居民难以获得正规金融机构提供的储蓄、支付、信贷等金融服务。移动货币作为一种新型的金融工具，是科技创新与金融市场有效结合的产物。移动货币是指通过移动电话来提供金融服务的电子化工具。通过移动货币，手机用户可以便捷且经济地在其移动账户中充值、转账或者提现，具备移动转账和移动支付等功能。[2] 移动货币能够作为一种工具和手段，有效地消除地理因素给金融服务获取带来的障碍，并且以支付服务为接口扩展到全方位的金融服务，从而将偏远贫困地区的居民也纳入金融服务的覆盖范围。成熟的技术和完善的法律制度是移动货币良好运行并充分发挥对金融包容促进作用的基础和前提。[3]

在南非，几家主要银行与科技公司或者零售商合作，推出了移动货币服务。例如标准银行（Standard Bank）与本地零售商 Spar 联合推出的 Instant Money 使得在手机终端上即可操作银行账户。ABSA 银行与万事达（Master Card）合作采用近场通信技术利用手机即可刷卡支付。[4] 从 1993 年到 2009 年，南非有银行账户的人数显著增加，这一现象很大程度上是因为来自郊区和农村的居民能够更容易地获取银行服务，南非政府在推动金融包容和赋能方面的政策对催生更多的金融产品和服务起到了举足轻重的作用，当然其中

---

[1] Isaac Mbiti, David N. Weil, "Mobile Banking: The Impact of M-Pesa in Kenya", NBER Working Paper No.17129, June 2011.

[2] BIS, "Survey of Developments in Electronic Money and Internet and Mobile Payments, Committee on Payment and Settlement Systems", Bank for International Settlements, March, 2004. http://www.bis.org/cpmi/publ/d62.pdf.

[3] Gilberto Martins de Almeida, "M-Payments in Brazil: Notes on How A Country's Background May Determine Timing and Design of A Regulatory Model", *Washington Journal of Law, Technology & Arts*, Vol.8, 2013, pp.347-374.

[4] 这些移动货币的服务在发达国家或者金融服务覆盖较广的发展中国家比较普遍，但是对于金融机构网点分布较少的偏远贫穷地区却弥足珍贵。

移动货币扮演着不可替代的角色。[①] 南非移动货币的发展纵然是技术进步与市场需求的共同作用使然，但法律制度也是实现和保障移动货币真正惠及居民金融生活的重要保障。《南非储备银行法》、《国家支付系统法》等法律法规构成了肯定南非移动货币的合法地位以及规范与移动货币相关活动的法律基础。《南非储备银行法》第 10（1）（c）条以及《国家支付系统法》第 2 条授权南非储备银行行使对国家支付体系的监管权。移动货币作为一种重要的支付工具，当然地受南非储备银行监管。然而南非储备银行在依法监管的同时，还能够就支付体系运行制定相关指引。当前在移动货币中发挥主要规范作用的是南非储备银行发布的《移动货币意见书》[②]（下简称《意见书》）。《意见书》将移动货币定义为以电子方式发行、保存和转移的，能据以向发行人主张货币价值的且能根据需要兑换为实物货币或银行账户余额的支付手段。《意见书》明确了在目前阶段只允许合法注册的南非银行，包括根据《1990 年银行法》[③] 登记设立的商业银行或外国银行在南非的分支机构、根据《1993 年互助银行法》登记设立的互助银行，以及根据《2007 年合作银行法》登记设立的合作银行才有权发行移动货币。此外，《意见书》还就移动货币的发行、兑换、跨行交易以及信息安全等方面的规范做出了指引。南非储备银行对移动货币的监管，是在维护支付系统安全有序和促进金融包容的两大目标之间寻求平衡。通过对移动货币的严格监管，可以规范银行、零售商、科技公司等参与到移动货币运行中的各类主体的行为，防止因为欺诈和不当行为损害市场公平和金融消费者的利益。但是过于严格的监管在一定程度上也会降低银行提供移动货币服务的积极性，不利于偏远贫困地区居民获取金融服务，因

[①] GPFI, "Global Standard Setting Bodies and Financial Inclusion for the Poor: Toward Proportionate Standards and Guidance, Global Partnership for Financial Inclusion", October 2011, http://www.cgap.org/sites/default/files/CGAP-White-Paper-Global-Standard-Setting-Bodies-Oct-2011.pdf.

[②] "South African Reserve Bank Position Paper on Electronic Money", Position Paper, NPS 01/2009.

[③] Bank Act, No.94, 1990.

而南非当局也通过立法采取了差异化监管的对策。[①] 为了防范金融犯罪和推进反洗钱工作，南非《金融信息中心法》第 21 条规定了金融机构对于移动货币用户的尽职调查义务，即需要金融机构有责任验证客户的身份。《反洗钱与反恐怖主义融资条例》更加具体地要求了身份验证信息需要包括客户全名、出生日期、身份证号、住址以及税务登记号等。[②] 然而这种严格的身份和住址信息调查对于偏远地区的低收入人群显得尤为困难，从而成为横亘在农村地区和并无固定居所的穷人与获取金融服务之间的一道障碍。[③] 因此，南非当局通过立法豁免了对符合条件的穷人进行身份验证的义务。《金融信息中心法若干条款的豁免规定》2002 年出台[④]，2004 年又进行了修改[⑤]，将受到金融排斥的穷人纳入考量范围之中。该规定允许金融机构在验证用户信息时，若所涉及的金融产品或服务的总额在 3000 美元以内，或者日均交易额在 600 美元以内时，只需使用个人身份证件来证明身份而无须验证个人住址。[⑥] 这一修改使得至少六百万穷人获得了进入金融体系的机会。此外，在该规定的框架下，银行监管部门发布了《2008 年银行法实施指南》(*The Banks Act Guidance Note of 2008*)，明确了移动货币属于豁免范围，并且规定当日均交易额在 1000 南非兰特（约合 120 美元）时，可以不当面办理 (non-face-to-face progress)。[⑦] 这些规定方便了农村居民和穷人参与金融交易，保障了其公平参与金融活动的机会。

[①] Vivienne A. Lawack, "Mobile Money, Financial Inclusion and Financial Integrity: The South African Case", *Washington Journal of Law, Technology & Arts*, Vol.8, 2013,pp.317-345.

[②] Money Laundering and Terrorist Financing Regulations, Reg..3, in Government Notice , R1595/2002.

[③] Hennie Bester, Christine Hougaard, Doubell Chamberlain, Reviewing the Policy Framework for Money Transfers, The Centre for Financial Regulation & Inclusion, Jan. 2010. http://cenfri.org/documents/Remittances/2010/Regulatory%20framework%20for%20money%20transfers_South%20Africa_discussion%20doc_250110.pdf.

[④] "Exemptions in Terms of the Financial Intelligence Centre Act of 2001", Government Notice, R1596/2002.

[⑤] "Exemptions in Terms of the Financial Intelligence Centre Act of 2001", Government Notice, R1353/2004.

[⑥] Jennifer Isern, Louis de Koker, Strengthening Financial Inclusion and Integrity, CGAP, No.56, August 2009.

[⑦] Banks Act Guidance Note 6/2008.

三 巴西：代理银行与直接信贷的经验

作为新兴市场代表的巴西是全球最大的发展中国家之一，其金融市场也同样存在着一定的金融排斥现象。为了推动金融包容，使农村地区和小微企业能进入金融体系获取金融服务，巴西做出了诸多努力，在小微金融机构、小额贷款、推动银行深入偏远贫困地区扩大覆盖面等方面出台了大量的政策和法律制度，有效地提升了巴西金融包容程度。[①] 其中最为典型的经验就是巴西的代理银行（Correspondent Banking）和直接信贷（Direct Credit）。

银行设置分支机构需要耗费大量的成本，例如安全设施成本、交通运输成本、人力成本、资本要求成本以及其他成本等，然而由于人口密度低、业务量小，银行在农村地区或偏远地区设置分支机构的收益有限，出于成本收益的考量银行往往不愿设置分支机构，使得当地居民难以获取金融服务。为了解决这一问题，使偏远地区或农村地区的居民能够公平享受金融服务，巴西金融当局推动了主要的几家银行在上述地区设置代理银行提供金融服务。所谓代理银行，就是本身并非银行或者其他金融机构，根据协议接受银行授权，在农村或偏远地区代表银行办理相关业务的主体，包括了邮局、便利店、加油站、彩票店等在内覆盖面较广的主体，能够作为银行的代理机构为当地居民提供金融服务，从而以极低的终端成本解决了金融服务覆盖的问题。截止到 2010 年，巴西的代理银行数量达到了 16 万个，办理了超过 31 亿笔交易，交易金额超过了 28.5 亿美元，有效地改善了金融服务的公平获取情况。[②] 代理银行模式在巴西的迅猛发展和成功实践来源于巴西相关法律制度的支持，其中既有直接适用于代理银行的法律制度降低了代理银行的进入门槛，也有对传统银行分支机构

---

① Anjali Kumar, "Access to Financial Service in Brazil", World Bank, 2005.

② Kate Lauer, Denise Dias, Michael Tarazi, "Bank Agents: Risk Management, Mitigation and Supervision", CGAP Report, December, 2011.

的严格监管从而影响成本收益，进而激励银行选择设置代理银行。[①] 通过法律对利益的调节，引导了银行在金融机构覆盖不足的地区设置代理机构来承办相关业务，优化了农村地区和偏远地区的金融机构结构，增加了金融产品和服务供给，保障了当地居民也能公平地获取金融服务。1999 年，巴西国家货币委员会（Conselho Monetário Nacional）第 2640 号决议正式准许银行性金融机构与代理机构签订协议，授权后者作为代理银行提供各种金融服务，包括开立存款账户、办理支付结算等原本只能由银行分支机构办理的业务。[②] 起初这种许可只限于在没有银行分支机构的地区，但不久之后，第 2707 号决议取消了这种限制。[③] 对于代理银行的许可消除了市场准入的法律障碍，使得代理银行真正成为正规银行及其分支机构的补充，扩展了金融服务提供主体的范围和数量。之后为了规范代理银行的运营，巴西当局出台了 2978 号通知（Circular），对银行委托代理机构的程序进行指引，并明确了巴西中央银行（Brazil Central Bank）的监管职责。[④] 鉴于代理银行的积极效果显著，巴西当局决定扩展代理机构的范围，于是在 2003 年通过了第 3110 号决议，允许投资银行、金融公司和储贷协会（saving and loan associations）充当银行代理机构[⑤]，紧接着3156号决议将能够委托代理机构的金融机构范围进一步放宽为所有金融机构。[⑥] 巴西法律法规的放宽，扫除了设置代理银行直至代理金融机构的法律障碍，激励了金融机构纷纷在地理位置偏远且缺少金融机构分支的地区设置代理机构，使以较低的成本为当地居民提供金融服务成为可能。

[①] Anjali Kumar, Ajai Nair, Adam Parsons, Eduardo Urdapilleta, "Expanding Bank Outreach through Retail Partnerships: Correspondent Banking in Brazil", World Bank Working PAPER, No.85, 2006.

[②] CMN Resolution 2640/1999.

[③] CMN Resolution 2707/2000.

[④] 金融机构委托代理机构的，需要事先取得巴西中央银行的许可，并向后者提供代理机构的信息、协议内容以及相关的区域范围。BCB Circular 2978/2000.

[⑤] CMN Resolution 3110/2003.

[⑥] CMN Resolution 3156/2003.

为了促进金融包容，巴西除了采用降低门槛的方式激励金融机构在农村地区和偏远地区设置代理机构，同时也采用了强制的方法规定了金融机构的强制性义务。其中直接贷款（Direct Credit）即巴西以强制义务的方式确保金融服务公平获取的重要经验。由于特定行业或类型的贷款周期长、利率低，许多银行不愿意向农业、住房等领域发放贷款。而这些领域正是关系民生的，属于居民生活必需的金融服务。为了确保金融公平，巴西当局对银行课以了强制性义务，要求巴西银行（Banco do Brasil）和巴西联邦储备银行（Caixa Econômica Federal）作为主导力量在农业农村贷款和住房贷款上增加比例。私营部门的银行也被强制要求承担直接贷款义务，向农村地区发放贷款余额不得低于无息活期存款余额的25%，存折储蓄存款余额的65%以上应当指定用于房屋贷款。[1]这种强制性的信贷义务，是通过政府的强制力量调节信贷的流向及其数量，是政府直接干预商业银行的信贷行为，尽管也可能会给商业银行带来较大的负担并且在某种意义上并不符合经济原则，但是直接贷款确实在一定程度上实现了金融资源的公平配置，因而并不妨碍直接贷款是法律调节以实现金融公平的一种有益经验。

第二节　美国的金融公平法律实现：
金融消费者保护的视角

发达国家的金融市场相比于发展中国家而言更加成熟，金融排斥的问题在发达国家尽管同样存在，但是在金融体系自我发展的过程中金融服务的覆盖相对充分，相对开放的金融市场也较少存在因金融抑制而形成进入壁垒。但是随着发达国家金融市场的繁荣，频繁的金融交易融入了人们的日常生活，层出不

---

① Anjali Kumar, "Access to Financial Service in Brazil", World Bank, 2005.

穷的金融创新使得金融产品和服务更为复杂，导致发达国家相比于金融包容而言，金融消费者保护成为实现金融公平道路上更为突出和紧迫的任务。[①] 易言之，发达国家的金融公平诉求主要是来自金融消费者保护的视角。同时，发达国家法治化程度较高，围绕金融公平的法律制度体系健全，执法和司法机制有效，能够通过法律调节推动和实现金融公平。

作为全球金融体系发展最为成熟的国家，美国虽然也在促进金融包容方面有着大量的经验，[②] 但更多的是围绕投资者保护或者说金融消费者保护为主线来实现金融公平。并且，相比于发展中国家多以政策来调节实践，美国经验更强调了法律制度在实现金融公平方面的基础性角色，通过系统完善的立法以及高效的执法和司法来调节主体能力，优化金融结构、约束金融行为。为了保护金融消费者与投资者的权益，维护金融公平，美国陆续出台了包括《证券法》(*The Securities Act of 1933*)、《证券交易法》(*The Securities Exchange Act of 1934*)、《可选择抵押交易平价法》(*The Alternative Mortgage Transaction Parity Act of 1982*)、《电子资金转移法》(*The Electronic Fund Transfer Act of 1978*)、《平等信贷机会法》(*The Equal Credit Opportunity Act of 1975*)、《加速资金可用法》(*The Expedited Fund Availability Act of 1987*)、《公平信用结账法》(*The Fair Credit Billing Act of 1975*)、《公平信用报告法》(*The Fair Credit Reporting Act of 2003*)、《公平准确信用交易法》(*The Fair and Accurate Credit Transaction Act of 2003*)、《公平债务催收行为法》(*The Fair Debt Collection Practices Act of 1978*)、《联邦存款保险法》(*The Federal Deposit Insurance Act*)、《联邦贸易委员会法》(*The Federal Trade Commission Act*)、《金融服务现代化法》(*The Gramm-Leach-Bliley Act*)、《房屋抵押贷款披露法》(*The Home Mortgage Disclosure Act of 1975*)、《房

---

① Martin Melecky, Sue Rutledge, "Financial Consumer Protection and the Global Financial Crisis", MPRA Paper, No.28201, January, 2011.

② Matthew A. Pierce, "Regulation of Microfinance in the United States: Following a Peruvian Model", *North Carolina Banking Institute*, Vol.17, 2013, pp.201-219.

屋所有人保护法》(*The Homeowner Protection Act of 1998*)、《住房所有权和权益保护法》(*The Home Ownership and Equity Protection Act of 1994*)、《社区再投资法》(*The Community Reinvestment Act of 1977*)、《不动产交割程序法》(*The Real Estate Settlement Procedures Act of 1974*)、《金融隐私权法》(*The Right to Financial Privacy Act*)、《州际房屋出售完全披露法》(*The Interstate Land Sales Full Disclosure Act*)、《安全和公平执行房贷牌照法》(*The Secure and Fair Enforcement for Mortgage Licensing Act of 2008*)、《诚实贷款法》(*The Truth in Lending Act*)、《诚实储蓄法》(*The Truth in Savings Act*)、《电话营销及消费者诈骗及滥用防治法》(*The Telemarketing and Consumer Fraud and Abuse Prevention Act*)、《多德-弗兰克华尔街改革与消费者金融保护法》(*Dodd–Frank Wall Street Reform and Consumer Financial Protection Act*)和《信用卡责任与披露法》(*Credit Card Accountability, Responsibility, and Disclosure Act*)等在内的一系列法律制度。这些法律制度或者明确了金融消费者或投资者的权利以及金融机构的义务,或者构建了维护金融市场公平运行的规则框架,或者从某一角度就涉及金融公平的具体问题予以规定,或者直接基于金融公平的原则进行制度设计。可以说,美国为维护金融公平的立法活动所形成的法律制度体系,构成了美国金融公平法律实现的基础。

一 基于强制性义务的行为约束:以信贷公平为例

19 世纪 70 年代以前,美国存在着较为严重的信贷歧视现象。银行在穷人较多或者黑人聚居的地区"圈红"(redlining),拒绝向这些社区发放贷款,导致这些区域片面地向银行提供了存款而无法获取银行的信贷支持。草根社区组织结成联盟,通过全民行动(National People's Action)指出,这些存款类金融机构从这些贫困社区所在地吸收存款,却拒绝在当地发放贷款,而是选择给一些更富裕的、欣欣向荣的郊区贷款。为了解除关于信贷如何配给的担忧,倡导者们认为银行应该履行"等价交换"的义务:如果银行从联邦政府获得好处

（包括联邦存款保险、低成本资金或获得使用支付系统和贴现窗口的权利），那么它们应该有义务向整个社区提供服务，满足社区的信贷需求。这个"公平交易"是国会在立法的过程中需要讨论的主要问题之一。^① 为了矫正这种不公平现象，消除信贷歧视，满足本地居民的信贷需求，美国立法部门克服了重重阻碍，于 1977 年正式颁布了《社区再投资法》（CRA）。

《社区再投资法》强调了金融机构对本地社区的社会责任，并且把这种社会责任予以法律化，使金融机构的行为符合金融公平的要求。具体而言，CRA 主要用三种方式来实现金融公平^②。第一，CRA 确认了银行和储贷机构在满足其设立地居民信贷需求方面的法定义务，在保证信贷行为安全、稳健的前提下，法案效力所及范围内的金融机构有义务通过积极、持续的安排，尽力满足其所在的整个社区，尤其是中低收入社区及其居民的信贷、投资、服务需求。^③ 这种义务的设定形成了对金融机构的强制性约束。第二，CRA 规定由监管机构对金融机构满足本地信贷需求进行评估。CRA 适用于联邦参加保险的存款机构、全国性银行和储贷机构、州立特许商业银行和储蓄银行，并由对相应机构行使监管职权的美联储（Federal Reserve System）、联邦存款保险公司（FDIC）、货币监理署（OCC）、储蓄机构监理局（OTS）负责对社区再投资义务履行情况进行评估和监督。第三，CRA 允许监管部门对评估结果不好的金融机构实施制裁，将评估结果作为是否审批该机构申请新设存贷款分支机构、开展新业务以及机构间并购的重要考量。^④ 例如在金融机构申请存款便利（deposit facility）

---

① William Proxmire, Statement in 123 Congress, Record Number 17604, Washington, DC, 1977. 转引自 Ren S. Essene, William C. Apgar，《〈社区再投资法〉30 周年：调整〈社区再投资法〉以适应抵押贷款革命的要求（上）》，中国人民银行西安分行金融研究处译，《西部金融》2012 年第 4 期。

② Allen J. Fishbein, "The Community Reinvestment Act After Fifteen Years: It Works, But Strengthened Federal Enforcement Is Needed", *Fordham Urban Law Journal*, Vol.20, 1993, pp.293-310.

③ 田春雷：《美国〈社区再投资法〉对我国立法的启示》，《辽宁大学学报》（哲学社会科学版）2013 年第 4 期。

④ 12 C.F.R. §228.29.

时需要参考该机构社区再投资的记录。[①] 很多地方政府也往往将存款存放于社区再投资评级较高、社区再投资表现较好的社区金融机构。

在社区再投资评估中，CRA 考虑到不同的资产规模，将考核测评对象分为大型金融机构、中小型金融机构和小型金融机构三种类型，对于不同类型的金融机构实施差异化的考核标准。大型金融机构的考核测评主要体现在贷款（lending test）、投资（investment test）、服务（service test）三个方面。投资的具体考核指标包括合规投资的金额、合规投资对地区开发及其信贷需求的满足程度等；金融服务的具体考核指标包括设立和关闭分支机构的情况、所提供服务的可用性及有效性、分支机构在不同收入地域范围的分布状况。其中贷款占据了较大分量，其权重为 50%，社区投资权重为 25%，服务权重为 25%。对于这类大型机构，CRA 特别强调考核准则的标准化和客观化。中小型机构的检查内容包括两部分：一是贷款测试，主要考核其存贷比、贷款的区域分布、考核范围内的贷款在整个贷款中的占比、对各个收入阶层和不同规模企业及农场提供贷款的记录、对消费者书面投诉所采取的措施；二是社区开发测试（community development test），包括社区开发贷款及投资的数量和金额、所提供的社区开发服务范围、社区开发项目对社区开发需求和机会的满足程度。小型机构的检查内容只有带宽测试一项。CRA 法案根据金融机构规模不同采取差异化考核的依据在于，规模不同的银行守法成本是不同的。一般来说，银行规模越大，按资产百分比计算的满足监管要求的守法成本越低，即守法成本具有规模经济特性。对于资产规模较小的银行而言，在对其提出社区再投资约束时，若采用与大型银行同样的标准，则此类银行将遭受极其沉重的负担。CRA考核共分为 4 个等级：优良（outstanding）、满意（satisfactory）、有待改进（need to improve）和完全未遵循（substantial noncompliance），由负责评估的相应机构出具评估结论和意见。

---

① 12 U.S.C. §2903.

　　尽管 CRA 也受到诸多学者的批判，社区再投资义务被认为增加了银行的负担，① 提高了坏账率，② 在某种程度上为 2008 年的次贷危机埋下了伏笔。但是事实证明，CRA 自生效以来，通过恰当的政府干预（governmental intervention）显著地消除了市场失灵（market failure）给信贷市场带来的消极后果，减少了信贷歧视，为低收入地区的穷人公平地获取信贷机会、保障这些低收入者的信贷权和发展机会起到了积极的作用。③

　　美国对于违反公平信贷义务的行为有着严格的执法机制。《Dodd-Frank 法》第 706（g）条对 ECOA 进行了修改，授权美国消费者金融保护局（Consumer Financial Protection Bureau，CFPB）和司法部（Department of Justice，DOJ）对违反公平信贷义务的行为进行监管。④ 2013 年，CFPB 和 DOJ 联合调查认定 Ally Financial Inc. 和 Ally Bank 在向少数族裔客户发放汽车贷款时存在歧视性定价，违反了《公平信贷机会法》（ECOA）禁止在贷款申请和信贷交易中基于种族或国际的歧视的规定。CFPB 签发行政命令，DOJ 则与 Ally 在美国地区法院密歇根东区法院达成和解，最终在行政和司法的双重问责下，Ally 需要向利益受损客户赔偿 8000 万美金作为和解基金，雇请专人联系在 2011 年 4 月至 2013 年 12 月之间向其申请汽车贷款的客户并向后者进行赔偿，同时还须纠正歧视行为，并向 CFPB 缴纳 1800 万美元的罚款。⑤ 这种严格的法律执行机制能够有效地对金融市场主体的行为进行约束，规范其公平地开展金融交易。

---

① Jonathan R. Macey, Geoffrey P. Miller, The Community Reinvestment Act: An Economic Analysis, *Virginia Law Review*, Vol.79, 1993, pp.291-348.

② Sumit Agarwal, Efraim Benmelech, Nittai Bergman, Amit Seru, "Did the Community Reinvestment Act Lead to Risky Lending?" NBER Working Paper No. 18609, December 2012.

③ Michael S. Barr, "Credit Where It Counts: The Community Reinvestment Act and Its Critics", *New York University Law Review*, Vol.80, 2005, p.513.

④ CFPB, "Fair Lending Report of the Consumer Financial Protection Bureau", April, 2014.

⑤ http://www.consumerfinance.gov/newsroom/cfpb-and-doj-order-ally-to-pay-80-million-to-consumers-harmed-by-discriminatory-auto-loan-pricing/.

信贷歧视会导致部分弱势主体无法获取必需的信贷服务，这是信贷不公的一个极端。然而当信贷机构的业务规模发展到一定阶段，又会走向信贷不公的另一个极端，即不论借款人的资质、实际需求和清偿能力而滥发贷款，从而出现过度信贷（lending abuse）的状况。过度信贷也会带来实质上的不公，例如 2008 年次贷危机之前金融机构过度发放住房贷款导致大量违约直接触发了危机。此外，本意是为了满足短期资金需求的消费信贷和支薪日贷款（payday lending），也因贷款人的行为失当而导致了严重的不公，向能力欠缺且对使用条款不了解的主体滥发信用卡并收取各种不合理费用，导致持卡人利益受到严重损害。支薪日贷款则利用借款人短期急需资金而课以高息和隐性费用，使得借款人生活陷入困顿。这些过度信贷的行为是在没有充分考虑借款人能力的情况下所进行的不公平交易，与金融公平原则严重背离。对此，美国通过《多德–弗兰克法》对住房贷款的发放进行了限制，并明确了消费者金融保护局 CFPB 对住房贷款和支薪日贷款等的监管，并于 2009 年通过了《信用卡责任与披露法》（CARD Act）以规范信用卡发行机构的行为。《信用卡责任与披露法》对《诚实信贷法》的相应条款进行了修改，规定了信用卡发卡机构在提高信用卡利率（APR）或变更其他重要条款时应提前至少 45 日向持卡人或借款人进行书面通知的义务。[1] CARD Act 还明确了发卡机构对客户偿付能力的审查义务（consideration of ability to repay），除非发卡机构经过审慎考虑确认客户具备支付能力，否则禁止发卡机构向客户开立信用卡账户或者提高信用额度。[2] 该条款明确了发卡机构在选择客户并为其提供消费信贷时的强制性审查义务，防止发卡机构滥发信用卡使弱势客户过度超前消费而负担超额罚息。联邦储备委员会（FRB）结合这一条款出台了具体的规定，就该审查义务的落实做出了详细的指引。[3] 此外，CARD Act 还要求发卡机构需要充分地向

---

① CARD Act, H.R. 627 Sec.101(a).

② CARD Act, H.R. 627 Sec.109.

③ January 2010 Rule, 75 Fed. Reg. at 7818, 12 C.F.R. §226.51(a).

客户披露相关条款和信用卡使用中的信息，例如还款时间、延迟支付时限和罚息等。该法要求发卡机构以书面方式明示客户若采取最低还款额的方式还款会产生利息，并且将所有付款相关信息和利息构成向客户充分披露。若未履行上述披露义务，发卡机构须承担相应责任。[①] *CARD Act* 还禁止发卡机构向不满 21 岁的客户发行信用卡，以避免消费需求旺盛但清偿实力不足的年轻人在进行信用消费时因自控力不足导致自身陷入罚息泥潭。为了区别对待，该法同时也规定了一些例外情况，当不满 21 岁的客户提交有监护人签字的申请或者能证明其有独立的偿还能力时方向其发卡。[②] 除了这些规定，*CARD Act* 还禁止发卡机构收取超过限额消费的罚款、一次交易多次收费、拒绝交易费用、闲置费等费用。[③] 从整体上来看，*CARD Act* 通过对发卡机构课以强制性义务，对其行为进行强制约束，规范其在为客户提供信用卡服务时遵循金融公平原则进行交易。

二　基于激励的外部约束：以告密者制度为例

除了以强制性义务来约束金融市场主体规范自身行为，美国还通过设置恰当的激励使得其他市场参与者来形成约束金融市场主体行为的外部力量，从而规范金融市场主体公平参与金融活动。美国金融立法中的告密者制度（whistleblower）通过以经济利益为主的激励手段，激发和调动相关主体揭发、检举违反公平原则的不当行为（misconduct），以帮助监管部门更加有效地对不公平的金融交易行为进行查处，从而对金融市场主体行为形成有力的外部约束，维护公平的市场环境。

对告密者的经济奖励在美国有着比较悠久的传统，可以追溯到 1863 年

---

① CARD Act, H.R. 627 Sec.201.

② CARD Act, H.R. 627 Sec.301.

③ Obrea Poindexter, "Update on CARD Act Rules: Credit Cards", *The Business Lawyer*, Vol.66, 2011, pp.423-434.

的《联邦虚假申报法》(*False Claims Act of 1863*)。[1] 告密者制度引入美国资本市场法制是在 1988 年的《内幕交易与证券执法法》(*Insider Trading and Securities Enforcement Act*),根据该法美国证券交易委员会(SEC)能够就提供内幕交易信息支付相应的报酬,具体数目可以达到所收罚款的 10%。而后的《SOX 法》(*Sarbanes Oxley Act of 2002*)则通过"防止报复条款"(anti-retaliation provision)加强了对内部告密者的保护,禁止上市公司解雇作为告密者的雇员。《多德 – 弗兰克法》则通过第 992 条在《1934 年证券交易法》中增加条款 Section 21F,明确规定了向 SEC 提供有效信息的告密者有权获得罚款总额的 10%~30% 作为奖金,从投资者保护基金中直接列支。[2] 并且,更加强调了 SEC 对告密者的保密义务,以及对告密者提供更为强力的保护,使其免受打击报复,禁止雇主因雇员的告密行为而采取解雇、停职、恐吓等报复手段,[3] 若出现这种行为 SEC 可予以起诉[4]。2014 年,对冲基金 Paradigm Capital Management, Inc 的首席交易员向 SEC 报告了 Paradigm 在进行关联交易时未向其客户披露信息的行为。在 SEC 介入调查后,Paradigm 对该首席交易员采取了一系列报复行为,包括让其协助 SEC 调查但不提供任何资源,以及将其职务从首席交易员调整为合规助理等,直接导致了该告密者的辞职。SEC 根据 Rule 21F-2(b)(2)以违反禁止报复条款起诉了 Paradigm 及其老板 Candace King Weir。后来双方以 220 万美元的代价达成和解才了结此案。在《多德 – 弗兰克法》规定的框架下,SEC 也针对告密者制度出台了 Final Rule 来明确相关具体规则。Final Rule 明确界定了获取奖金的告密者的具体条件:①自愿向 SEC 提供信息;②所提供信息属于原始信息;③所提供信息有效地促成了 SEC

① Iskra Miralem, "SEC's Whistleblower Program and Its Effect on Internal Compliance Programs", *Case Western Reserve Law Review*, Vol.62, 2011,p.239.

② SEC, "Securities Whistleblower Incentives and Protections", *Federal Register*, Vol.76, No.113, p.34300.

③ 15 U.S.C. § 78u-6.

④ 240 C.F.R. § 21F-2(b)(2).

通过联邦法院或行政行为成功执法；④ SEC 所做出的经济性处罚超过了 100 万美元①。并且，明确了执法所获取的罚金数额、告密信息对成功执法的帮助程度等确定奖金数额的依据和标准。② 通过对告密者的高额奖励以及对告密者的全面保护，来有效激励知情人士积极披露和举报不当行为。《多德－弗兰克法》出台后进一步激励了内部人的告密热情，直接引发了伯纳德·麦道夫（Bernard Madoff）的庞氏骗局曝光。在 2014 年度，SEC 的告密者办公室（OWB）共收到了 2731 个电话咨询如何告密、如何获取奖金、如何保密告密者身份等问题，共 9 位告密者符合受领奖金的条件，其中最高额达到了 3000 万美元。这些告密者所提供的高质量的原始信息帮助了 SEC 更快地发现和调查证券违法行为，从而节约了执法资源，并且更好地保护了投资者使其免受进一步损害，在很大程度上能够规范市场主体行为，抑制损害投资者利益的不公平交易现象。③

在美国证券监管中的告密者制度中，高额的经济奖励和完备的保护机制构成了激励告密者吹响举报市场主体违法行为的"哨子"的两大要素。④ 这两大要素虽然并不是对金融市场主体公平进行金融交易形成直接激励，但是能通过激励违法信息知情人揭发金融市场主体背离金融公平原则的违法行为，一方面对金融市场主体形成监督和威慑，另一方面便利和促进对金融市场违法行为的调查处理，从而间接地约束金融市场主体的行为，维护金融市场秩序，确保金融活动公平进行。

---

① 240 C.F.R.§21F-3(a).

② 240 C.F.R.§.21F-6.

③ SEC, "2014 Annual Report to Congress On The Dodd-Frank Whistleblower Program", available at http://www.sec.gov/about/offices/owb/annual-report-2014.pdf.

④ Dave Ebersole, "Blowing the Whistle On The Dodd-Frank Whistleblower Provisions", *Ohio State Entrepreneurial Business Law Journal*, Vol.6, 2011, pp.123-174.

三 基于主体能力调节：以金融教育制度为例

金融教育是加强金融消费者保护以及投资者保护的一种有效途径。具有相对充分的金融知识的金融消费者能够理解金融产品和服务的相关信息，从而做出正确的决策。尽管金融消费者教育并不能直接产生监管的效果，但是能够作为金融监管的重要补充构成金融消费者保护体系的整体框架。[1] 良好且充足的金融知识能够促使金融消费者做出更为明智的决策，减少日趋复杂的金融活动带来的困扰和不公。尽管金融教育并不能完全地解决金融消费者保护和金融公平的问题，但是金融教育能够帮助金融消费者以及投资者更好地理解金融体系运行和金融市场活动，增强其作为金融市场参与主体的能力，从而能更充分有效地认识自身的权利和所参与的金融活动的实际情况，避免自身利益受损，进而有利于促进金融活动的公平性。[2]

2003 年 12 月 4 日，美国颁布《公平准确信用交易法》（*Fair and Accurate Credit Transaction Act*），该法第五条也被称作《金融素养与教育改善法》（*Financial Literacy and Education Improvement Act*）[3]。该法设立了"金融素养与教育委员会"（Financial Literacy and Education Commission，FLEC）负责提高美国国民的金融知识水平并推动金融教育，同时将改善金融素养与金融教育上升为国家战略。[4] 该委员会由财政部长以及美联储、联邦存款保险公司等联邦银行监管部门、美国信用合作社管理局（National Credit Union Adminstration）、证券交易委员会、教育部、农业部、劳动部、商品期货交易委员会、联邦贸易

---

[1] Susan L. Rutledge, "Consumer Protection and Financial Literacy: Lessons from Nine Country Studies", World Bank Policy Research Working Paper, No.5326, June 2010.

[2] Justine S. Hastings, Brigitte C. Madrian, Williams L.Skimmyhorn, NBER Working Paper, No.18412, September 2012.

[3] 20 U.S.C. 9701.

[4] 20 U.S.C. 9702.

委员会、住房和城市发展部、小企业管理局等重要的组织和机构的负责人组成。FLEC 的重点任务是通过提高国民金融素养和加强金融教育，以改善个人和家庭收入的管理和计划能力，包括但不限于制订家庭预算和储蓄计划，做出教育、退休、房屋等的投资计划；管理支出和信贷；增强信用报告和个人信用管理意识；识别公平的信贷条款；避免滥用、欺诈和掠夺性的金融产品和服务；理解、评估和比较金融产品和服务；能够以方便和经济的途径获得关于自身权利和救济途径的知识；促进缺少基本金融服务的人在金融机构获取账户等。[①] FLEC 还应设立官方网站来提供相关信息，使得金融消费者可以直接通过网络平台系统地获取金融信息、了解金融常识并学习如何使用金融工具；同时还要开发有针对性的传播渠道，大中学校、居民社区、工作场所、大众媒体都成为金融教育的宣传重点区域；边远地区家庭、少数族裔人群、多文化多语言社区以及其他金融服务体系之外的潜在消费者都被纳入了金融教育的宣传范围。再就是培育私人金融教育机构，鼓励它们为社会和消费者提供金融教育和相应的技能培训，不断推动金融教育传播面的扩大。

次贷危机的爆发，再次引发了美国政府对金融教育的关注，美国参议院通过决议将 2007 年 4 月作为金融素养月（financial literacy month），以增加公众对于金融消费者教育的重要性的认识。[②] 2010 年 1 月 29 日，奥巴马总统签署了第 13530 号行政命令[③]，创建了金融能力总统咨询委员会（President's Advisory Council on Financial Capability，PACFC）以帮助美国人民理解金融事务并在此基础上做出金融决策。该委员会由在金融服务、消费者保护、金融包容和教育等方面的专家组成，协调公共部门和私营部门以共同努力通过金融教育来增进金融能力。PACFC 的职责包括搜集和审查来自包括 FLEC 在内的各部门负责人、各州和地区、金融服务提供者和金融消费者、相关专家的与金融

---

① 　20 U.S.C. 9703.

② 　S. Res. 126, 110th cong.(2007).

③ 　Executive Order 13530.

能力相关的信息；向总统和财政部长提出包括建立金融能力文化，改善金融教育，促进金融服务获取，促进私营部门所提供的服务有利于消费者特别是中低收入的金融消费者的利益增长，教育金融消费者有效地适用金融产品和服务，帮助金融消费者理解与金融产品和服务相关的基本概念和行为，确定有效的金融教育方法，加强公共部门和私营部门之间的金融教育项目的合作等方面的建议；定期向总统报告美国国民金融能力状况、改善金融素养和金融教育的进展以及进一步的政策行动。[1]

《多德–弗兰克法》设立消费者金融保护局（Consumer Financial Protection Burea，CFPB）时，也将金融教育作为 CFPB 的重要职能，明确提出要加大经费投入，设立金融教育办公室（Office of Financial Education），加强消费者教育。[2] 金融教育办公室要负责发展和实施与教育金融消费者和提升金融消费者能力（educate and empower consumer）相关的教育以使其更好地做出金融决策。同时，金融教育办公室还需要在 FLEC 的建议下配合金融素养国家战略改善金融服务获取。CFPB 主要利用四种方式加强消费者教育：一是由金融教育办公室具体负责向消费者提供有关金融产品和服务的教育知识，向传统上受到较少服务的消费者和社区提供金融产品和服务的信息、指导和技术支持。二是开通免费消费者咨询电话，由专人负责为美国国民提供金融消费资讯和服务，该电话还具备接受投诉的功能。三是通过网络提供基础金融知识，为公民一生中重要的人生阶段提供金融策划知识，包括获取就学资金、申请按揭贷款等；同时针对不同人群提出金融规划，为各年龄段、各文化程度人群提供学习材料，包括学生、老年人、社区服务人员、退伍军人等。四是加强与消费者的互动，金融消费者可通过网络提交金融服务的心得和教训，供其他人分享或借鉴，也可通过网络提出问题和建议，增强金融教育的互动性。[3]

---

[1] Executive Order 13530, §4.

[2] H.R. 4173,1013(d).

[3] 张丽：《美国金融消费者保护局的实践及启示》，《金融时报》2013 年 4 月 22 日。

第三节 金融公平法律实现的中国语境

随着市场经济的不断发展和深化，中国金融体系也逐渐成熟。尽管长期以来中国金融发展往往着眼于金融效率与金融安全，强调扩大金融市场规模、强化金融体系对经济增长的贡献以及维护金融稳定，但中国金融体系的运行也在一定程度上体现了对于金融公平的追求。然而囿于金融体系发展并不充分、金融公平理念还未普及、金融法制尚不完善等原因，我国金融体系的金融公平程度还有很大的提升空间，同时金融公平法律实现道阻且长。

一 新兴加转轨背景下中国金融公平的双重任务

改革开放以来中国经济飞速发展，金融体系取得了长足的进步，但同时也面临着许多问题和挑战。2014 年我国社会融资规模达到了 16.46 万亿元，约占国内生产总值的 28%，银行、证券期货、保险等行业的规模不断扩大，金融产品和服务的深度和广度不断拓展。作为新兴市场的代表，中国金融体系正逐步走向成熟和完善。然而由于中国经济社会正处在转轨时期，作为世界上最大的发展中国家，中国在经济高速发展的同时也饱受收入差距扩大、区域发展不平衡、经济社会发展不协调等难题困扰。金融体系在服务经济增长和社会发展的过程中存在着许多不足。处于新兴加转轨时期的中国金融市场，兼具发达国家和发展中国家金融体系的双重特征，既存在着发展中国家所面临的增进金融包容以减贫和调节收入分配的问题，也存在着发达国家金融市场不断完善过程中面临的金融消费者保护的问题。可以说，新兴加转轨背景下的中国金融体系要实现金融公平，需要应对更为复杂多样的问题。随着金融体系的不断成熟以及政策引导，我国金融体系在实现金融公平方面取得了显著的成绩，但依然存在着比较严峻的挑战。

一方面，我国金融市场包容程度不足，普惠金融发展任重道远，金融市场进入的公平性与金融福利分享的公平性尚待提升。①基础金融服务覆盖不足。根据 2011 年世界银行的调查，在我国只有 64% 的成年人在正规金融机构拥有账户，只有 7% 的成年人在金融机构获取了贷款，41% 的成年人持有借记卡，只有 8% 的成年人拥有贷记卡。① 由于我国幅员辽阔，并未有全国基础金融服务覆盖状况的公开资料。人民银行河北元氏县支行对该县基础金融服务的现状进行了调查，比较客观地显示了我国基础金融服务覆盖面的普遍问题。元氏县县级金融机构 9 家，营业网点 37 个，其中国有商业银行 7 个、邮储行网点 5 个、农村信用社 23 个、保险机构 2 个。农村地区平均万人拥有 1 个营业网点；县城平均 969 人拥有 1 个营业网点，金融营业网点高于农村十倍之多。农村信用社各级代办站撤销后，农村金融储蓄网点出现真空，农民将通过生产等方式取得的收入存入金融机构，少则走 3 里，多则要走十几里，这给农民生产生活上带来诸多不便。截至调查年度 6 月末，元氏县银行业金融各项贷款 50486 万元，其中农业贷款 563 万元，占比低于 1.12%，真正支持农村农户的贷款占比为 0，各项存款 352791 万元，上存系统内 281813 万元，占比超过 79.88%，大量从农村地区吸收的存款被转移到城市地区，农村"失血"严重。② 根据中国人民银行的统计数据，2014 年末，全国金融机构人民币各项贷款余额 81.68 万亿元，主要金融机构及小型农村金融机构、村镇银行、财务公司本外币农村（县及县以下）贷款余额 19.44 万亿元，占比仅 23.8%；农户贷款余额 5.36 万亿元，占比仅 6.6%；农业贷款余额 3.4 万亿元，占比仅 4.2%。③ ②小微企业融资困境。小微企业在向银行融资时存在着贷款到位时间较长、不能提供足够的抵押或者担保物、不能提供合适的财务报表、贷款成本较高、银行主观认为企

---

① World Bank, "Financial Inclusion Data", http://datatopics.worldbank.org/financialinclusion/country/china.

② 《元氏县农村金融服务情况调查》，http://www.hb261.com/news/ll/2009721/1546465470.html。

③ 中国人民银行：《2014 年金融机构贷款投向统计报告》，2015 年 1 月 23 日。

业前景不好风险较大、找不到合适的担保机构、银行的额外要求难以达到、银行办事手续复杂等障碍，这些导致小微企业难以获取银行信贷资源。[①] 银行更倾向于向大型企业或国有企业提供贷款，小微企业在正规信贷市场中并不受欢迎，2014 年末，主要金融机构及小型农村金融机构、外资银行人民币小微企业贷款余额 15.46 万亿元，小微企业贷款余额仅占企业贷款余额的 30.4%。[②] 难以获得正规信贷的小微企业只能在非正规金融市场获取资金，包括寻找小额贷款公司、民间借贷等"高利贷"，这些导致融资成本极高。[③] ③民营资本进入金融行业依然受到制约。尽管当前政策开始鼓励民营资本设立、参股金融机构，但各种隐性约束依然存在，民营资本进入金融行业仍然难以跨过"弹簧门"和"玻璃门"。由于行业管制，民间资本设立金融机构需要经过审批，监管部门虽然在政策层面鼓励民间资本进入金融行业，但是更多的是设立小贷公司、投资担保公司等非银行金融机构，民营资本出资设立民营银行也有着严格的数量控制。有实力设立民营银行的民营资本跃跃欲试，但始终被挡在牌照控制的"玻璃门"外。

　　另一方面，我国金融市场上损害金融消费者利益的现象层出不穷。究其原因，既有金融结构本身的缺陷，也有市场规则执行力度不足和救济机制乏力导致的违法成本较低的因素。我国金融交易公平缺失、金融消费者利益受损的现象突出表现为以下几点。①具有垄断地位的金融机构"店大欺客"，凭借优势地位倾轧金融消费者。在我国金融市场上，银行占据主导地位，间接融资在金融市场中占据绝对比重，银行业金融机构总资产高达 172.3 万亿元，[④] 2014 年

---

① 巴曙松：《小微企业融资发展报告：中国现状及亚洲实践》，《博鳌观察》、中国光大银行、中国中小企业发展促进中心，2013。

② 中国人民银行：《2014 年金融机构贷款投向统计报告》，2015 年 1 月 23 日。

③ 《小微企业融资现状：超 60% 企业所获融资均属高利贷》，《信息时报》2014 年 10 月 27 日。

④ 数据来源：中国银行业监督管理委员会。

末对实体经济发放的人民币贷款余额占同期社会融资规模存量的 66.3%。[①] 并且银行业金融机构本身也分化严重，大型银行业金融机构占据了绝大部分市场份额。仅 2005 年 1 月，全国金融机构人民币各项存款 122.4 万亿元，各项贷款 83.7 万亿元，而工农中建四大行以及国开行、交行以及邮政储蓄银行等中资大型银行人民币各项存款 63.12 万亿元，各项贷款 44.39 万亿元，分别达到全国数据的 51.6% 和 53%。[②] 这些大型金融机构因为所有权性质比较类似，且在治理上存在着各种隐性联系，因而往往采取协同行为，从而形成垄断，并在此基础上实施各种巧立收费名目、通过格式合同和霸王条款免除自身义务增加客户义务、增设不合理交易条件等侵害金融消费者利益的行为。②证券市场违法行为层出不穷，虚假陈述、内幕交易、市场操纵等损害投资者利益的现象屡见不鲜。尽管证监会一直对证券违法行为采取"零容忍"态度并不断强化对证券市场违法行为的查处力度，但始终屡禁不绝。除了证监会已经查处的中山公用、佛山照明等典型的内幕交易案，以及李旭利、季敏波等老鼠仓案，还有万福生科、海联讯等虚假陈述案等典型案件以外，还有一些疑似违规的受到舆论高度关注的案件并未受到证监会的调查和处理。[③] 尽管证监会执法队伍不断扩大，查处力度空前，但由于缺乏有效的私人救济途径，投资者无法通过集团诉讼获得救济从而减少了投资者对抗证券市场违法行为的热情和可行性，使得对证券违法行为的查处成为监管部门的独角戏，更加助长了证券市场违法行为的泛滥。③金融商品销售乱象丛生。金融机构在向投资者销售金融商品时，并不充分有效地评估客户的金融知识和风险承受能力，单纯为了业

---

① 中国人民银行：《2014 年社会融资规模存量统计数据报告》，http://www.pbc.gov.cn/publish/diaochatongji si/3172/2015/20150210151802122218103/20150210151802122218103_.html。

② 数据来源：中国人民银行。

③ 例如2015年1月16日，因"违规为到期融资融券合约展期问题，受过处理仍未改正，且涉及客户数量较多"，中信证券收到证监会罚单，暂停新开"两融"客户信用账户 3 个月。中信证券股票应声跌停，然而在此前的的 1 月 13 日至 16 日，中信集团"神秘"减持中信证券股份合计 3.48 亿股，因而受到舆论的广泛质疑。此外还有中国南车和中国北车高管在合并消息公布前半年互买股票的行为也被广大投资者呼吁证监会介入调查，而证监会一直未予正面回应。

绩需求而向不适格的投资者推介和销售金融商品。同时并不向金融消费者充分披露和提示金融商品的信息，而是过度渲染产品的高收益或者违规承诺收益，甚至采取欺诈手段诱骗投资者购买产品，导致许多投资者血本无归或者损失惨重。金融机构不惜采用这些违规的销售手段蒙骗金融消费者，这种不公平的金融交易侵害金融消费者的知情权和自主选择权，损害了金融消费者的利益。

总体来说，尽管我国目前在促进金融市场公平进入、金融交易公平进行和金融福利公平分享方面做出了很多的努力，但是当前我国金融市场的公平程度并不容乐观，同时面临着发展普惠金融促进金融包容程度、加强金融消费者保护的双重任务，金融公平的实现还任重道远。

二 我国金融公平法律实现的制度尝试

随着金融市场的发展，金融体系的公平运行日益受到重视。我国立法机关和监管部门也日益认识到过度依靠金融市场主体的道德自觉和市场自发调整是无法有效实现和维护金融公平的，还必须通过法律制度来调整金融结构、调节主体能力并约束市场行为。由于我国金融法的渊源比较丰富，由全国人大及其常委会制定的法律、国务院颁布的行政法规、一行三会出台的部门规章以及规范性文件都能视作维护和实现金融公平的制度。需要说明的是，由于地方性法规不具有全国的普适性，司法解释只是就特定事项的法律适用问题进行说明，因此在本章中并未将两者列入我国金融公平法律实现的制度框架之中。我国现行有效的大量金融法律制度体现了金融公平的具体要求，有利于实现金融公平，构成了我国金融公平法律实现的制度框架。

（一）立足于促进金融市场公平进入的法律制度

实现金融市场公平进入，主要是解决金融排斥的问题，即要求金融市场对于金融服务需求者和供给者更加包容。金融排斥的问题在我国主要体现为农村金融服务供给不足、小微企业融资难和民间资本进入金融业的障碍等。针对这些问题，国务院、中国人民银行、银监会等出台了以下制度。

在农村金融服务供给方面，银监会于 2006 年出台了《关于调整放宽农村地区银行业金融机构准入政策，更好支持社会主义新农村建设的若干意见》[①]通过降低准入门槛来解决农村地区银行业金融机构网点覆盖率低、金融供给不足等问题。2007 年银监会发布了《农村资金互助社管理暂行规定》（下简称《暂行规定》）明确了农村资金互助社的法律地位、业务范围、设立条件、经营管理等，通过农村资金互助社这一符合农村金融实际的新型主体来优化农村金融结构，增加农村金融服务供给。2009 年银监会办公厅发布《关于认真做好金融机构空白乡镇服务工作的指导意见》[②]，通过鼓励到金融机构空白地区设立新型农村金融机构、培育农村资金互助社、控制乡镇机构网点撤并、设立简易服务网点、开展定时定点或流动金融服务、因地制宜开展金融创新等措施优化金融结构，改善金融服务覆盖。银监会《小额贷款公司改制设立村镇银行暂行规定》能够激励小额贷款公司改制成为村镇银行，从而补充农村地区金融服务供给。而《暂行规定》要求改制后的村镇银行"资产应以贷款为主，最近四个季度末贷款余额占总资产余额的比例原则上均不低于 75%，且贷款全部投放所在县域。最近四个季度末涉农贷款余额占全部贷款余额的比例均不低于 60%"，又能对改制后的村镇银行形成约束，保证从农村吸收的存款真正用于当地发展。2014 年，国务院办公厅发布《关于金融服务"三农"发展的若干意见》[③]要求深化农村金融

---

① 银监发〔2006〕90 号。

② 银监办发〔2009〕387 号。

③ 国办发〔2014〕17 号。

体制机制改革，以农村信用社、农村商业银行等金融机构为"三农"提供差异化、特色化的服务；同时进一步丰富以农业产业投资基金、农业私募股权投资基金、服务"三农"的金融租赁公司、县域融资性担保机构等为代表的农村金融服务主体，优化县域金融机构网点布局，加快设立村镇银行并支持其在乡镇布设网点，推动农村基础金融服务全覆盖。在完善财政补贴政策、合理补偿成本风险的基础上，继续推动偏远乡镇基础金融服务全覆盖工作。在具备条件的行政村，开展金融服务"村村通"工程，采取定时定点服务、自助服务终端，以及深化助农取款、汇款、转账服务和手机支付等多种形式，提供简易便民金融服务。引导加大涉农资金投放，对符合"三农"金融服务要求的县域农村商业银行和农村合作银行，适当降低存款准备金率，切实落实县域银行业法人机构一定比例存款投放当地的政策，持续提高存贷比。同年，国务院办公厅出台《关于金融支持经济结构调整和转型升级的指导意见》[1] 鼓励涉农金融机构在金融服务空白乡镇设立服务网点，创新服务方式，努力实现农村基础金融服务全覆盖。支持金融机构开发符合农业农村新型经营主体和农产品批发商特点的金融产品和服务……支持经中央批准的农村金融改革试点地区创新农村金融产品和服务。2014年，银监会连续发布多个规范性文件，《加强农村商业银行三农金融服务机制建设监管指引》[2] 第二十三条规定农村商业银行的县域新增存款应主要用于当地发放贷款，重点投向"三农"和小微企业。《关于进一步促进村镇银行健康发展的指导意见》[3] 要求积极稳妥培育发展村镇银行，支持符合条件的商业银行发起设立村镇银行，以优化农村金融结构。《关于加强农村中小金融机构服务体系建设的通知》[4] 要求农村中小金融机构应通过设立分支机构、自助银行和金融服务点等形式构建多层次服务网络。完善准入政策，鼓励中小金融机构在农村设置分支

---

[1]　国办发〔2013〕67号。

[2]　银监办发〔2014〕287号。

[3]　银监发〔2014〕46号。

[4]　银监办发〔2014〕151号。

机构。

在畅通小微企业融资渠道方面，银监会于 2006 年发布《中国银行业监督管理委员会办公厅关于进一步做好小企业贷款的通知》①和《中国银行业监督管理委员会办公厅关于进一步做好小企业金融服务工作的通知》②要求建立小企业贷款利率的风险定价机制、建立独立的小企业贷款核算机制、建立和完善小企业贷款的激励约束机制、建立专业化人员培训机制、建立健全小企业贷款违约信息通报机制，以推动银行业金融机构提高为小企业提供金融服务的效率和水平。2013 年，国务院办公厅发布了《关于金融支持经济结构调整和转型升级的指导意见》③整合金融资源支持小微企业发展，优化小微企业金融服务。支持金融机构向小微企业集中的区域延伸服务网点。继续支持符合条件的银行发行小微企业专项金融债，所募集资金发放的小微企业贷款不纳入存贷比考核。鼓励地方人民政府出资设立或参股融资性担保公司，以及通过奖励、风险补偿等多种方式引导融资性担保公司健康发展，帮助小微企业增信融资，降低小微企业融资成本，提高小微企业贷款覆盖面。随后，国务院办公厅又发布了《关于金融支持小微企业发展的实施意见》④，要求继续坚持"两个不低于"的小微企业金融服务目标，在风险总体可控的前提下，确保小微企业贷款增速不低于各项贷款平均水平、增量不低于上年同期水平。充分发挥再贷款、再贴现和差别准备金动态调整机制的引导作用，对中小金融机构继续实施较低的存款准备金率。2014 年，国务院办公厅发布《关于多措并举着力缓解企业融资成本高问题的指导意见》，⑤从抑制金融机构筹资成本不合理上升、缩短企业融资链条、清理整顿不合理金融服务收费、提高贷款审批和发放效率、完善商业

---

① 银监办发〔2006〕95 号。

② 银监办发〔2006〕96 号。

③ 国办发〔2013〕67 号。

④ 国办发〔2013〕87 号。

⑤ 国办发〔2014〕39 号。

银行考核评价指标体系等多个方面提出了意见和要求。同时意见还要求健全多层次资本市场体系，支持中小微企业依托全国中小企业股份转让系统开展融资，继续扩大中小企业各类非金融企业债务融资工具及集合债、私募债发行规模。

随后，银监会陆续出台了《中国银监会关于银行建立小企业金融服务专营机构的指导意见》[①]、《银行开展小企业授信工作指导意见》[②]和《关于认真落实"有保有压"政策进一步改进小企业金融服务的通知》[③]，鼓励设立服务小微企业的专营机构，并探索多种激励约束方式，促进小企业授信业务的发展。2011年，银监会继续针对小微企业金融服务问题发布了《关于支持商业银行进一步改进小企业金融服务的通知》[④]，鼓励商业银行新设或改造部分分支行为专门从事小企业金融服务的专业分支行或特色分支行。对于小企业贷款余额占企业贷款余额达到一定比例的商业银行，在满足审慎监管要求的条件下，优先支持其发行专项用于小企业贷款的金融债，同时严格监控所募集资金的流向。对于风险成本计量到位、资本与拨备充足、小企业金融服务良好的商业银行，经监管部门认定，相关监管指标可做差异化考核。[⑤] 根据商业银行小企业贷款的风险、成本和核销等具体情况，对小企业不良贷款率实行差异化考核，适当提高小企业不良贷款率容忍度。随后又继续发布了《关于支持商业银行进一步改进小型微型企业金融服务的补充通知》[⑥]，对小型微型企业贷款计算

---

① 银监发〔2008〕82号。

② 银监发〔2007〕53号。

③ 银监发〔2008〕62号。

④ 银监发〔2011〕59号。

⑤ 具体包括：（一）对于运用内部评级法计算资本充足率的商业银行，允许其将单户500万元（含）以下的小企业贷款视同零售贷款处理，对于未使用内部评级法计算资本充足率的商业银行，对于单户500万元（含）以下的小企业贷款在满足一定标准的前提下，可视为零售贷款，具体的风险权重按照《商业银行资本充足率管理办法》执行；（二）在计算存贷比时，对于商业银行发行金融债所对应的单户500万元（含）以下的小企业贷款，可不纳入存贷比考核范围。

⑥ 银监发〔2011〕94号。

风险权重给予优惠待遇，商业银行在计算资本充足率时，对符合相关条件的小型微型企业贷款，应根据《商业银行资本管理办法》相关规定，在权重法下适用 75% 的优惠风险权重，在内部评级法下比照零售贷款适用优惠的资本监管要求。各级监管机构应对商业银行小型微型企业贷款不良率执行差异化的考核标准，根据各行实际平均不良率适当放宽对小型微型企业贷款不良率的容忍度。

在民间资本进入金融业方面，国务院于 2010 年发布《关于鼓励和引导民间投资健康发展的若干意见》[①]，允许民间资本兴办金融机构。支持民间资本以入股方式参与商业银行的增资扩股，参与农村信用社、城市信用社的改制工作。鼓励民间资本发起或参与设立村镇银行、贷款公司、农村资金互助社等金融机构，放宽村镇银行或社区银行中法人银行最低出资比例的限制。支持民间资本发起设立信用担保公司，完善信用担保公司的风险补偿机制和风险分担机制。鼓励民间资本发起设立金融中介服务机构，参与证券、保险等金融机构的改组改制。银监会在 2012 年出台《关于鼓励和引导民间资本进入银行业的实施意见》[②]，支持民间资本与其他资本按同等条件进入银行业，并要求为民间资本进入银行业创造良好环境，加大对民间投资的融资支持力度，促进民间资本投资的银行业金融机构稳健经营。《意见》还规定民营企业可通过发起设立、认购新股、受让股权、并购重组等多种方式投资银行业金融机构。支持民营企业参与商业银行增资扩股，鼓励和引导民间资本参与城市商业银行重组。各级银行业监督管理机构要鼓励各类投资者平等竞争，根据银行业行政许可规章确定的条件和程序，实施市场准入行政许可。在市场准入实际工作中，不得单独针对民间资本进入银行业设置限制条件或其他附加条件。2013 年，国务院办公厅发布了《关于金融支持经济结构调整和转型升级的指导意见》[③]，进一

---

① 国发〔2010〕13 号。

② 银监发〔2012〕27 号。

③ 国办发〔2013〕67 号。

步支持民间资本进入金融业，鼓励民间资本投资入股金融机构和参与金融机构重组改造。2014 年，中国银监会发布《关于鼓励和引导民间资本参与农村信用社产权改革工作的通知》[①]，鼓励民间资本进入农村金融服务领域，支持民间资本参与农村信用社产权改革，着力实现农村信用社股东主体涉农化、股权结构多元化、股本构成民营化，进一步提升农村信用社资本实力、经营活力与竞争能力。积极支持各类优质民营企业对农村信用社问题机构实施并购重组。

（二）着眼于维护金融交易公平进行的法律制度

金融交易构成了金融市场活动的主体部分，也是金融体系运行的基本组成要素。金融交易公平进行的法律制度往往是内嵌于金融交易的行为规范之中，法律制度对金融活动的约束本身就反映了对于金融交易公平进行的要求。除此之外，金融交易公平进行还体现在金融消费者保护制度之中。

在银行业，《银行业监督管理法》明确了银行业监督管理的目标是"促进银行业的合法、稳健运行，同时将保护银行业公平竞争、提高银行业竞争力"。《商业银行法》则明文规定要"保护存款人和客户的合法权益，商业银行开展业务应当遵循平等、自愿、公平、诚实信用的原则，同时要遵守公平竞争的原则，不得从事不正当竞争"。为了消除信用卡业务中损害客户利益的不公平行为，银监会于 2009 年出台了《关于进一步规范信用卡业务的通知》[②]，要求建立科学、合理、均衡的信用卡营销激励机制；营销过程中须履行必要的信息披露义务，并请申请人确认已知晓和理解相关信息；规范发卡营销的市场竞争行为；保护营销过程中获取的客户信息；禁止激活信用卡前扣收任何费用；遵循审慎原则向学生发放信用卡，不得向未满 18 周岁的学生发放信用卡；对信用

---

① 银监发〔2014〕45 号。

② 银监发〔2009〕60 号。

卡申请人的资信水平和还款能力进行尽职调查；做好信用卡客户投诉处理工作，保护客户正当权益。为了规范商业银行理财产品销售乱象，2011年银监会出台了《商业银行理财产品销售管理办法》，规定商业银行销售理财产品应当遵循公平、公开、公正原则，充分揭示风险，保护客户合法权益，不得对客户进行误导销售，同时应当遵循风险匹配原则，禁止误导客户购买与其风险承受能力不相符合的理财产品，应当加强客户风险提示和投资者教育。为了解决客户在银行信贷业务中受到的不公平待遇问题，2012年，银监会发布《关于整治银行业金融机构不规范经营的通知》[①]，要求银行业金融机构不得在信贷业务中实施以贷转存、存贷挂钩、以贷收费、浮利分费、借贷搭售、一浮到顶、转嫁成本等不公平的行为，同时要合规收费、减费让利。为了保护客户合法权益，规范商业银行收费，2014年银监会和发改委共同发布了《商业银行服务价格管理办法》，规定商业银行服务价格订价行为应遵循公开、公平、诚实信用的原则，充分披露价格信息并保障客户获得服务价格信息和自主选择的权利，按照规定进行服务价格信息披露，从而对商业银行乱收费的不公平行为进行规制。除了对具体银行业务进行规范之外，银监会还就金融消费者保护的相关问题做出了规定。银监会于2012年发布了《关于完善银行业金融机构客户投诉处理机制、切实做好金融消费者保护工作的通知》[②]，明确要求银行业金融机构应当牢固树立公平对待金融消费者的观念，并将其融入公司治理和企业文化建设当中，建立健全金融消费者保护机制。为保护银行业消费者合法权益，维护公平公正的市场环境，银监会于2013年发布《银行业消费者权益保护工作指引》[③]，要求银行业金融机构"践行向银行业消费者公开信息的义务，履行公正对待银行业消费者的责任，遵从公平交易的原则，依法维护银行业消费者的合法权益"，以保护金融交易的公平进行。2014年，银监会出台了《银行业

---

① 银监发〔2012〕3号。

② 银监发〔2012〕13号。

③ 银监发〔2013〕38号。

金融机构消费者权益保护工作考核评价办法》（试行）[1] 采用激励约束手段，对银行业金融机构的消费者权益保护工作进行考核，根据不同的考核结果采取差异化的后续监管措施，从而督促与激励银行业金融机构做好金融消费者权益保护。

在证券业，《证券法》开宗明义地规定要规范证券发行和交易行为，保护投资者的合法权益，证券的发行、交易活动，必须实行公开、公平、公正的原则，必须遵守法律、行政法规，禁止欺诈、内幕交易和操纵证券市场的行为。《中华人民共和国证券投资基金法》第四条规定，从事证券投资基金活动应当遵循自愿、公平、诚实信用的原则，不得损害国家利益和社会公共利益。2005 年，证监会、财政部和中国人民银行共同颁布了《证券投资者保护基金管理办法》，通过创设投资者保护基金有限责任公司并筹集投资者保护基金，以防范和处置证券公司风险，保护证券投资者的合法权益。为了加强证券期货市场诚信建设，督促市场主体公平诚信开展交易行为，2012 年证监会出台《证券期货市场诚信监督管理暂行办法》，明确规定了证券期货市场主体在从事市场活动时应遵守规则，禁止欺诈、内幕交易、操纵市场和其他损害投资者合法权益的不诚实信用行为，并通过优先审批、调整现场检查的频率、记入诚信档案、奖励表彰等手段约束、激励和引导诚实信用的主体从事市场活动。为解决证券投资基金销售过程中损害投资者利益的不公平行为，证监会于 2013 年出台了《证券投资基金销售管理办法》，明确了基金宣传推介材料必须真实、准确并不得有不当宣传行为，且须充分提示风险。[2] 2013 年，国

---

[1]　银监发〔2014〕37 号。

[2]　《证券投资基金销售管理办法》第三十五条：基金宣传推介材料必须真实、准确，与基金合同、基金招募说明书相符，不得有下列情形：（一）虚假记载、误导性陈述或者重大遗漏；（二）预测基金的证券投资业绩；（三）违规承诺收益或者承担损失；（四）诋毁其他基金管理人、基金托管人或者基金销售机构，或者其他基金管理人募集或者管理的基金；（五）夸大或者片面宣传基金，违规使用安全、保证、承诺、保险、避险、有保障、高收益、无风险等可能使投资人认为没有风险的或者片面强调集中营销时间限制的表述；（六）登载单位或者个人的推荐性文字；（七）中国证监会规定的其他情形。（**转下页注**）

务院办公厅发布了《关于进一步加强资本市场中小投资者合法权益保护工作的意见》①，要求健全投资者适当性制度、优化投资回报机制、保障中小投资者知情权、健全中小投资者投票机制、建立多元化纠纷解决机制、健全中小投资者赔偿机制、加大监管和打击力度、强化中小投资者教育、完善投资者保护组织体系。2014 年，国务院出台了《关于进一步促进资本市场健康发展的若干意见》②，要求加强对债券市场准入、信息披露和资信评级的监管，建立投资者保护制度，加大查处债券市场虚假陈述、内幕交易、价格操纵等各类违法违规行为的力度，从严查处、严厉打击证券期货违法违规行为，进一步加强执法能力；坚决保护投资者特别是中小投资者合法权益；健全投资者适当性制度，严格投资者适当性管理；完善公众公司中小投资者投票和表决机制，优化投资者回报机制，健全多元化纠纷解决和投资者损害赔偿救济机制；督促证券投资基金等机构投资者参加上市公司业绩发布会，代表公众投资者行使权利。

在保险业，《保险法》第十一条规定："订立保险合同，应当协商一致，遵循公平原则确定各方的权利和义务。"《保险法》还规范了保险人提供的格式合同的适用，防止保险人采用不公平的格式条款损害投保人、被保险人的利益。此外，《保险法》还明确了保险公司确定保险条款和保险费率、开展保险业务活动、从事同业竞争时应遵守公平原则。③ 为了加强保险业消费者权益保护，

（接上页注②）第四十五条：基金宣传推介材料应当含有明确、醒目的风险提示和警示性文字，以提醒投资人注意投资风险，仔细阅读基金合同和基金招募说明书，了解基金的具体情况。

　　第六十三条：基金销售机构应当加强投资者教育，引导投资者充分认识基金产品的风险特征，保障投资者合法权益。

① 国办发〔2013〕110 号。

② 国发〔2014〕17 号。

③ 《保险法》第十一条：订立保险合同，应当协商一致，遵循公平原则确定各方的权利和义务。

　　第十七条：订立保险合同，采用保险人提供的格式条款的，保险人向投保人提供的投保单应当附格式条款，保险人应当向投保人说明合同的内容。对保险合同中免除保险人责任的条款，保险人在订立合同时应当在投保单、保险单或者其他保险凭证上做出足以引起投保人注意的提示，并对该条款的内容以书面或者口头形式向投保人做出明确说明；未作提示或者明确说明的，该条款不产生效力。（转下页注）

保监会于2014年出台《关于加强保险消费者权益保护工作的意见》①，明确要求保险公司"诚实守信经营，公平对待消费者"。还要求保险公司公平合理设定合同权利义务和厘定产品费率，规范销售行为。保险公司要根据产品特点和消费者风险承受能力建立区分销售制度，将合适的产品销售给有相应需求的消费者。不得利用广告或者其他宣传方式对保险条款内容和服务质量等做引人误解的宣传；不得在销售活动中阻碍消费者履行如实告知义务，或者诱导其不履行如实告知义务；不得伪造、擅自变更保险合同，或者为消费者提供虚假证明材料；不得夸大保险产品收益，隐瞒合同重要内容，提供虚假产品信息；禁止未经消费者书面授权或者追认而代替其签订保险合同以及其他违反法律、行政法规和保监会规定的行为。通过电话或者互联网销售保险产品，保留与双方权利义务相关的电话录音和网络销售痕迹。完善委托合同约定，规范与其有代理关系的保险中介机构的销售行为，并对保险中介机构的违规销售行为承担相应责任。意见还要求保险公司要及时披露与消费者权益相关的产品和服务信息，并以清晰通

（接上页注③）第十九条：采用保险人提供的格式条款订立的保险合同中的下列条款无效：（一）免除保险人依法应承担的义务或者加重投保人、被保险人责任的；（二）排除投保人、被保险人或者受益人依法享有的权利的。

第一百一十四条：保险公司应当按照国务院保险监督管理机构的规定，公平、合理拟订保险条款和保险费率，不得损害投保人、被保险人和受益人的合法权益。保险公司应当按照合同约定和本法规定，及时履行赔偿或者给付保险金义务。

第一百一十五条：保险公司开展业务，应当遵循公平竞争的原则，不得从事不正当竞争。

第一百一十六条：保险公司及其工作人员在保险业务活动中不得有下列行为：（一）欺骗投保人、被保险人或者受益人；（二）对投保人隐瞒与保险合同有关的重要情况；（三）阻碍投保人履行本法规定的如实告知义务，或者诱导其不履行本法规定的如实告知义务；（四）给予或者承诺给予投保人、被保险人、受益人保险合同约定以外的保险费回扣或者其他利益；（五）拒不依法履行保险合同约定的赔偿或者给付保险金义务；（六）故意编造未曾发生的保险事故、虚构保险合同或者故意夸大已经发生的保险事故的损失程度进行虚假理赔，骗取保险金或者牟取其他不正当利益；（七）挪用、截留、侵占保险费；（八）委托未取得合法资格的机构或者个人从事保险销售活动；（九）利用开展保险业务为其他机构或者个人牟取不正当利益；（十）利用保险代理人、保险经纪人或者保险评估机构，从事以虚构保险中介业务或者编造退保等方式套取费用等违法活动；（十一）以捏造、散布虚假事实等方式损害竞争对手的商业信誉，或者以其他不正当竞争行为扰乱保险市场秩序；（十二）泄露在业务活动中知悉的投保人、被保险人的商业秘密；（十三）违反法律、行政法规和国务院保险监督管理机构规定的其他行为。

① 保监发〔2014〕89号。

俗的语言向消费者说明。保监会有关部门和保监局要健全投诉处理机制，完善纠纷调处机制，建立调节、仲裁、诉讼等在内的保险纠纷多元化解决机制。此外，还要有效开展消费者教育，提高消费者的保险知识水平和风险意识。

（三）致力于实现金融福利公平分享的法律制度

金融体系的运行不只是事关交易参与者或者说金融市场主体的利益分配，金融活动的外部性会对整个社会形成影响，因此健康、良性的金融体系必定是符合社会整体利益的，是能让所有主体公平分享金融福利的。为了实现金融福利的公平分享，引导金融体系有利于经济、社会、生态的协调发展，我国也出台了相应的法律制度，以充分发挥金融体系对经济社会的积极作用，并促进金融机构履行社会责任。

在绿色金融方面，《循环经济促进法》第四十五条规定：对符合国家产业政策的节能、节水、节地、节材、资源综合利用等项目，金融机构应当给予优先贷款等信贷支持，并积极提供配套金融服务。对生产、进口、销售或者使用列入淘汰名录的技术、工艺、设备、材料或者产品的企业，金融机构不得提供任何形式的授信支持。这一规定约束了金融机构在为企业提供授信支持时的行为，使金融服务倾向于符合生态环保和循环经济要求的企业和项目，从而协调了金融发展与环境福利。2007 年，银监会办公厅先后发布《关于贯彻落实国家宏观调控政策防范高耗能高污染行业贷款风险的通知》[①] 和《中国银监会办公厅关于防范和控制高耗能高污染行业贷款风险的通知》[②]，严格控制高耗能高污染行业贷款投放，同时加大对循环经济、环境保护及节能减排技术改造项目的信贷支持，不断调整优化贷款结构。杜绝向不符合准入要求甚至违反环保标准的企业及项目发放贷款，并实行有差别的监管激励与约束政策。试行把节

---

① 银监办发〔2007〕132 号。

② 银监办发〔2007〕161 号。

能减排信贷及相关工作作为银行业金融机构评级的重要内容，将评价结果与被监管银行业金融机构的分支机构准入、高管人员任职、业务发展相挂钩。2012年，银监会发布了《绿色信贷指引》①，要求银行业金融机构应当从战略高度推进绿色信贷，加大对绿色经济、低碳经济、循环经济的支持，防范环境和社会风险，提升自身的环境和社会表现，并以此优化信贷结构，提高服务水平，促进发展方式转变。同时要求银行业监管机构应当加强对银行业金融机构绿色信贷自我评估的指导，并结合非现场监管和现场检查情况，全面评估银行业金融机构的绿色信贷成效，按照相关法律法规将评估结果作为银行业金融机构监管评级、机构准入、业务准入、高管人员履职评价的重要依据。2013年，国务院出台《关于加快发展节能环保产业的意见》②，要求大力发展绿色信贷，建立绿色银行评级制度，支持融资性担保机构加大对符合产业政策、资质好、管理规范的节能环保企业的担保力度，支持符合条件的节能环保企业发行企业债券、中小企业集合债券、短期融资券、中期票据等债务融资工具。选择资质条件较好的节能环保企业，开展非公开发行企业债券试点。通过引导金融市场为节能环保企业提供融资便利来激励企业节能减排。2014年，国务院办公厅发布《关于进一步推进排污权有偿使用和交易试点工作的指导意见》③，要求积极探索排污权抵押融资，鼓励社会资本参与污染物减排和排污权交易。通过发展排污权交易来激励生产者节能减排，以金融活动来影响生产和排放。2015年，银监会和发改委发布了《能效信贷指引》④，鼓励银行业金融机构为支持用能单位提高能源利用效率，降低能源消耗提供信贷融资。

　　此外，国务院和相关监管部门还通过制度建设，探索通过金融产品和服务提升社会整体福利。2012年出台的《农业保险条例》采用政府引导、市场

---

① 银监发〔2012〕4号。

② 国发〔2013〕30号。

③ 国办发〔2014〕38号。

④ 银监发〔2015〕2号。

运作、自主自愿和协同推进的原则，引导和规范农业保险活动，提高农业生产抗风险能力，促进了保险行业对"三农"事业的支持和保障，使得农村也能从保险市场的发展和完善中获得福利。2014 年，国务院办公厅发布了《关于金融服务"三农"发展的若干意见》[①]，要求进一步发挥政策性金融、商业性金融和合作性金融的互补优势，切实改进对农民工、农村妇女、少数民族等弱势群体的金融服务，完善扶贫贴息贷款政策，引导金融机构全面做好支持农村贫困地区扶贫攻坚的金融服务工作。同年，国务院出台《关于加快发展现代保险服务业的若干意见》[②]，要求围绕更好保障和改善民生，以制度建设为基础，以商业保险为平台，以多层次风险分担为保障，建立巨灾保险制度。大力发展"三农"保险，创新支农惠农方式，扩大农业保险覆盖面，提高农业保险保障程度，拓展"三农"保险广度和深度，支持保险机构提供保障适度、保费低廉、保单通俗的"三农"保险产品，积极发展农村小额信贷保险、农房保险、农机保险、农业基础设施保险、森林保险，以及农民养老健康保险、农村小额人身保险等普惠保险业务。之后，国务院发布《关于创新重点领域投融资机制鼓励社会投资的指导意见》[③]，要求积极开展排污权、碳排放权交易试点，探索森林碳汇交易，通过金融市场发现价格的功能调整不同经济主体利益，有效促进环保和节能减排。同时推进农业金融改革，探索采取信用担保和贴息、业务奖励、风险补偿、费用补贴、投资基金，以及互助信用、农业保险等方式，增强农民合作社、家庭农场（林场）、专业大户、农林业企业的贷款融资能力和风险抵御能力。在国家批准的业务范围内，加大对公共服务、生态环保、基础设施建设项目的支持力度。努力为生态环保、农林水利、中西部铁路和公路、城市基础设施等重大工程提供长期稳定、低成本的资金支持。

---

① 国办发〔2014〕17 号。

② 国发〔2014〕29 号。

③ 国发〔2014〕60 号。

　　监管部门还出台了相关制度和意见激励和督促金融机构积极履行社会责任。2007 年，银监会办公厅发布《关于加强银行业金融机构社会责任的意见》[①]，明确了银行业金融机构应当履行维护股东合法权益、公平对待所有股东；以人为本，重视和保护员工的合法权益；诚信经营，维护金融消费者合法权益；反不正当竞争，反商业贿赂，反洗钱，营造良好市场竞争秩序；节约资源，保护和改善自然生态环境；改善社区金融服务，促进社区发展；关心社会发展，支持社会公益事业等社会责任。同时要求银行业金融机构要参照国内外企业社会责任的良好做法，在授信及业务流程和管理程序中体现企业社会责任的管理要求，并建立适当的评估机制，定期评估企业社会责任履行情况。2009 年，银行业协会发布了《中国银行业金融机构企业社会责任指引》，明确了银行业金融机构对其股东、员工、消费者、商业伙伴、政府和社区等利益相关者以及为促进社会与环境可持续发展应承担社会责任，具体包括以下几点。①经济责任。即在遵守法律条件下，营造公平、安全、稳定的行业竞争秩序，以优质的专业经营，持续为国家、股东、员工、客户和社会公众创造经济价值。②社会责任。以符合社会道德和公益要求的经营理念为指导，积极维护消费者、员工和社区大众的社会公共利益；提倡慈善责任，积极投身社会公益活动，构建社会和谐，促进社会发展。③环境责任。支持国家产业政策和环保政策，节约资源，保护和改善自然生态环境，支持社会可持续发展。

　　根据法律制度的层级[②]、法律制度所着眼的金融公平具体目标、法律制度调节的具体要素以及调整方法，本文对我国现行的直接反映着金融公平要求的法律制度进行了梳理（表 4-1），这些法律制度构成了当前我国金融公平法律实现的制度框架。

---

①　银监办发〔2007〕252 号。

②　尽管规范性文件、自律规则并不属于正式的法律渊源，但由于其在我国金融体系运行过程中实际发挥着规范金融体系运行的作用，因而将其纳入金融公平法律实现的制度体系之中。

表 4-1　我国金融公平法律实现的制度框架

层级	制度名称	颁布主体	年份	目标	调节要素	调整方法
法律	商业银行法	全国人大常委会	2003	金融交易公平进行	市场行为	强制
	银行业监督管理法	全国人大常委会	2003	金融交易公平进行	市场行为	强制
	证券法	全国人大常委会	2005	金融交易公平进行	市场行为	强制
	保险法	全国人大常委会	2009	金融交易公平进行	市场行为	强制
	循环经济促进法	全国人大常委会	2008	金融福利公平分享	市场行为	强制、调控
	证券投资基金法	全国人大常委会	2012	金融交易公平进行	市场行为	强制
行政法规	证券公司监督管理条例	国务院	2008	金融交易公平进行	市场行为	强制
	农业保险条例	国务院	2012	金融市场公平进入、金融福利公平分享	金融结构、市场行为	强制、调控、激励
	期货交易管理条例	国务院	2012	金融交易公平进行	市场行为	强制
部门规章	证券投资者保护基金管理办法	证监会、财政部、央行	2005	金融交易公平进行	金融结构	调控
	证券期货市场诚信监督管理暂行办法	证监会	2012	金融交易公平进行	市场行为	激励
	证券投资基金销售管理办法	证监会	2013	金融交易公平进行	市场行为	强制
	商业银行信用卡监督管理办法	银监会	2011	金融交易公平进行	市场行为	强制
	商业银行理财产品销售管理办法	银监会	2011	金融交易公平进行	市场行为	强制
	商业银行服务价格管理办法	银监会、发改委	2014	金融交易公平进行	市场行为	强制
	农村中小金融机构行政许可事项实施办法	银监会	2014	金融市场公平进入	金融结构	调控
	保险营销员管理规定	保监会	2006	金融交易公平进行	市场行为	强制
	保险消费投诉处理管理办法	保监会	2013	金融交易公平进行	主体能力	赋能

续表

层级	制度名称	颁布主体	年份	目标	调节要素	调整方法
规范性文件	国务院关于鼓励和引导民间投资健康发展的若干意见	国务院	2010	金融市场公平进入	金融结构	调控
	国务院办公厅关于金融支持小微企业发展的实施意见	国务院	2013	金融市场公平进入	金融结构、市场行为	激励、调控
	国务院关于加快发展节能环保产业的意见	国务院	2013	金融福利公平分享	金融结构、市场行为	激励
	国务院关于进一步促进资本市场健康发展的若干意见	国务院	2014	金融交易公平进行、金融市场公平进入	市场行为、金融结构	强制、赋能
	国务院关于创新重点领域投融资机制鼓励社会投资的指导意见	国务院	2014	金融福利公平分享	金融结构	调控、激励
	国务院关于加快发展现代保险服务业的若干意见	国务院	2014	金融福利公平分享	金融结构	调控、激励
	关于进一步加强资本市场中小投资者合法权益保护工作的意见	国务院办公厅	2013	金融交易公平进行	市场行为、主体能力	赋能、强制、激励
	国务院办公厅关于金融支持经济结构调整和转型升级的指导意见	国务院办公厅	2013	金融市场公平进入、金融福利公平分享	金融结构、市场行为	激励、调控、强制
	国务院办公厅关于多措并举着力缓解企业融资成本高问题的指导意见	国务院办公厅	2014	金融市场公平进入	金融结构、市场行为、主体能力	调控、激励、强制、赋能
	国务院办公厅关于进一步推进排污权有偿使用和交易试点工作的指导意见	国务院办公厅	2014	金融福利公平分享	金融结构	调控、激励
	国务院办公厅关于金融服务"三农"发展的若干意见	国务院办公厅	2014	金融市场公平进入、金融福利公平分享	金融结构、主体能力、市场行为	调控、激励、赋能
	关于调整放宽农村地区银行业金融机构准入政策更好支持社会主义新农村建设的若干意见	银监会	2006	金融市场公平进入	金融结构	激励、调控

续表

层级	制度名称	颁布主体	年份	目标	调节要素	调整方法
规范性文件	银行开展小企业授信工作指导意见	银监会	2007	金融市场公平进入	市场行为	激励
	农村资金互助社管理暂行规定	银监会	2007	金融市场公平进入	金融结构	调控
	关于银行业金融机构大力发展农村小额贷款业务的指导意见	银监会	2007	金融市场公平进入	市场行为	强制、激励
	村镇银行管理暂行规定	银监会	2007	金融市场公平进入	金融结构	调控
	中国银监会关于银行建立小企业金融服务专营机构的指导意见	银监会	2008	金融市场公平进入	金融结构	激励
	关于认真落实"有保有压"政策进一步改进小企业金融服务的通知	银监会	2008	金融市场公平进入	市场行为	强制、激励
	小额贷款公司改制设立村镇银行暂行规定	银监会	2009	金融市场公平进入	金融结构	调控、激励
	关于加快发展新型农村金融机构有关事宜的通知	银监会	2010	金融市场公平进入	金融结构	调控、激励
	关于支持商业银行进一步改进小企业金融服务的通知	银监会	2011	金融市场公平进入	金融结构、市场行为	调控、激励
	关于支持商业银行进一步改进小型微型企业金融服务的补充通知	银监会	2011	金融市场公平进入	金融结构、市场行为	调控、激励
	绿色信贷指引	银监会	2012	金融福利公平分享	市场行为	强制、激励
	关于鼓励和引导民间资本进入银行业的实施意见	银监会	2012	金融市场公平进入	金融结构	调控、激励
	关于完善银行业金融机构客户投诉处理机制、切实做好金融消费者保护工作的通知	银监会	2012	金融交易公平进行	市场行为	强制、激励
	银行业消费者权益保护工作指引	银监会	2013	金融交易公平进行	市场行为	强制、赋能

续表

层级	制度名称	颁布主体	年份	目标	调节要素	调整方法
规范性文件	中国银监会关于鼓励和引导民间资本参与农村信用社产权改革工作的通知	银监会	2014	金融市场公平进入	金融结构	调控
	银行业金融机构消费者权益保护工作考核评价办法	银监会	2014	金融交易公平进行	市场行为	激励
	关于加强农村中小金融机构服务体系建设的通知	银监会	2014	金融市场公平进入	金融结构	调控、激励
	农户贷款管理办法	银监会	2014	金融市场公平进入	市场行为	激励
	能效信贷指引	银监会	2015	金融福利公平分享	市场行为	激励
	关于进一步做好小企业金融服务工作的通知	银监会办公厅	2006	金融市场公平进入	市场行为	激励
	关于进一步做好小企业贷款的通知	银监会办公厅	2006	金融市场公平进入	市场行为	激励
	关于防范和控制高耗能高污染行业贷款风险的通知	银监会办公厅	2007	金融福利公平分享	市场行为	调控、强制、激励
	关于贯彻落实国家宏观调控政策防范高耗能高污染行业贷款风险的通知	银监会办公厅	2007	金融福利公平分享	市场行为	强制
	关于加强银行业金融机构社会责任的意见	银监会办公厅	2007	金融福利公平分享	市场行为	激励
	关于认真做好金融机构空白乡镇服务工作的指导意见	银监会办公厅	2009	金融市场公平进入	金融结构	调控、激励
	关于进一步推进空白乡镇基础金融服务工作的通知	银监会办公厅	2011	金融市场公平进入	金融结构	强制、调控
	关于农村中小金融机构实施富民惠农金融创新工程的指导意见	银监会办公厅	2012	金融福利公平分享	金融结构	激励
	关于农村中小金融机构实施金融服务进村入社区工程的指导意见	银监会办公厅	2012	金融市场公平进入	金融结构、主体能力	调控、赋能

续表

层级	制度名称	颁布主体	年份	目标	调节要素	调整方法
规范性文件	关于做好老少边穷地区农村金融服务工作有关事项的通知	银监会办公厅	2012	金融市场公平进入、金融福利公平分享	金融结构、市场行为、主体能力	调控、激励、赋能
	关于农村中小金融机构实施阳光信贷工程的指导意见	银监会办公厅	2012	金融交易公平进行	市场行为	强制
	关于推进基础金融服务"村村通"的指导意见	银监会办公厅	2014	金融市场公平进入	金融结构、主体能力	调控、赋能
	关于做好农民专业合作社金融服务工作的意见	银监会、农业部	2009	金融市场公平进入	金融结构、市场行为	调控、激励
	关于加强涉农信贷与涉农保险合作的意见	银监会、保监会	2010	金融福利公平分享	金融结构	调控、激励
	关于做好保险消费者权益保护工作的通知	保监会	2012	金融交易公平进行	市场行为、主体能力	强制、赋能
	关于保险业支持经济结构调整和转型升级的指导意见	保监会	2013	金融福利公平分享	金融结构	调控
	关于开展环境污染强制责任保险试点工作的指导意见	环保部、保监会	2013	金融福利公平分享	金融结构	调控、激励
	关于加强保险消费者权益保护工作的意见	保监会	2014	金融交易公平进行	市场行为、主体能力	强制、赋能
	保险业服务新型城镇化发展的指导意见	保监会	2014	金融福利公平分享	金融结构	调控
	关于进一步做好中小企业金融服务工作的若干意见	中国人民银行、银监会、证监会、保监会	2010	金融市场公平进入	金融结构、市场行为、主体能力	调控、激励、赋能
	关于认真做好公共租赁住房等保障性安居工程金融服务工作的通知	中国人民银行、银监会	2011	金融福利公平分享	市场行为	强制

续表

层级	制度名称	颁布主体	年份	目标	调节要素	调整方法
规范性文件	关于全面做好扶贫开发金融服务工作的指导意见	中国人民银行、财政部、中国银监会、中国证监会、中国保监会、扶贫办、共青团中央	2014	金融市场公平进入、金融福利公平分享	金融结构、主体能力	调控、激励、赋能
	关于加快小微企业和农村信用体系建设的意见	中国人民银行	2014	金融市场公平进入	主体能力	赋能
	关于全面推进深化农村支付服务环境建设的指导意见	中国人民银行	2014	金融市场公平进入	金融结构、主体能力	调控、激励、赋能
自律规则	中国银行业金融机构企业社会责任指引	银行业协会	2009	金融福利公平分享	市场行为	强制
	中国银行业公平对待消费者自律公约	银行业协会	2010	金融交易公平进行	市场行为	强制
	证券公司营业部投资者教育工作业务规范	证券业协会	2009	金融交易公平进行	市场行为	强制
	证券公司投资者适当性制度指引	证券业协会	2012	金融交易公平进行	市场行为	强制
	中国证券业协会诚信管理办法	证券业协会	2014	金融交易公平进行	市场行为	激励

三 我国金融公平法律实现的问题与不足

表4-1初步廓清了我国金融公平法律实现的实践状况，尽管该表在制度文本的样本采集过程中可能存在遗漏，但并不影响上述法律制度在整个制度体系中的代表性。当进一步分析基于该图表中相关内容的频次所生成的数据，会发现我国金融公平法律实现还存在着诸多问题。

表 4-2 我国金融公平法律实现机制的数量化分析

层级 \ 内容	具体目标			调整要素			调整方法			
	进入	交易	福利	结构	行为	能力	强制	激励	调控	赋能
法律	—	5	1	—	6	—	6	—	1	—
法规	1	2	1	1	3	—	3	1	1	—
规章	1	8	—	2	6	1	5	1	2	1
规范性文件	33	8	19	35	29	12	15	38	32	14
自律规则	—	4	1	—	5	—	4	1	—	—

（一）金融公平相关法律制度层级较低，金融公平法律化程度不足

根据上文所搜集的制度文本的样本数据，我国围绕金融公平而制定或者相对直接地有利于实现金融公平的法律制度体系并不均衡。由全国人大常委会制定的法律共 6 件，仅占比 7.69%。国务院制定的行政法规 3 件，占比 3.85%，金融监管部门的规章共 9 件，占比 11.54%，国务院及相关部门的规范性文件 55 件，占比高达 70.51%，此外还有行业协会的自律规则共 5 件。规范性文件在金融公平法律制度体系中占据着绝对主体地位。

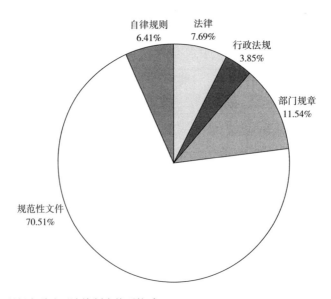

图4-1 我国现行金融公平法律制度体系构成

从数量上来看，作为我国金融公平法律实现所依赖的工具要素的法律制度主要是由金融监管部门单独或者联合其他部门出台的规范性文件，法律法规数量少、比重低。而这些文件虽然能够在一定程度上起到规范金融体系运行的作用，但是仍然与正式的法律渊源有着非常大的差距。由于规范性文件缺乏明确的行为模式和法律后果，因而缺乏实际的执行能力和规制效果。这些相对粗略的规定以及政策性的话语，让这些规范性文件具有浓厚的政策色彩，导致以规范性文件为主体的金融公平法律制度体系与金融公平法律实现的出发点名实难副。同时，规范性文件缺乏法律、行政法规等正式法律渊源的稳定性和规范性，使得金融公平的实现缺少持续稳定的法律依据。规范性文件的主体地位，反映了我国金融公平实现路径还存在着显著的政策实现的路径依赖，要真正通过法治化路径实现金融公平，还需要优化制度体系结构，扩大法律法规等正式法律渊源的数量和比重。

从内容上来看，一方面，层级较高的法律和行政法规对于金融公平的规定相当粗略，或者是在个别条文中规定了金融活动应遵循公平原则，抑或是某一特定的制度安排反映了金融公平的要求。并没有专门的法律明确、全面、系统、细致地对金融公平予以规定。另一方面，低层级的规范性文件只是针对金融公平的某一具体方面作出规定，尽管其在一定程度上更加细致，但是过多的倡导性规范导致实际效果有限，并且存在着大量重复性的规定，既有同一部门就同一问题先后发布多个文件，也有不同部门就同一问题发布不同文件，导致相关制度显得杂乱无章。

（二）金融公平具体目标在各类制度中反映不均衡

从金融公平的三个维度来看，金融体系公平运行包括了金融市场公平进入、金融交易公平进行和金融福利公平分享三项具体目标。然而从我国现行金融公平法律制度体系来看，不同层级的法律制度对金融公平的具体目标反映并不均衡（见图4-2），金融公平法律实现处于一种不稳定、不成

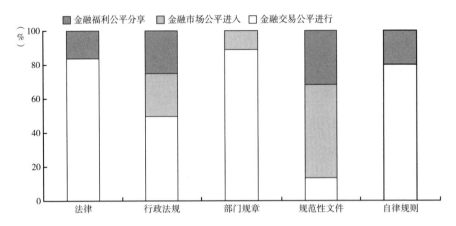

图4-2 各层级法律制度对金融公平三大目标的反映情况

熟的状态。

金融交易公平进行作为最常规、最基础的金融公平具体目标，在法律、行政法规、部门规章和自律规则中受到高度的重视，甚至在法律、部门规章、自律规则中占据了超过80%的比重。而在各部门的规范性文件中则将其他类型的法律制度并未重视的金融市场公平进入和金融福利公平分享作为重点，两者分别占据了55%和32%的比重。概言之，国务院及各部门的规范性文件采取了与其他类型的制度迥异的态度，与后者将金融交易公平进行作为重点不同，前者是将金融福利公平分享和金融市场公平进入作为重点。这一现象反映出了金融交易公平进行是当前金融公平法律实现中的重点目标和核心任务，现行法律制度体系对其规定也相对成熟和充分。而金融市场公平进入和金融福利公平分享这两大目标在当前还仅停留在政策引导和尝试过程中，相关法律制度建设才刚刚起步。

（三）过于依赖外部约束，忽视了主体能力提升

金融公平法律实现的关键要素是主体能力、金融结构、市场行为和法律制度。作为工具要素的法律制度从主观方面通过调整主体能力来增强弱势市场主

体参与金融市场博弈的能力从而争取金融公平，同时从客观方面改善金融结构并约束金融市场主体的行为从而保障金融公平。金融公平的法律实现，必须兼顾主观与客观，不宜偏废。然而从我国当前法律制度体系来看，我国金融公平的法律实现过于注重客观方面的行为约束，忽视了通过能力自觉来主动维护金融公平的路径。

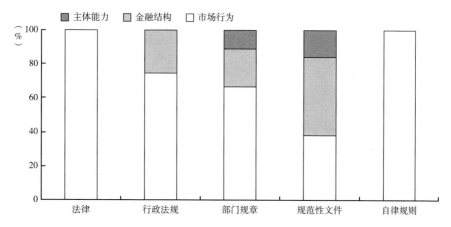

图4-3 我国金融公平法律制度主要调整对象

从具体数据可见，约束市场行为的制度占据了法律的100%、行政法规的75%，部门规章的67%，规范性文件的53%[①]，自律规则的100%。市场行为成了金融公平法律制度所关注的绝对重点。在样本数据中，行政法规中的25%、部门规章的22%以及规范性文件中的64%是以金融结构为调整对象的。我国现行金融公平法律制度并未充分重视主体能力在金融公平法律实现中的作用，只有少量部门规章和规范性文件体现了增强主体能力的要求，然而比例仅为寥寥的11%和22%。这种过于依赖客观方面的外部约束而忽视主体能力提升的

---

① 样本数据中的规范性文件共55件，有29件涉及对市场行为的调整。

现状导致了我国金融公平法律制度体系陷入了父爱主义怪圈，优化金融结构和约束市场行为固然会有力地改善金融公平状况，但是决定了金融市场博弈格局的主体能力也是金融公平的根本。一味地改善金融公平的客观环境而不增强主体能力，并不是实现金融公平的治本之策。

（四）调整方法具有浓厚的干预色彩和管制思维

金融公平法律实现的调整方法主要是强制、激励、调控和赋能四种类型，这四种调整方法反映了法律对市场不同程度的干预和管制。强制是以强行义务直接约束金融市场主体行为，调控则是基于政府权力改变市场运行状态，这两种方法体现着强势政府对金融市场的干预和管制。而激励则是以各种手段引导和鼓励金融市场主体按照金融公平要求行事，赋能则是通过增强弱势主体能力使其能够自发自足地实现金融公平，相比而言，激励和赋能更多的是在充分尊重市场规律的前提下发挥金融市场主体自身的作用，而不是过于依靠政府。

然而就我国现行金融公平法律制度而言，为实现金融公平目标的国家调节更多的是依赖具有浓厚干预色彩和管制思维的强制和调控方法，对于激励和赋能重视不够、运用不足。就法律、行政法规和部门规章等正式法律渊源来看，金融公平法律制度中以强制方法直接约束金融市场主体行为的占了 67%，采取调控方法直接调节金融市场运行的占 19%，而通过激励手段间接影响市场行为的只占 9%，通过赋能增强弱势主体争取金融公平的只有 5%。可见我国当前金融公平法律实现依然局限在传统金融法治的"管制中心主义"的干预范式之中，生硬地试图借助法律制度的强制约束力来实现金融公平，一方面忽视了金融市场本身的客观规律，另一方面也忽视了公平本身是各方博弈的理想状态和结果。金融公平的法律实现作为一项系统工程，并非简单地依靠国家干预即可实现，而是需要在充分尊重金融市场客观规律的前提下调动所有金融市场主体的力量共同努力。因此法律制度需要综合运用各种调整方法，以确保金融公平法律实现的科学性。

第 5 章

范式重构与进路变革：
我国金融公平法律实现的具体路径

金融公平是金融体系运行的基本要求和价值旨归，也是现代金融法制进化的核心目标与重要内容。金融公平的法律实现不仅在理论上有着其内在的合理性和必然性，而且在实践中也为各国金融法制所普遍验证。前一章中典型的发展中国家与发达国家的制度经验反映着全球法治文明潮流中金融公平理念与金融法制的交融与互动，揭示着金融公平法律实现的内在逻辑和基本规律。而当前我国金融公平法律实现的实践却反映出我国金融法制尽管高度重视金融公平，但却在制度现代化的进程中存在着明显的局限性。在我国金融市场不断发展、对经济社会的影响日益深入的背景下，遵循金融公平法律实现的基本原理，借鉴境外金融法制的先进经验，进一步完善我国金融法制并探索金融公平的法律实现的具体路径，是确保我国金融体系的经济功能和社会功能得以充分、协调发挥的重要保障。

第一节　法律制度完善的系统设计路径

十八届三中全会通过的《中共中央关于全面深化改革若干重大问题的决定》把"促进公平正义"、"增进人民福祉"作为全面深化改革的出发点和落脚点，强调"让发展成果更多更公平惠及全体人民"。这一指导思想是对包括金融改革在内的全面改革事业的总体指引，是我国金融体系发展的方向。[①]金融公平理念同全面深化改革目标高度契合，可以说，确保金融公平是我国金融体系现代化的必然方向，也是我国国家治理现代化的重要内容。而公平正义的最终保障是制度建设和法治完善，要想确保公平的最终实现，就必须在国家的制度设计和资源分配中植入公平价值，以法律的形式将其确定下来，并且保证全社会的共同遵守。[②]党的十八届四中全会通过的《中共中央关于全面推进依法治国若干重大问题的决定》对全面推进依法治国进行了部署，作为国家治理基础的法律制度也需要与时俱进及时更新。易言之，制度现代化是全面推进依法治国的核心要求。[③]法律制度作为工具要素，是金融公平法律实现的基础和保障，直接影响着金融体系运行的公平程度。因此，金融公平的法律实现，有赖于将金融公平理念融入金融法制之中，通过金融法理论和制度体系的不断完善和进化，提高金融公平法律实现的针对性、全面性、权威性和科学性，从而能够更好地实现、维护和促进金融公平。

[①]　冯果、袁康:《走向金融深化与金融包容——全面深化改革背景下金融法的使命自觉与制度回应》,《法学评论》2014 年第 2 期。

[②]　江必新:《法治现代化是国家治理现代化的核心内容》,《行政管理改革》2014 年第 9 期。

[③]　江必新:《制度现代化是全面推进依法治国的核心要求》,《红旗文稿》2014 年第 20 期。

一 将金融公平确立为金融法的基本原则和价值目标

伴随着金融公平理念逐渐被认识，金融体系运行的机会公平、过程公平和结果公平也开始受到金融法理论与实践的关注。然而尽管理论界星火渐起，[①] 立法也日益频繁地回应金融市场的公平诉求，但是金融公平在传统金融法理论和现行法律制度中所具有的地位和受重视的程度与其重要性并不相称。若要通过法律调整来实现金融公平，必须在理论和实践上将金融公平理念贯穿在金融法制之中，提高金融法制的针对性。易言之，金融公平的法律实现，亟须重新审思金融公平理念在金融法制中的基础性角色，以金融公平理念引导金融法制的运行和进化，这也是金融法制体现和促进金融公平的基石。法律的基本原则指在一定法律体系中作为法律规则的指导思想、基础或本源的综合性、稳定性的法律原理和准则，是法律的精神实质和价值取向的高度概括和集中体现。[②] 法律的价值目标则是体现在法律之中的特定时代和特定社会的立法者的社会目标和价值取向。[③] 在一定程度上，法律的基本原则是统筹和指导整个法律的纲领，也是具体制度的依据和准绳，而法律的价值目标则是法律的基本原则和具体制度的最终旨向。可以说，法律的基本原则体现了法律的价值目标，后者是法律制度的价值内核，而前者则是法律制度的基本逻辑，两者共同构成了法律制度的核心旨趣。因此，只有将金融公平作为金融法律制定和运行的基本原则和价值目标，才能真正将金融公平理念融入金融法制体系，从而有针对性地通过完善的法律制度实现金融公平。

---

① 冯果：《金融法的"三足定理"及中国金融法制的变革》，《法学》2011年第9期；张书清：《金融公正理念的法学阐释》，《现代法学》2012年第4期。

② 李龙、汪习根：《法理学》，武汉大学出版社，2011，第42页。

③ 秦策：《法律价值目标的冲突与选择》，《法律科学》1998年第3期。

将金融公平确立为金融法的基本原则和价值目标，首先就是要完善和修正金融法基础理论。理论是实践的指引，成熟的金融法理论是金融法制实践的重要保障和强大助力。金融法制的完善与进化也离不开金融法理论的发展与创新。金融公平理念的勃兴，必然会对金融法理论产生深远影响，而金融法理论的适时创新，也能为金融公平的法律实现提供理论支撑。在理论上，必须突破传统金融法理论的路径依赖，重构金融法价值目标，拓展金融法体系构成。具体而言，第一，就是打破传统金融法在金融效率与金融安全（或者说是金融秩序）之间的摇摆，将金融公平纳入金融法价值目标体系。早在社会主义市场经济改革模式确立之时就有学者已提出在市场经济转轨过程中我国法律的价值目标模式应当统筹秩序、公平和效率。[①] 在金融法学界，冯果教授也提出了要将金融公平与金融安全、金融效率共同作为金融法之"三足"，从而既平衡金融安全与金融效率，又实现金融消费者保护和金融资源公平配置。[②] 这些理论创新都表达了将金融公平作为金融法基本原则和价值目标的主张。然而这些带有拓荒色彩的声音还远未成为主流理论，还需要学界进一步深化对金融公平认识，并在此基础上将金融公平明确为金融法的基本原则。第二，要推动对金融公平范畴的全面认识。传统金融法中谈及公平更多的是围绕着金融市场秩序和金融消费者保护而展开的，即局限于金融交易公平进行。金融法理论应当充分认识金融市场公平进入和金融福利公平分享，将其作为金融体系公平运行的有机组成部分，从而全面地指引金融法制更好地实现金融公平。第三，要拓展金融法体系，将以金融福利最大化与公平分配为目标的金融福利法作为金融法的分支。所谓金融福利法，是立足金融体系运行与社会发展之间的互动，通过权利义务的倾斜配置调节金融福利的分配，实现社会整体福利最大化的法律规范的总称。金融福利法调整金融福利的分配，拓展了金融法的调整对象，从传统

---

① 谢邦宇、朱科敏：《秩序、公平、效率——市场法律价值目标模式定位》，《法学》1995 年第 4 期。

② 冯果：《金融法的"三足定理"及中国金融法制的变革》，《法学》2011 年第 9 期。

的金融主体、金融交易、金融工具和金融监管等对象延伸到了金融福利。金融福利法不仅仅是在现有金融法体系框架下的深化，而且是金融法体系的拓展。将金融福利法作为金融法的一个子体系，能够弥补传统金融法在维护社会整体福利上的不足，充分保障金融社会功能的实现，引导金融市场按照符合社会整体利益最大化与社会公平正义的方向发展。

将金融公平确立为金融法的基本原则和价值目标，落实到实践中就是要使金融法律制度反映和体现金融公平的基本要求。这就需要在制定法律制度调整金融体系运行时根据金融公平理念来进行制度设计。具体而言，一方面要在金融立法中对金融公平原则予以宣示，确认其作为金融法基本原则的地位，唤起各类金融市场主体对于金融公平的重视。我国许多法律制度往往都在总则部分点明了"公平"原则，例如《证券法》第三条规定"证券的发行、交易活动，必须实行公开、公平、公正的原则"；《保险法》第十一条规定"订立保险合同，应当协商一致，遵循公平原则确定各方的权利义务"；《商业银行法》第五条"商业银行与客户的业务往来，应当遵循平等、自愿、公平和诚实信用的原则"和第九条"商业银行开展业务，应当遵守公平竞争的原则，不得从事不正当竞争"。然而尽管这些规定都在一定程度上反映了金融公平原则的要求，但这些规定既未充分体现金融公平的全面内涵，也未将公平要求普遍适用于所有环节。易言之，上述对公平原则的宣示只是局部地、片面地回应着金融公平原则的要求。因此，金融立法需要更加提纲挈领地将公平原则作为适用于金融体系运行的普遍要求，使金融公平的要求覆盖所有金融法律制度，使其真正成为金融法律制度的基本原则。另一方面就是在制定具体规则时将金融公平的具体要求纳入考量范围，确保金融法律制度符合金融公平的要求，以金融公平理念作为金融法律制度的衡量基准来评估金融法制对金融公平的体现程度。在此基础上，对于有悖于金融公平原则的法律制度应及时修改或废止，并及时引入有利于实现金融公平的制度，从而提升金融法制对金融公平的支持程度，为金融公平的法律实现提供制度保障。

二 健全金融公平法律制度内容体系

金融公平的法律实现是一项系统工程，有赖于完备且有效的法律制度体系作为制度保障。然而一方面由于我国金融法制发展本身的不成熟；另一方面对金融公平内涵的把握不全面，导致了我国金融公平法律制度体系的不健全，使得金融公平法律实现因缺乏有效的法律制度支撑而受到掣肘。因此，要充分发挥法律制度在实现金融公平方面的作用，提高我国金融公平的程度，就需要进一步健全我国金融公平法律制度体系，增进金融法制的全面性。健全金融公平法律制度体系，需要处理好现行制度与制度空白、本土现实与境外经验、落后制度与未来方向之间的关系。

首先，健全金融公平法律制度体系，应当"拾遗补阙"，在充分评估现行法制的基础上发现空白与漏洞，并通过立法及时予以补充和完善。上一章的统计分析表明，我国现行金融公平法律制度主要集中于金融交易公平进行，而对金融市场公平进入和金融福利公平分享关注不足。易言之，我国金融公平的法律实现在具体范畴和方向上处于不均衡的状态。同时，我国金融公平的法律实现过多地依赖监管制度来约束市场主体行为，即强调通过国家调节和政府干预来实现金融体系公平运行，而平衡金融市场主体之间能力差异和优化金融市场结构方面的制度供给不足。由于金融公平法律制度具有系统化的特点，而且涉及面广，具有实现金融公平效果的法律制度林林总总，因此我国建立健全金融公平法律制度体系会是一个长期的过程。在这一过程中需要尊重制度生成的客观规律和进度，循序渐进地将符合金融公平要求的规则制度化、法律化，实现金融法律制度全面覆盖金融市场公平进入、金融交易公平进行和金融福利公平分享，从而建立相对完备的金融公平法律制度体系。

其次，健全金融公平法律制度体系，应当合理尝试"西法东渐"，在尊重我国金融市场和法律体系客观实际的基础上吸收境外先进的制度经验。相比于我国发展尚不完善的金融市场，境外成熟金融市场经历了长期的发展过程，相关的金融公平法律制度更为完备，能够为我国金融公平法律制度体系的完善提供范本。一方面，成熟金融市场所经历的阵痛促成了其金融法制的完善，例如美国在次贷危机后的《多德－弗兰克法》正是在对金融市场运行公平缺失的教训总结和反思的基础之上出台的；另一方面，成熟金融市场在发展过程中的尝试和探索也形成了有益经验，例如美国的《社区再投资法》、《信用卡责任与披露法》等正是其金融市场发展到一定阶段实现的制度进化。同时，发展中国家的金融公平法制对于我国同样具有借鉴意义。由于我国也存在着与发展中国家相似的金融不公的问题，例如基础金融服务覆盖不足、农村金融发展不充分等，因此借鉴印度的小微金融、肯尼亚和南非等国的移动支付立法等方面的经验，也有益于我国完善金融公平法律制度体系。借鉴境外金融公平法制在长期发展的过程中积累的经验，通过合理的制度移植来完善我国金融公平法律制度体系，可以不用再摸着石头过河，从而可以节省立法成本并加快制度完善的进程。当然，由于制度变迁在很大程度上受制于最初条件和原生环境的制约，[1]因此对境外金融法制的移植必须要协调与我国金融市场及法律体系之间的冲突。这就要求在对境外金融法律制度进行移植的过程中把握我国金融市场和法律体系的现实状况，并把握恰当的移植时机。

最后，健全金融公平法律制度体系，还需要及时推陈出新，立足我国金融市场的固有特点和本土资源进行制度创新。由于历史和政治的原因，我国金融市场有着自身的独特性，这既导致我国金融法制存在着亟须解决的问题和缺陷，同时也为我国另辟蹊径开展制度创新提供了空间和土壤。我国金融体系长期受到较多的国家干预，在管制思维影响下，金融体系的正常运行被扭曲，造成比较显著的"金融抑制"问题，从而损害了金融公平。例如国家对于利率

---

[1]　Lucian Bebchuk, Mark Roe, "A Theory of Path Dependence in Corporate Ownership and Governance", *Stanford Law Review*, Vol.52, 1999, p.127.

和汇率的管制扭曲了资金价格形成机制，导致资金价格不能有效反映市场供求，妨碍了金融交易的公平进行。再如对金融机构市场准入的严格管制，还停留在所谓特殊行业安全性考量的思维窠臼之中，导致金融结构无法在市场机制作用下自发完成优化。在充分反思这些不符合市场和时代发展要求的法律制度弊端的基础上，及时地对其进行修正，是健全我国金融公平法律制度进程中的重要任务。同时，我国特有的金融结构也能为某些特定金融公平法律制度的创设提供有利条件。例如法律制度对于金融机构的营利动机应当予以尊重，但如何矫正金融市场过度逐利现象，使金融体系担当更多的社会责任呢？在我国现有金融体系中，国有的政策性金融机构[①]和国家控股的大型商业银行[②]往往能在社会整体利益上发挥更好的带头作用，由此也能成为金融机构社会责任法律化的突破口，为金融公平法律制度的完善提供可能的方向和可行的路径。

三　提高金融公平法律制度的层级

金融公平法律实现区别于市场实现、道德实现和政策实现的根本特征是依靠法律的规范和调整来实现金融体系的公平运行，法律是金融公平实现的基础和保障。然而在现有金融公平法律制度体系中，只有全国人大常委会制定的法律、国务院出台的行政法规以及中国人民银行、银监会、证监会、保监会等金融主管部门颁布的部门规章属于《立法法》中所确定的严格意义上的"法律"，而且所占比重非常低，相关制度更多地表现为国务院和金融主管部门所发布的规范性文件。这些规范性文件一方面层级较低，权威性、强制力不足，没有普适性，在由此产生的法律纠纷乃至司法审判中难以作为依法裁判的有效依据；

---

① 例如国家开发银行的股东是财政部、汇金公司和社保基金理事会，持股各占比 50.18%、47.63% 和 2.19%。

② 如中国工商银行、中国农业银行、中国建设银行和中国银行等，代表国家持股的财政部和汇金公司都居于控股地位。

另一方面缺乏法律规范中明确的行为模式和法律后果，而多表现为原则性的、抽象性的政策指引和宣示，相对模糊和概括的规定难以起到有效的规范作用。并且随着全面依法治国进程的不断推进，以及立法文明的日益发展，政府规范性文件会受到更多的制约，而将金融公平相关制度上升到法律层面，增强金融公平法律制度的权威性，以法律来调整金融体系公平运行，才符合依法治国的客观规律和时代潮流。

提高金融公平法律制度的层级，首先应加强基础性立法。由全国人大及其常委会制定的法律，在整个法律制度层级体系中仅次于宪法，具有高度的权威性和强制效力。通过基础性立法，将金融公平的原则和具体制度写进法律，能够为金融公平的法律实现提供强有力的法律依据。然而在现行的法律中金融公平的相关规定尚付阙如，唯一有迹可循的法律条款是在《证券法》、《保险法》、《商业银行法》等行业法中的原则性宣示，并且宣示中的"公平"也只是金融交易中的公平性要求，并未全面地涵盖金融公平的整体内涵。这一法律规定的空白直接导致了对金融公平认识不充分、重视不够，严重制约了金融公平法律制度的完善和金融公平的实现。因此，亟须推动金融公平法律制度的基础性立法，以高位阶和层级的法律作为金融公平法律制度的核心，并在此基础上推动金融公平法律制度体系的完善。当然，这个过程不是一蹴而就的，而是需要循序渐进：在初始阶段，可以在金融市场的基础性法律中规定金融公平的基本原则，将金融公平的内涵和要求概括性地写入基础立法之中，并以此指引行政法规和部门规章以更多地体现和维护金融公平。当金融公平法律制度取得一定发展时，可以将行政法规和部门规章中有助于实现金融公平的具体制度上升为法律，或者针对特定问题和领域制定专门法律，例如美国为解决系统性负投资的问题制定的《社区再投资法》、我国台湾地区为促进金融消费者保护而专门制定的《金融消费者保护法》。待金融公平法律实现的理论和实践相对成熟后，还可以围绕金融公平制定系统性的法律制度，充分、全面地构建金融公平法律实现的整体框架。

提高我国金融公平法律制度的层级，需要对大量存在的规范性文件进行清理。在法律缺位的情况下，国务院与金融主管部门大量采用规范性文件的方式引导和规范金融体系运行，从而积累了浩繁芜杂的规范性文件。一方面，这些规范性文件没有明确的权利义务主体，且多为政策性话语，如《国务院关于进一步促进资本市场健康发展的若干意见》①中的"加强对债券市场准入、信息披露和资信评级的监管，建立投资者保护制度，加大查处债券市场虚假陈述、内幕交易、价格操纵等各类违法违规行为的力度"、"积极支持民营资本进入证券期货服务业"等，只是宣示了制度改革的方向，而难以发挥实质上的规范作用。并且这些文件由于权威性的不足，许多规定并未得到有效施行，仍然受到隐性规则的限制。②另一方面，由于规范性文件的制定和发布程序不如法律严格，因此造成了规范性文件泛滥，许多文件存在着比较普遍的重复。例如银监会办公厅发布的《关于进一步做好小企业贷款的通知》③和《关于进一步做好小企业金融服务工作的通知》④内容高度雷同，不外乎"组建和培养一支专业化的信贷队伍，建立正向的激励约束机制，增强利率风险定价能力，完善小企业贷款的工作流程，实现小企业贷款业务的独立核算"等，此类重复发文的例证不胜枚举。因此，亟须对现存的大量规范性文件进行清理，并按照以下三个原则进行处理：①该废则废，即将已经过时落后或者已经予以落实成制的规定予以废止，减少规范性文件的存量；②可升则升，即将经过试点实践证明是行之有效的且能够以部门规章、行政法规甚至是法律的形式予以确定的规定，根据《立法法》的程序及时上升为法律；③只减不增，即金融主管部门应该转变执

---

① 国发〔2014〕17号。

② 银监会于2012年发布《关于鼓励和引导民间资本进入银行业的实施意见》（银监发〔2012〕27号），该意见明文规定"民营企业可以通过发起设立、认购新股、受让股权、并购重组等多种方式投资银行业金融机构"。但直至2014年3月，首批民营银行试点名单才予以公布，并且大量有意设立银行的民营企业并未如愿。易言之，尽管规范性文件有规定，但这些明文规定仍然受到"隐性规则"的限制。

③ 银监办发〔2006〕95号。

④ 银监办发〔2006〕96号。

法观念和法治意识，变革传统的依靠红头文件下达行政命令的方式来调整金融市场主体的权利义务，正确合理地使用规范性文件。

此外，还应该合理安排金融公平法律制度层级结构。法律、行政法规和部门规章有着不同的效力层次，同样在制定出台程序的严格程度上也各有差别。相比而言，法律的效力层级最高，但相应的立法程序非常严格也历时更长，所规定的内容也比较概括简要；而行政法规和部门规章虽说效力层次较低，但这些行政立法的程序相对便捷，也可以规定得更为详尽具体。因此，金融公平法律制度应当基于法律、行政法规和部门规章各自的特点和优势，合理地安排制度层级结构，使不同层级的法律制度能够相互配合，实现立法成本和规制效果的有机统一。

四　合理运用金融公平法律调整方法

金融公平法律实现的过程实际上就是通过法律制度调节金融资源配置并调整金融市场行为的过程，而法律制度采取何种方式、通过何种程度介入和干预金融体系的运行则决定了法律制度能否最有效地在不妨碍金融市场正常运行的前提下显著提升金融体系的公平性。在前文中笔者提到了金融公平法律实现的调整方法主要表现为强制、赋能、激励、调控等方法，这些调整方法体现了金融法律制度调整金融体系运行的基本逻辑。将金融公平理念融入金融法制，并不是生硬地在金融法律制度中简单宣示金融公平，而是应当尊重金融法制的科学性，一方面，要确保金融法制充分尊重市场机制在资源配置中的决定性作用，尽可能地减少对金融市场直接的强制干预，在市场规律的基础上进行间接的调节；另一方面，则是根据调整对象特点和客观现实，综合运用各种调整方法，通过协同配合实现最好的调整效果。而在我国当前金融公平法律制度体系中，采取强制的调整方法约束金融市场的行为还占据着主体地位，这种不尽科学的管制思维往往会导致国家干预与市场机制的冲突，从而不仅有损金融效率，而且有可能导致金融体系产生另一种层面上的不公平。因此，我国在构建金融公平法律制度体系时，应当注重提高法律制度的科学性，合理运用调整方法，充分保障金融公平法律制度的实际效果。

合理运用调整方法，在根本上应将尊重市场规律作为金融公平法律制度的根本原则与底线。在金融公平法律制度的调整方法中，不管是强制与调控，还是赋能与激励，都反映着实现金融公平的共同目标，但是不同的调整方法却在对市场规律的尊重程度上有差异，从而对金融市场调整的有效性会有所不同。金融活动具有逐利的本性，利益最大化是金融市场的最原始的冲动。尽管金融公平需要适当限制金融市场过度逐利的倾向，但并不意味着法律制度应该直接地予以禁止。以农村金融为例，基于趋利避害的动机，金融机构在农村大规模撤并分支机构，同时怠于向农村地区发放贷款。尽管这是典型的市场失灵，但其背后也是市场规律使然，因为金融机构在农村的分支机构运营成本远高于利润，同时农民贷款规模小、管理成本高，经济收益远不及将信贷投入城镇地区。如若采取强制手段，禁止机构撤并、简单地对金融机构课以强制信贷义务，或者限定最高利率等，实际上就是扭曲了市场规律，是对金融机构营利诉求的压制，会导致金融机构宁愿不开展相应业务。最终不仅无法真正实现公平，还有可能加剧农村金融服务覆盖不足的问题。相反，如果依据市场规律来制定法律制度，按照金融市场运行的基本逻辑来调整金融市场行为与金融资源配置，以理顺市场机制取代强制干预，则会起到更积极的效果。同样还是农村金融的例子，若采取税收优惠、财政支持、降低市场准入门槛等激励手段鼓励设立农村金融机构，优化农村金融结构，增加农村金融供给，从而扩大农村金融服务覆盖面，这样既没有侵害金融机构的营业自由，又没有违背市场规律，还能使金融公平在金融市场正常运行中得以自然实现。

合理运用调整方法，需要转变金融公平法律制度的逻辑，从"规制话语"走向"权利话语"。金融法制具有二元性特点，即一方面调整平等主体之间的金融交易，具有商法属性；另一方面则调整国家对金融市场的监管和调控，具有经济法属性。[①] 前者侧重于金融活动中市场主体的权利义务分配，后者则侧重于金融市场运行中的国家调节和规制。然而在我国法律制度中，采取强制和调控的方法来实现金融公平的法律制度占据了绝对的主体地位，我国金融公平法律制度表现出明显的"规制话语"，即以国家权力为基础，采取国家干预经济的方式对金融市场进行规制，从而使金融体系运行符合公平要求。然而随着全面深化改革和全面依法治国的逐步推进，政府行为不断得到规范，国家干预经济也日益受到限制。因而金融公平的法律实现，也需要改变传统的国家调节和规制的逻辑，从"规制话语"转变为"权利话语"，更多地保障金融市场主体的权利，使金融市场主体在权利公平、能力平等的基础上自主参与金融体系运行和竞争，在市场机制的作用下依靠金融市场主体的权利自觉使其自我追求和实现金融公平。

合理运用调整方法，并非全面摒弃强制和调控，而是应当因时制宜地采取适当的调整方法，使各种调整方法能够协同配合，共同促进金融公平的法律实现。尽管相比于采取激励和赋能这类间接方式调整金融结构、市场行为和主体能力的方法而言，强制和调控因其是对金融市场的直接干预而容易对金融市场的正常运行造成冲击，影响市场机制在金融资源配置中的决定性作用的发挥。然而不可否认的是，当通过激励和赋能仍然无法对金融体系运行进行有效调整，市场机制难以发挥作用即市场失灵时，为了保护社会公共利益，应该及时地进行直接干预。易言之，金融公平法律制度应当首选激励和赋能等间接调整方法并优位适用，同时采取强制和调控等直接干预的调整方法作为有益补充，基于多元化且科学合理的调整方法，将更加有效地实现金融公平。

总之，金融公平的法律实现是一项系统工程，而将金融公平理念融入金融法律制度，构建和完善法律制度体系是金融公平法律实现的前提与基础。然而

[①]　王保树：《金融法二元规范结构的协调与发展趋势——完善金融法体系的一个视点》，《广东社会科学》2009 年第 1 期。

我国当前金融公平理念在金融法中体现不足，金融公平法律制度零星散乱且层级不高，调整方法不尽合理，构成了金融公平法律实现的直接障碍。因此需要按照构建具有针对性、全面性、权威性和科学性的金融公平法律制度的总体思路，在我国金融法制现代化的浪潮中进一步完善金融公平法律制度体系，这是金融公平法律实现的必由之路。

第二节　主体能力提升的法律实现路径

主体能力是金融公平法律实现的关键要素之一。金融体系公平运行，很大程度上受到市场主体能力差异的影响。能力差异大，则弱势主体更易受到不公平的对待，而主体能力的协调，能够平衡金融市场主体之间强弱对比，从而有利于金融公平的实现。尽管金融市场主体各自禀赋存在较大差异，但是通过完善相应的法律机制，以赋予、确认和实现弱势市场主体的权利来改变弱势市场主体的禀赋劣势，使弱势市场主体在参与金融市场博弈的过程中获取更大的能力，从而有利于其争取受到公平对待，进而实现金融公平。

一　提高市场主体的金融素养

金融市场的发展日新月异，金融工具种类层出不穷，金融交易活动复杂多样，这些均导致金融市场成为让许多普通人望而却步的尖端领域，这种状况凸显了民众对于获取金融市场相关知识和信息，提升金融素养（financial literacy）的迫切需求。"金融素养"的概念是由一个名为"个人金融素养促进协作"（Jump$tart Coalition for Personal Financial Literacy）的机构在 1997 年首先提出的，该组织将金融素养定义为"利用知识和技能有效管理个人金融资源"。随着金融素养开始进入学术话语体系，金融素养也逐渐具有多种内涵，既指关于金融产品的相关知识，例如证券是什么、固定利率和可变利率的差异；也指对一些金融概念的理解，例如何为通胀、个人信用分数（credit score）；还指做出金融交易决策的必要技能和参与相关金融活动的能力。[①] 金融素养是普通居民参与金融市场活动，成为金融市场主体，并有效地利用金融市场获取收益且实现自身发展的前提和基础。金融素养作为金融市场主体参与金融活动的知识储备和资源禀赋，与资金实力、信息来源等一样对金融市场主体的能力具有重要的影响。而在某种意义上，金融素养甚至发挥着更为基础的决定性作用。正如长期致力于金融素养研究的学者安娜玛利亚·卢萨尔迪（Annamaria Lusardi）所言：就像工业化时代不会识文断字的文盲难以好好生活一样，在当今社会缺乏金融素养也难以好好生活。金融素养是任何人想要做出成熟的金融决策并获得成功所必需的工具。[②] 缺乏基本金融素养的人，就像不懂驾驶的人去参加赛车竞技一样注定无法获胜。从世界一般数据来看，女性相比于男性、欠发达地区居民相比于发达地区居民、穷人相比于富人所欠缺的金融素养，使其在面对金融市场所带来的机遇和挑战中显得更为脆弱。[③] 而良好的金融素养，能够使个人对金融市场的基本状况和游戏规则有充分了解和准备，从而避免因知识储备不足而遭受不合理的损失。金融素养是个人在金融市场中博弈能力的重要构成和来源，良好的金融素养是个人在参与金融市场活动获得公平对待的基础，能够为其公平获取金融资源分配和公平进行金融活动提供有力保障。因此，提升主体能力，首要的就是提高金融市场主体的金融素养。

金融素养的提升主要依赖于广泛普及金融教育。金融素养教育被视作金融消费者赋能（empowerment），即减少金融消费者参与到金融市场的障碍，提

① Justine S. Hastings, Brightte C. Madraian, William L. Skimmyhorn, Financial Literacy, "Financial Education and Economic Outcomes", NBER Working Paper, No.18412, Sep. 2012.

② Annamaria Lusardi, "Survey of the States: Economic and Personal Finance Education in Our Nation's Schools", Council For Economic Education, 2011.

③ Annamaria Lusardi, Olivia S.Mitchell, "Financial Literacy Around the World: An Overview", *Journal of Pension Economics and Finance*, Vol.10, 2011, pp.497-508.

高其获取相关信息能力等的手段和方式。① 从这个层面看，金融素养教育能够提高金融消费者的风险识别能力和决策能力，并且能够充分认识和利用各种救济手段来维护自身合法权益。进入 21 世纪后，随着政策转向和信贷、保险及其他基础金融服务的普及，金融消费者逐渐取代了投资者而成为金融市场主体金融素养的关注焦点。② OECD 将金融教育（financial education）定义为通过相关信息、指导和建议，使金融消费者和投资者充分理解金融产品和相关概念，有效识别金融风险和机会，理性做出金融决策，熟知救济途径以及采取有效行动以提高其金融福利的过程。③ 金融教育能够显著提高弱势市场主体参与金融活动的博弈能力，加拿大的财政部长 Jim Flaherty 认为金融素养教育能够帮助那些处于竞争弱势（competitive disadvantage）的公民变得在能力上更加平等。④ 例如在申请银行信贷时，贷款申请人能够基于对信贷交易的充分了解以及资金价格的把握，与贷款人就借款合同进行实质有效的谈判和磋商，避免贷款人以不合理的畸高利率、计息方式或者附加条件损害借款人利益，从而能够避免不公平的金融交易。同样的，在缺少基本金融服务的地区推广金融素养教育，能够增强当地居民对正规金融服务的了解，有利于改变对非正规金融的依赖并形成对基础金融服务的旺盛需求，吸引正规金融机构向当地提供金融服务。例如房地美（Freddie Mac）通过向穆斯林提供符合少数民族宗教信仰者的住房贷款产品信息，便利其了解并使用这类正规金融服务。⑤

2013 年 7~8 月人民银行金融消费者权益保护局开展的金融素养调查显示，

---

① Toni Williams, "Empowerment of Whom and for What? Financial Literacy Education and the New Regulation of Consumer Financial Services", *Law and Policy*, Vol.29, 2007, pp.226-256.

② OECD, "Improving Financial Literacy: Analysis of Issues and Policy", Nov. 2005.

③ OECD, "Improving Financial Literacy: Analysis of Issues and Policy", Nov. 2005.

④ Jim Flaherty, "Guest Speaker Talk for the International Conference on Financial Education". May 8, 2008, Washington DC. http://www.oas.org/en/media_center/videos.asp?sCodigo=08-0180.

⑤ OECD, "Improving Financial Literacy: Analysis of Issues and Policy", Nov. 2005.

我国消费者金融知识客观题平均正确率仅为 55.9%，而且金融素养不均衡现象比较显著。[①] 面对这一现状，我国对公众的金融素养教育开始日益重视，在银监会、证监会、保监会的支持下，人民银行研究制定了《中国金融教育国家战略》，各监管部门和金融机构也都就投资者教育和金融消费者教育开展了大量的工作。然而在金融公平法律实现的路径下，对金融素养教育的落实和推动不能仅仅局限在政策引导上，应该将金融素养教育以法律的形式予以明确和规范，使金融素养教育能够由确定的义务主体来推动实施，明确金融素养教育的内容和形式，在全面覆盖的同时又有针对性地面向相应对象提供稳定持续的金融教育。

首先，要通过立法明确推动实施金融素养教育的义务主体，以强制义务来保证金融素养教育的落实。金融素养教育的重要性自不待言，但确定由谁来承担金融素养教育的具体工作，即确定谁是金融素养教育的义务主体更是决定金融素养教育有效落实的关键。若金融素养教育的实施主体不明确，则会严重影响金融素养教育的实施效果。尽管我国当前并未就金融素养教育进行专门立法，但从各监管部门的规章和规范性文件来看，对于金融素养教育义务主体的处理主要有两种模式：第一种是机构负责，政府督导模式。例如《中国银监会关于印发银行业消费者权益保护工作指引的通知》[②] 第二十二条规定，银行业金融机构应当积极主动开展银行业金融知识宣传教育活动，通过提升公众的金融意识和金融素质，主动预防和化解潜在矛盾，而第四十一条规定，银监会及其派出机构应当制定银行业消费者教育工作目标和方案，督促银行业金融机构将银行业知识宣传与消费者教育工作制度化，即明确了银行业金融机构对金融

---

① 消费者金融知识水平在城乡间和区域间的不平衡特征较为明显。分城乡看，城镇消费者的金融知识水平要明显高于农村消费者。城镇消费者对于全部金融知识问题的平均正确率为 60.5%，农村消费者的平均正确率为 47%。分区域看，东部消费者的金融知识水平要高于其他地区，东部消费者对于全部金融知识问题的平均正确率为 61.5%，中部、西部和东北地区消费者的平均正确率分别为 52.7%、54.7% 和 53.3%，http://www.eeo.com.cn/2014/0827/265477.shtml。

② 银监发〔2013〕38号。

素养教育的具体实施义务，以及银监会及其派出机构的督导义务。第二种是机构、政府共同负责的模式。例如《中国保监会关于加强保险消费者权益保护工作的意见》① 则要求保监会有关部门、保监局、保险业协会、保险公司共同参与到消费者教育之中来，② 即意味着监管部门、行业自律组织以及金融机构都应承担金融素养教育的义务。然而在实践中，除了金融机构和行业协会按照要求在进行金融教育之外，一行三会作为金融监管部门也在不遗余力地开展金融教育活动。易言之，尽管部分文件表述各有差异，但在事实上，金融机构、行业协会和监管部门都成为金融素养教育的责任主体。这种实践中形成的格局有着其必然性和合理性，监管部门的教育往往是金融风险、维权途径等一般问题，更具有客观性、全面性和纲领性，而金融机构的教育则集中在金融产品和服务本身，更具有针对性和实用性。同时考虑到监管部门在金融体系运行中的监管职能和权力，由监管部门和具有自律监管角色的行业协会来督导金融素养教育的实施状况，能够更好地保证金融素养教育的效果。另外，美国、加拿大等发达国家已经将金融素养教育纳入了公民教育的范畴，③ 金融素养教育不仅仅是金融行业的任务，而且还进入了学校课堂，成为教育部门的重要课程内容，这使得金融素养教育得以更广泛地展开，显著地提升了国民金融素养。因此，我国建立金融素养教育法律制度的基本思路应该是如下三个层次：一是应当通过立法明确监管部门、行业协会和金融机构都应当承担金融素养教育的法定义务，依法开展金融素养教育，保证金融素养教育的稳定性、持续性；二是要规定监

---

① 保监发〔2014〕89号。

② 保监会有关部门、保监局要充分利用"3·15国际消费者权益日"、"7·8全国保险公众宣传日"集中开展保险宣传教育活动，并持续推动保险知识"进学校、进农村、进社区、进机关、进企业"，形成全社会"学保险、懂保险、用保险"的氛围。保险行业协会要组织会员公司通过多种渠道和方式开展保险知识、风险意识和维权能力的宣传教育活动。保险公司要将消费者及公众教育纳入客户服务体系，在官方网站、地市级及以上机构的营业场所开辟消费者教育专区，并积极开拓新媒体平台开展保险宣传和普及保险知识。

③ Chris Arthur, "Financial Literacy Education for Citizens: What Kind of Responsibility, Equality and Engagement?" *Citizenship, Social and Economics Education*, Vol.11, 2012, pp.163-176.

管部门和行业协会负有对相关机构实施金融素养教育的情况进行督导和评估的职权和义务；三是应将金融素养教育纳入国民教育框架，教育部门亦应负有组织和实施金融素养教育的义务。

其次，要通过立法明确金融素养教育的内容，确保金融素养教育的规范性、客观性和全面性。提高公民金融素养涉及各个方面金融知识的普及，包括金融市场的构成、金融产品和服务的基本属性、金融风险状况及个人风险承受能力、金融欺诈类型和维权途径等。由于金融素养教育实施主体多元以及缺乏统一标准，使得繁杂的金融素养教育内容在不同的地区、不同的行业中会有着较大差异，金融素养教育的质量参差不齐，会影响金融素养教育在提高金融消费者主体能力上的实际效果。因此，有必要建立统一的金融素养教育内容体系指引，从而能够科学、全面地为金融教育义务主体推动金融素养教育提供依据和参考。结合境外成熟国家金融素养教育的经验以及我国的现状，我国应该以功能视角建立我国的金融素养教育内容体系。[①] 本文认为我国的金融素养教育内容体系可以分为如下三大方面。①金融市场原理教育，即立足于让公民更加知晓金融市场，普及金融市场的基本构成、金融产品和服务的类型和功能、获取金融产品和服务的方式和途径、金融市场对于个人生活和经营的作用、金融市场中存在的风险等基础知识。②交易决策教育，即围绕使投资者或金融消费者在充分了解作为交易对手的金融机构或其他市场主体、充分了解作为交易标的的金融商品或服务、充分了解特定金融交易的具体规则、充分了解宏观金融形势和微观金融风险的前提下做出交易决策所开展的相关教育，提高金融消费者的风险识别能力和信息获取能力，从而帮助其理性地做出投资决策。③权益保护教育，即针对金融消费者或投资者权益保护的问题，介绍金融市场中存在的可能影响或损害金融消费

---

① 顾海峰：《我国证券市场个人投资者教育体系的设计探讨——功能视角下体系内容的首次系统性构建》，《证券市场导报》2009年第9期。

者利益的行为类型、表现形式、严重危害和典型案例，使公民能够有效防范自身权益受到侵害，同时还要使金融消费者和投资者了解当其权益受损时可以采取的救济手段，例如如何举报违法行为，如何投诉、起诉或者申请仲裁等。

再次，应该区分金融素养教育对象的需求差异，有针对性、有重点地开展金融素养教育。我国城乡之间、东西部地区之间经济发展水平不平衡，不同金融消费者群体金融知识水平差距较大，小微企业、在校学生、边远地区贫穷人群、农村居民、劳务流动人口、妇女、残疾人等金融服务中的弱势群体往往由于缺少足够的金融素养在金融市场活动中更容易受到不公平的对待。只有重点对这些弱势主体提供金融素养教育，增强其金融能力，才能弥补金融市场主体能力对比的短板，使其能够公平地进入金融市场、公平进行金融交易和公平分享金融福利。

最后，应当建立金融素养教育评估制度，确保金融素养教育取得实效。事前明确金融素养教育的义务主体和内容体系是金融素养教育取得显著效果的前提和基础，但同时需要在事后及时对金融素养教育工作进行总结和评价，对于金融素养教育实施得好的监管部门、金融机构和教育机构给予奖励、表彰或其他优惠待遇，若实施得不好则给予警告、公开谴责甚至处罚，从而激励金融素养教育义务主体积极稳妥地开展教育活动，保障金融素养教育的实际效果。

二 基于能力集合的团体资格确认和法律保障

由于个体（individuals）的禀赋参差不齐，诸多个体能力不足以支持其有效地参与市场博弈。然而当众多有着共同目标的个体组成集体（collective agency），则将零星分散的能力集聚在一起形成集体能力，从而能够突破个体所面临的经济和社会资源的障碍，实现个体因信心缺乏、知识不足、信息不对称所不能完成的目标。① 以印度的自助小组（SHGs）为例，身处印度农村地区的妇女非常缺乏经济能力，单靠个人几乎不可能获取信贷。而当数十位妇女组成自助小组，将质量不高的个人信用加在一起形成质量相对更高的集体信用时，银行更愿意发放贷款，而作为小组成员的妇女个体也获得了申请使用集体资金的机会。通过个体的集合，使得个体分散的能力加总成为集体能力，而集体的目标又代表着个体的共同目标，当这个集体以独立实体（single entity）的方式来运作，能够具有个体所无法达到的博弈能力，实现个体难以企及的目标。基于此，当金融市场弱势主体的能力微小，难以保证其公平进入金融市场、公平进行金融交易和公平分享金融福利时，聚沙成塔、汇流成河，将若干个弱小的力量整合在一起，形成团体来参与金融市场博弈，能够显著地提高弱势市场主体的能力。

通过集合个体能力来实现金融公平的团体从主要功能来看，主要表现为以下几种类型。①提高资信型的团体。这类团体的形成主要是为了解决作为弱势主体的个人因为信用不足而难以获得信贷的问题。这类团体既有具有法律主体资格的独立组织，例如印度的互助小组（互助小组统一向银行获取贷款并根据小组成员需要进行分配，相比于个人而言具有更高的信用）；同时也有相对松散的个体联合，例如孟加拉国的格莱珉银行所创造的"五人互保小组"（通过将五个人的信用进行绑定，形成相互约束的机制，同时也增强了个人信用，从而有利于小组成员顺利获得银行信贷）。②结社维权型的团体。这类团体的形成往往是因为个人资金实力、影响力、知识水平的缺陷而难以独力与占据强势地位的金融机构相对抗，当金融机构凭借其优势地位实施了不公平的交易行为、损害了单个或多数金融消费者合法权益时，以团体的形式出面依法维护权益。这类维权团体既可以是常设的维权组织，例如类似于消费者保护协会的投资者保护协会或者金融消费者保护协会。我国的消费者保护协会作为保护消费

---

① Solava Ibrahim, Meera Iwari, *The Capability Approach: From Theory to Practice*, Palgrave Macmillan, 2014, p.42.

者合法权益的社会团体，显著解决了个体消费者能力不足所导致的维权不力的问题。然而由于人员和职权等的限制，消费者保护协会在处理金融消费者权益案件方面显得捉襟见肘。[1] 因此设置专门的金融消费者保护协会或者投资者保护协会显得尤其紧迫。尽管我国当前并无全国性的类似组织，但在地方上的实践已经启动，例如山东各地市均成立了金融消费者保护协会。然而这些团体主要是在监管部门的推动下由金融机构组成，并非以金融消费者为主体，其实际功能与维权效果仍有待考察，基于金融消费者个体能力集合的维权团体仍然急需法律予以认可和规范。同时，这种结社维权的团体也可以是基于个案而临时结成的团体，例如 2011 年湘电股份大股东违反承诺导致市场预期落空、股价大跌，40 余名小股东自发组团维权。[2] 这类具有临时性的基于个案的维权团体，在目标上更具有一致性，权益受损的金融消费者能够在目标和行动上更具有一致性，更加有利于形成合力。但是法律上的问题在于，能否赋予这类团体明确的诉讼主体资格。在当前法律的处理上，是作为共同原告来对待，还是基于个体的金融消费者。要肯定这类团体的法律地位，就需要确认金融争议的代表诉讼或者集团诉讼制度，要么赋予团体诉讼主体资格，要么赋予个体金融消费者代表所有团体成员或者潜在团体成员的资格。③自给互助型的团体。这类团体主要是被排斥在正规金融体系之外的主体为了获取相应的金融资源，采取互助的形式自发组成的满足团体成员基本金融服务需要的团体。不只是在印度，许多发展中国家为了解决信贷资源配给不足的问题，都有民间自发的互助组织。与印度的 SHGs 类似，有一种组织被称为轮转基金（Rotating Saving and Credit Association，ROSCA）在许多发展中国家广泛存在，组织成员在组织中存入少量资金积少成多，总数供成员轮流使用，主要用于支付房租、学费、家庭开支、手工材料等。这种轮转基金在日本被称为 Kou，在埃塞俄比亚被称为

---

① 钟磊：《论加快我国金融消费者保护体系建设》，《上海金融》2011 年第 6 期。

② http://cj.voc.com.cn/article/201101/2011011211712.html。

Iqub，在墨西哥叫作 Tanda。除了 ROSCA，还有一种互助储蓄组织称为累积储贷组织（Accumulating Saving and Credit Association，ASCA），在这类组织中，成员不能拿走组织里的所有资金，而是在急需资金时向组织申请贷款，组织到期后按照份额向成员返还本金和收益。这类组织在尼罗河沿岸、印度大吉岭地区以及肯尼亚内罗毕山区运行顺畅，扮演着民间银行（folk banking）的角色。① 这些互助组织相比于小微金融机构而言，能更好地满足贫困居民的金融需求。首先，互助组织能提供小微金融机构往往不能提供的储蓄服务，很多小微金融机构因受监管限制不能吸收存款，而互助组织相对受到监管限制较少。其次，互助组织能够更符合贫困居民的现实需求，小微金融机构的产品都是僵化的，在贷款期限、偿还方式等方面并不能灵活地满足穷人需求，而互助组织相对自主灵活。最后，互助组织没有营利动机，在贷款利率和交易费用等方面显著低于小微金融机构。因此，互助组织是将弱势主体能力聚集起来，改善金融公平状况的重要途径。在我国许多农村地区，由于商业银行的大规模撤并退出乡镇，加上农民申请贷款非常困难，于是很多地区出现了农村资金互助社这种新型金融机构。资金互助社是一种自给自足的金融生态，资金来源于社员，也只能向社员发放贷款，保证了社员公平获取信贷的机会，在此之前活跃在我国东南沿海的"合会"也都是这种互助团体的典型形态，都显著地改善了被正规金融市场所排斥的主体获取金融资源的状况。

上述团体的成立，往往是金融市场弱势主体基于趋利避害的本能自发地组成的。当然，这些团体的产生、存在并发挥作用，在很大程度上离不开政策的默许甚至鼓励。金融市场弱势主体组成团体，显著地提升了主体能力，能够有力地推动金融公平的实现。然而，由于法律规定的缺位，导致许多团体并无法律的有效保障，只是处在政策默许的灰色地带。例如农村资金互助社只有银

---

① Kim Wilson, Malcolm Harper, Matthew Griffith, *Financial Promise for the Poor: How Groups Build Microsavings*, Kumarian Press, 2010, p.2.

监会出台的《农村资金互助社管理暂行规定》[①]这一规范性文件来调整，缺乏有效的法律渊源。同时，还有一些在境外已经取得成功经验的团体类型，例如SHGs 和互保小组等，都因为存在着法律障碍而难以在我国推行。我国的"合会"作为一种民间金融的典型形态，成形于唐宋，其雏形甚至可以追溯至汉代，[②]远远早于其他国家。然而其并未充分发挥应有作用，主要是因为合会这种形式在我国现行法律制度中并无明确依据，并且缺乏有效规制，这种情况导致合会长期游离在体制外。[③]

因此为了保障金融市场弱势主体基于提升能力的目的而结成的团体有效发挥预期功能，我国法律制度应当及时进行调整，减少对有利于实现金融公平的团体的设立限制，便利其代表弱势主体开展相应活动。一方面要对这些团体的主体资格和法律地位予以肯定和确认，赋予这些团体代表个体成员的利益和诉求参与金融市场活动的资格。从而使这些团体能够以合法的身份进行活动，发挥其集聚个体能力，促进金融普惠的功能和作用。另一方面则要制定相应的法律规范对各类维权组织和互助团体的运行进行有效规制，规范和引导这些团体的活动，防范其运行中的各类风险，在充分发挥团体的积极功能的同时尽量消除可能存在的消极影响。还有就是可以通过适当的激励措施鼓励和引导弱势市场主体组成相应的团体，合理规定这类团体的设立条件和活动规范，提供相应的便利条件和优惠政策，从而激励更多团体的成立，以便将分散的个体能力集聚起来，减少因个体能力不足而导致的金融不公。

三　确认和保障弱势市场主体的权利

所谓弱势市场主体，实际上就是作为社会不利群体（social disadvantaged

---

① 银监发〔2007〕7 号。

② 郑启福:《中国合会起源之考辨》,《湖北经济学院学报》2011 年第 2 期。

③ 胡卓群、徐旭海:《合会倒会风险成因及其防范》,《内蒙古金融研究》2010 年第 12 期。

group）基本单位的个体，概因结构性因素或制度性安排而形成的不利环境所导致其在经济社会生活各个领域处于劣势地位，而难以公平地获取发展机会和合理分配，导致其在生活水准和权利状态上低于普通民众。^① 应用到金融市场语境下，弱势市场主体则是因为金融结构失衡以及金融体系运行制度不合理而导致部分金融市场主体存在权利缺失和能力不足，从而难以在金融市场获得公平的机会和平等的对待，最终无法公平地获取金融福利。在法律语境下，除了经济贫困之外，权利贫困和能力贫困是弱势主体的基本特征。所谓"权利贫困"，是响应主体由于受到法律、制度、政策等排斥而无法享有基本权利或者权利无法得到有力保障；"能力贫困"则是缺少获取和享有基本生活和把握发展机会的能力与自由，从而导致弱势主体难以真正获取生存和发展的机会。^② 而能力贫困与权利贫困之间是相互影响的，能力的贫困在很大程度上源于权利的贫困，权利的贫困是导致能力贫困的主要因素。^③ 当弱势主体权利贫困的窘况得到改善，能够全面享受和有效行使权利时，权利将会成为能力形成和提升的基础与源泉。易言之，弱势主体所享有的权利在某种意义上能够转化成能力，保障其获取和利用能够实现弱势主体发展并改善弱势地位的机会。因此，在金融公平法律实现的视野里，需要进一步完善法律制度，赋予弱势市场主体所应当享有的权利，丰富和健全权利内容，保障权利的充分有效行使，从而提升金融体系中弱势市场主体能力以实现金融公平。

（一）确认和保障弱势市场主体的基本财产权利及其权能

市场主体能否公平参与金融活动，往往取决于其自身资源禀赋。除了专业知识等影响市场主体参与金融活动的非经济性禀赋之外，还有资产等决定着

---

① Paul Spicker, *Social Policy: Themes and Approaches*, Prentice Hall, 1995, p.26.

② 余少祥：《法律语境中弱势群体概念构建分析》，《中国法学》2009 年第 3 期。

③ Arvind Virmani, "A New Development Paradigm: Employment, Entitlement and Empowerment", *Global Business Review*, Vol.3, 2002, pp.225-245.

市场主体经济地位的经济性禀赋。同时资产不仅仅包括货币资金，而且包括了可以用于抵押、质押的财产权。然而有的市场主体的基本财产权并不具有完整的权能，导致了相关市场主体的财产权不足以为其进入金融市场参与金融活动提供充分的禀赋资源支持，从而造成了相应市场主体的弱势地位，进而被金融市场所排斥。例如在农村地区，农户融资难的核心原因在于缺乏有效的信用担保制度保障其从正规信贷市场获取贷款。究其根本，乃是农户缺乏有效的担保财产。[①] 在我国农村，农户所拥有的财产主要是土地承包经营权、房屋及其宅基地使用权、农业生产资料和农产品，其中以土地承包经营权最为重要。但依据《宪法》、《担保法》、《物权法》和《农村土地承包法》等法律的规定，耕地、宅基地、自留地、自留山等集体所有的土地不得抵押，只有通过招标、拍卖、公开协商等方式承包的农村土地，经依法登记取得土地承包经营权证或者林权证等证书的，土地承包经营权才能抵押。[②] 引申言之，由于中国特色的所有制结构以及对农地社会保障功能的杞人忧天式的迷恋，导致我国制定法上将农地排除在有效担保物之外，在某种意义上是对农民土地财产权权能的限制。此类财产权权能的限制将财产本来有限的农民置于更加弱势的地位，使其不能同等地以土地财产权利抵押来获取贷款，加剧了农村金融排斥，导致农民难以公平地获取信贷服务。然而法律的限制性规定终究难以抑制改革潮流以及旺盛的农村融资需求，《中共中央关于推进农村改革发展若干重大问题的决定》明确提出"扩大农村有效担保物范围"，"原则上，凡法律没有禁止、物品权属清晰、风险可控、可用于贷款抵押担保的各类动产和不动产，都可进行试点"；中国人民银行、银监会的《关于加快推进农村金融产品和服务方式创新的意见》要求"探索发展大型农业生产设备、林权、水域滩涂使用权等抵押贷款，规范发展应收账款、股权、仓单、存单

---

① 洪正、王万峰、周轶海：《道德风险、监督结构与农村融资机制设计——兼论我国农村金融体系改革》，《金融研究》2010 年第 6 期。

② 赵学军：《信用担保制度的变迁与农户融资的困境》，《中国经济史研究》2014 年第 4 期。

等权利质押贷款"^①；《关于进一步加强信贷结构调整促进国民经济平稳较快发展的指导意见》要求"有条件的地方可试行土地经营权贷款"^②；银监会办公厅发布的《关于做好 2013 年农村金融服务工作的通知》中要求"支持在法律关系明确地区探索开展农村土地承包权、宅基地、农房等抵（质）押贷款业务"^③。尤其是十八届三中全会通过的《中共中央关于全面深化改革若干重大问题的决定》明确指出："赋予……承包经营权抵押、担保权能。"更是明确了要充分放开对农户财产权权能的限制。通过确认和保障农民土地财产权的权能，使农地权利作为担保物权成为可能，从而可让农村沉淀的、僵化的"财产"流动起来，充分实现农地的市场价值，为土地规模经营和农业集约化经营的信贷供给创造条件，^④保障和便利农户公平地获取信贷支持。将这一思维扩展到所有金融市场弱势主体，只有全面地确认其所应享有的无差别的财产权利，并保障这些财产权利的权能能够同等地得到行使，才能在"权利公平"的基础上使弱势市场主体的能力得以提升，为其公平参与金融市场活动提供基础。

（二）确认和保障金融消费者权利

在众多金融市场主体中，金融机构凭借着产品和服务的提供以及定价上的优势地位，总是基于旺盛的营利动机，为了获取高额利润而罔顾作为弱势主体的金融消费者利益，金融不公在如此的地位悬殊对比中得以形成。金融消费者在面对强势的金融机构时往往是脆弱的（vunlerable），若缺乏对金融消费者的偏重保护，单凭完全的自由市场中的能力对比下的自发行为，弱势的金融消费者难逃被剥削掠夺的宿命。确认和保障金融消费者权利，能够在法律上明确

---

① 银发〔2008〕295 号。

② 银发〔2009〕92 号。

③ 银监办发〔2013〕51 号。

④ 高圣平：《农地金融化的法律困境及出路》，《中国社会科学》2014 年第 8 期。

对金融消费者的特殊保护，通过赋予权利的方式在法律上明确对金融消费者的特殊保护，同时通过为维护金融消费者权利而对金融机构课以相应的强制性义务，能够在一定程度上缩小金融机构与金融消费者的地位差距，提高作为弱势主体的金融消费者的能力，从而有利于其在金融市场的博弈中获取公平对待。因此，金融公平的法律实现，需要以确认和保障金融消费者权利作为基础。

金融消费者权利在当前学界讨论已比较充分，但尚未有专门的立法对金融消费者权利予以明确。要通过法律实现和维护金融公平，必须要完善相关立法，不论是制定金融消费者保护的专门法律，还是在针对具体金融业别的金融机构、商品或服务的立法中，都应该明确金融消费者权利的内容[1]：①自由选择权，即金融消费者可以根据其意愿自主选择金融机构作为交易对象，自主选择金融商品和服务，不受任何单位和个人的不合理干预和强制；②公平交易权，即金融消费者在与金融机构进行金融交易时，金融机构不得在交易本身或提供产品和服务过程中规定有失公平的交易条件，不得以格式条款限制金融消费者权利、排除自身义务；③知情权，即金融机构在销售金融商品和服务时应向金融消费者及时、全面、充分地提供与金融产品和金融服务有关的信息，充分履行信息披露和说明义务，确保金融消费者是基于对相关金融商品和服务充分了解的基础上做出的理性决策，以此减少金融产品和服务日益复杂化和专业化所加剧的信息不对称；[2]④隐私权，即金融消费者在交易金融商品或接受金融服务时，其私人信息和相关交易信息应当予以保密，未经允许不得泄露；⑤求偿权，即金融消费者在其合法权益受到侵害时，有权依据法律规定或合同约定要求赔偿。只有当法律明确规定了金融消费者的上述权利，为金融消费者主张权利提供充足的法律依据，才能为金融消费者改善其与金融机构地位悬殊的博弈格局提供能力来源。

---

① 郭丹：《金融消费者权利法律保护研究》，吉林大学博士学位论文，2009。

② 彭真明、殷鑫：《论金融消费者知情权的法律保护》，《法商研究》2011 年第 5 期。

（三）确认和保障金融市场主体获得救济的权利

无救济则无权利，单凭权利的确认还并不足以最终实现弱势市场主体能力的提升。即便法律明确授予弱势市场主体相应的权利，但如果缺乏有效的救济途径和手段，在权利受到侵犯时弱势市场主体仍然无法主张权利。只有建立和完善弱势市场主体权利救济的有效途径，才能保障金融市场弱势主体的权利从名义权利变为实然权利，从而弱势市场主体的能力才能真正得以提升。然而就我国目前金融市场主体权利救济制度来看，存在着司法救济不健全、多元化纠纷解决机制缺失的问题，以至于弱势市场主体难以通过有效途径实现权利救济，极大地限制了金融市场弱势主体的能力提升。因此，进一步建立健全金融纠纷解决机制，确保弱势市场主体权利及时、充分地获得救济，是确保金融市场主体能力得以真正提升，最终保障金融公平实现所必须解决的法律问题。

首先，要进一步完善弱势市场主体权利的司法救济。司法是正义的最后一道防线，在解决金融纠纷、实现金融公平上发挥着重要的裁判作用。然而在现实司法实践中，金融机构提起诉讼且胜诉的比重更大，弱势市场主体多处于被动应诉状态，即便是作为原告起诉也多以败诉告终。而从进入司法诉讼的纠纷来看，仍然存在着诸如法律适用、诉讼受理等问题。例如 2002 年《最高人民法院关于审理证券市场因虚假陈述引发的民事赔偿案件的若干规定》规定虚假陈述认定必须经由行政或刑事前置并得到确认，即允许对虚假陈述提起民事赔偿，但必须以中国证监会的行政处罚作为受理的前置条件，很大程度上提高了金融消费者维权的门槛。[①] 为了充分发挥司法救济在维护弱势市场主体权利上的应有作用，亟须畅通危害金融公平、侵犯弱势市场主体权利的行为的民事赔偿司法救济渠道。具体而言，就是要扩大各类金融纠纷的受案范围，受理因金融不公而受害的市场主体的民事赔偿诉请，通过出台更加细致的民事赔偿司法

---

① 廖向阳、王琪:《论金融消费者的界定及司法救济的功能定位》,《人民司法》2014 年第 3 期。

解释指导和完善相关案件的审理，通过司法救济增强弱势市场主体维护自身权益、实现金融公平的能力。

其次，要建立金融消费者权利救济的替代性纠纷解决机制。司法救济尽管具有权威性的优势，但对金融市场弱势主体来说，存在着诉讼周期长、程序烦琐，需承担较重的维权成本等问题。因此广泛吸收境外金融纠纷替代性解决机制的经验，建立更加便捷、高效和低成本的替代性纠纷解决机制来实现弱势市场主体的权利救济，能够更加及时有效地实现对金融市场弱势主体的权利救济。具体而言，可以在金融机构内部建立投诉处理机制、设立类似于英国金融申诉专员（ombudsman）的金融服务督察机构、增强仲裁在金融纠纷解决中的作用，同时加大金融监管部门的行政调处职能，[①] 从而构建起一套多元化、全方位的金融纠纷替代性争议解决机制体系，更加便利金融市场弱势主体寻求权利救济，确保其权利得以实现。

第三节　金融结构优化的法律实现路径

合理的金融结构能够为金融资源的公平配置和金融活动的公平进行奠定坚实的基础，实现金融公平须臾离不开金融结构的优化。金融结构的形成往往是在金融市场发展过程中完成的，而金融结构的优化也总是与金融市场自身的变迁同步。易言之，市场规律在金融结构的形成和优化过程中具有决定性的作用。然而由于市场本身缺陷和市场机制失灵往往会导致金融结构失衡，加上政府对金融市场干预失当也会造成金融结构被人为扭曲，因此金融结构的优化除了要充分发挥市场机制的决定性作用之余，还需要通过法律调节，一方面消除金融市场障碍，维护市场机制作用的有效发挥；另一方面则是要规范政府对金

---

① 邢会强：《金融消费纠纷多元化解决机制的构建与对北京的建议》，《法学杂志》2011 年第 2 期。

融市场的干预，既要防范政府过度干预导致金融结构失衡，又要保障政府合理有效地实施干预以弥补市场失灵所带来的问题。具体而言，金融公平的法律实现，需要从以下几个方面完善金融法制来促进金融结构的优化。

一 放松金融管制

检视我国当前金融法的运行状况，金融管制的痕迹依然非常明显，对存贷款利率的管制，以及对金融市场的准入、退出和金融交易活动的管制，限制了金融结构在市场机制作用下的自我优化。就利率管制而言，我国当前银行存贷款基准利率及浮动幅度均有严格的控制，利率的形成难以反映真实的市场供求关系，导致金融市场上的资金价格失真，从而造成资金供需匹配的断裂。过低的实际存款利率无法吸引居民储蓄，银行则通过发行理财产品变相高息揽存，其间又滋生了大量的侵犯金融消费者权益的不公平乱象。[1] 同时价格机制的扭曲又造成了金融工具结构失衡。就市场准入和退出管制而言，金融许可证（或称"牌照"）制度成为横亘在金融机构设立、经营之前的鸿沟。在机构数量和规模控制的"隐性规则"下，许多有能力设立金融机构提供金融产品和服务的主体被排斥在正规金融体系之外，只能游走在监管的灰色地带甚至违反监管制度开展"地下金融"活动，从而形成了正规金融与非正规金融并存的二元格局。在这种畸形的金融结构之下，正规金融体系缺乏竞争和活力，而非正规金融则极大地推高了社会融资成本。

金融管制的本质在于政府对资金价格形成、金融市场主体参与以及金融活动过程的强力干预和严格管制，是对市场机制在调节金融体系运行中决定性作用的限制。当金融管制思维渗透到金融法律制度之中，会导致金融法律制度偏离为市场机制的充分发挥提供法律保障这一轨道，走向对金融市场的行政管

---

[1] http://www.ccstock.cn/jrjg/bank/2014-08-19/A1408385530378.html。

理，金融法律文本之中大量存在的政府审批事项、限制性条款、强制性规则会成为抑制金融体系根据市场实际自我进化的障碍。[①] 易言之，过度的金融管制会造成金融资源配置的低效和失衡，妨碍金融结构的优化，导致金融资源配置不公，进而影响金融公平的实现。只有通过变革金融法律制度，放松政府部门对金融体系的管制，保障市场机制在金融资源配置中决定性作用的发挥，使得资金价格、市场主体进入与退出、交易活动的展开充分反映真实的市场状况，才能优化金融结构，促进金融公平的实现。

（一）建立市场化的金融机构准入和退出制度

金融机构结构是金融结构的基本构成。作为金融市场最重要的主体之一，金融机构是金融产品和服务的提供者，也是金融交易的参与者。金融机构的类型多元化和构成合理化，是金融结构优化的应有之义。然而金融管制下的金融机构市场准入和退出机制不畅通，阻断了金融机构结构实现优化的路径。因此需要建立市场化的金融机构准入和退出制度，保障市场机制在金融机构资源配置中的决定性作用，使金融机构在市场机制作用下完成进入和退出，通过金融机构的能进能退和优胜劣汰，达成金融机构结构的动态平衡和优化。[②]

然而当前我国金融法制在金融机构的准入和退出方面还存在着诸多问题，一方面是对民间资本的排斥，导致民营金融机构难以设立，另一方面则是金融机构退出机制的缺失，还有就是隐性规则的存在，使得金融机构的设立存在与法治原则不符的政策门槛。针对这三方面的问题，金融法制需要及时予以回

应。①建立民间资本设立金融机构的法律制度。尽管政策逐渐明朗[①]，但由于具体法律制度的缺位，使得民间资本设立金融机构的隐形门槛依然存在。金融机构设立的核准主义使得金融审批成为阻碍民间资本进入金融领域的拦路虎，而金融机构设立中高标准的注册资本要求也成为民间资本进入金融市场难以逾越的障碍。[②]金融法制要回应金融机构准入的市场化需求，必须修改和完善现有法律法规，制定和明确民间资本设立金融机构的实施细则，尤其要确立差异化的市场准入标准和方式，结合不同金融机构的业务特征和风险属性，确定合理的注册资本限额、民间资本出资比例和方式要求、业务范围、治理结构和审慎监管标准，为民间资本设立金融机构提供法律依据和有利的制度环境。②完善金融机构市场化退出制度。推动金融机构退出的市场化，不是简单地关闭问题金融机构，而是在基于金融效率、金融安全和金融公平的考量下实现金融机构的平稳有序退出，这就需要相应法律法规提供制度保障，建立金融机构破产制度。由于金融机构破产关涉金融安全与公共利益，且具有极强的专业性，具有不同于一般企业破产程序的特殊性，因此在实行金融机构破产之前必须做好配套制度的准备。具体而言要解决好金融机构的界定、破产标准、破产申请主体、破产管理人、破产财产分配等多方面的问题[③]，同时还可以探索并购等市场化退出方式。[④]通过金融机构退出制度的完善，实现问题金融机构平稳、有序地退出，从而促进金融结构的优化。③确立法律权威，减少市场准入和退出制

---

① 从政策层面看，引导民间资本设立金融机构呈现为逐步推进的过程。2010 年《国务院关于鼓励和引导民间投资健康发展的若干意见》提出："鼓励民间资本发起或参与设立村镇银行、贷款公司、农村资金互助社等金融机构，鼓励民间资本发起设立金融中介服务机构，参与证券、保险等金融机构的改组改制。"为落实该意见，银监会于 2012 年出台了《关于鼓励和引导民间资本进入银行业的实施意见》，对民间资本设立金融机构政策进行了细化。2013 年国务院办公厅发布了《关于金融支持经济结构调整和转型升级的指导意见》，提出"尝试由民间资本发起设立自担风险的民营银行、金融租赁公司和消费金融公司等金融机构"。通过这些政策性文件可以发现，允许民间资本设立金融机构的类型范围在逐步拓展，从互助式金融机构扩展到商业性金融机构，从小微金融机构扩展到中小型金融机构，从非银行性金融机构扩展到银行性金融机构。

② 田春雷：《金融资源公平配置与金融监管法律制度的完善》，《法学杂志》2012 年第 4 期。

③ 李曙光：《金融机构破产的制度设计》，《财经》2006 年第 19 期。

④ 冯果、袁康：《危机处置视角下问题银行并购的法律分析》，《交大法学》2013 年第 3 期。

度实施过程中行政权力所形成的隐性规则。由于我国金融市场受行政权力的强力主导,以至于在我国金融市场上的法律规则只是流于形式,而起实际作用的制度规范是权威部门的隐性规则。[①] 监管部门往往会在行政执法过程中按照其自身设定的隐性规则行事,金融机构市场准入和退出会被掺杂诸多政策考量和行政干预的因素。因此,需要将市场化的金融机构准入和退出制度法律化、明确化,压缩行政监管部门隐性规则的适用空间,按照法治原则确保市场化的金融机构准入退出制度的落实。

（二）推动利率形成机制的市场化法制化

作为金融产品的价格,利率对于资金的流动与集聚机制具有非常灵敏的影响,可以说是整个金融市场的核心。鉴于此,各国对利率均实行一定程度的法律管制。从发展历史和政治经济背景来看,利率管制是一项体现私法中社会化考量的制度安排,[②] 而从现实运作逻辑来看,利率管制则是一项体现国家公权力干预的规则设计。但无论是私法制度安排还是公法规则设计,利率管制均应把握和权衡正当性与合法性的界限与向度,而不能沦为"恃强凌弱"的工具和"劫贫济富"的帮凶。随着金融创新的日新月异和金融市场的深化,放松利率管制和推进利率市场化,已经成为不可阻挡的历史潮流。所谓利率市场化,是指存贷款利率由各商业银行等金融机构根据资金市场的供求变化来自主调节,最终形成以中央银行基准利率为引导,以同业拆借利率为金融市场基础利率,各种利率保持合理利差和分层有效传导的利率体系。[③] 我国政府虽然已经明确了利率市场化改革的基本思路,并基本上完全放开了外币存贷款利率,但在最关键的人民币存贷款利率上仍然实行较为严格的管制,[④] 国有商业银行正是通过

---

① 黄韬:《"金融抑制"的法律镜像及其变革——中国金融市场现实问题的制度思考》,《财经科学》2013年第8期。

② 许德风:《论利息的法律管制——兼议私法中的社会化考量》,《北大法律评论》2010年第1卷。

③ 祝小兵:《利率市场化改革中的难点分析》,《上海投资》2001年第7期。

④ 《中国人民银行法》第5条、《商业银行法》第31条以及《人民币利率管理规定》第5、6、30条。

政府的存贷款利差保护攫取了超额利润，并源源不断将社会财富从居民手中输送到政府手中。政府对利率的严格管制造成了严重的金融资源配置扭曲，导致了金融市场资金配置无法反映真实供求关系而错配，同时也加剧了金融福利分享和社会财富分配的不公。放松利率管制，本质上就是要实现利率形成机制的市场化法制化，即作为资金价格的利率的形成应符合金融市场真实的资金供求关系，利率的确定对利率的监管应当在法律的框架下进行。具体而言，推进利率形成机制的市场化法制化，①应当修订《人民银行法》和《商业银行法》以及《人民币利率管理规定》关于存贷款利率形成机制的规定，建构中央银行与金融机构间的间接调控关系、金融机构与客户间的平等自愿交易关系和金融机构相互间的平等有序竞争关系，①关键是赋予金融机构对利率的定价权和客户的议价权，使得各类市场主体都能遵循市场机制自主做出行为决策，允许金融机构根据自身经营状况和对手资信状况对利率进行调节；②应当坚持利率监管和利率调控，确立以法律为主要手段的利率监管体制，实行动态监管与效果监管相配套、包容性监管与审慎监管相融合、自律监管与他律监管相统一的监管框架，防范和预测商业银行的利率风险，并保证货币政策通过基准利率调整顺利传导。

（三）鼓励和保障金融创新

尽管金融创新往往被按照"规避"的逻辑来理解，即认为金融创新往往是基于对各种金融监管和控制的规避而产生的。②然而除了外部条件诱致之外，金融创新也会产生于金融体系内部进化的过程。随着经济的发展，金融体系有着趋于完备和优化的内生动力，于是乎通过金融创新以优化金融结构，产生新的金融模式、金融机构和金融工具。因此应当放松金融管制，为金融创新所带

---

① 朱大旗、沈小旭：《论利率市场化的法律意蕴》，《法学家》2004 年第 2 期。

② Edward J. Kane, "Interaction of Financial and Regulatory Innovation", *The American Economic Review*, Vol.78, 1988, pp. 328-334.

来的金融结构优化提供制度环境。[①]

金融创新具有显著的优化金融结构的效果。基于金融创新所形成的新的金融模式、金融机构和金融工具，有助于填补传统金融结构中的空白，促进金融资源公平配置。例如以小额信贷为代表的金融创新突破了传统范式，有效地缓解在为穷人提供信贷服务时的信息不对称，同时降低交易成本，适当降低抵押担保条件，从而形成了有利于满足穷人信贷需求的全新金融模式。从金融组织机制来看，小额信贷机构利用小组联保、动态激励、经常性还款等手段来控制无抵押贷款的信贷风险，通过动态考察和监督替代抵押物实现信用增强；从金融工具来看，小额信贷通过高利率覆盖高风险，通过经常性还款提高流动性，对传统的信贷金融工具进行风险收益上的创新和重新设计；从金融机构来看，小额信贷机构融合了正规金融机构和非正规金融机构的特征，成为打破二元金融结构的面向穷人的新型金融机构，丰富了金融机构的类型。小额信贷模式在为穷人提供信贷服务和实现信贷机构自身盈利与可持续发展之间实现了平衡。[②]再如众筹融资模式则打破了直接融资的固有承销保荐模式，使每个个人都有机会成为天使投资人投资于其所认同的项目，也使手持优质项目的资金需求者能够跳出公开发行股份的高标准限制获取投资。[③]类似的金融创新使得金融结构得以优化和完善，从而更加符合各类市场主体的金融需求，使金融资源配置更加合理。

此外金融创新还具有一定的福利效应，若金融创新能够降低交易成本，合理配置风险，且能正向引导金融行为，则该金融创新是有利于提升经济福利和社会福利的。[④]例如排放权交易即一种福利性金融创新，将排放权作为金融交

① John G. Gurley, Edward S. Shaw, "Financial Aspects of Economic Development", *The American Economic Review*, Vol.45, 1955, pp. 515-538.

② 李俊江、郭晴丽：《金融制度创新：小额信贷与公平分配的机理分析》，载《财政研究》2008 年第 1 期。

③ 袁康：《资本形成、投资者保护与股权众筹的制度供给——论我国股权众筹相关制度设计的路径》，《证券市场导报》2014 年第 12 期。

④ Andrew William Mullineux, "Financial Innovation and Social Welfare", *Journal of Financial Regulation and Compliance*, Vol.18, 2010, pp. 243-256.

易标的，允许排污者将排放指标打包成金融商品进行交易，从而在一定程度上能对排污者减少污染物的排放形成正向激励，优化资源配置，减少环境污染，增进社会整体福利。[①] 还有指数保险（index-based insurance）[②] 能够规避在农业生产中的气候风险，增加农业生产的投入，保障农民收入。[③] 除此之外，罗伯特·希勒还预言未来有可能会出现专门为应对经济不平等而开发的金融产品和服务。[④] 这些具有社会福利效果的金融工具能够进一步丰富和优化金融工具结构，有利于金融公平的实现。

金融创新须臾不能离开金融监管，只有将金融创新置于有效监管之下才能确保金融创新发挥积极的效果，避免因过度创新而集聚风险引发危机或者部分市场主体的利益受损。然而监管并不意味着管制，不能以金融安全或金融秩序为理由限制金融创新，妨碍金融结构在金融创新的过程中得以优化。因此，金融法制必须合理确定监管限度，在风险防控和结构优化之间寻求平衡。金融法律制度应该在鼓励和引导福利性金融创新、严格限制有损整体福利的金融创新方面有所作为。具体而言即要建立金融创新的评估和测试机制，以交易成本变动和风险配置改善作为标准对金融创新的福利效果进行衡量，[⑤] 对于具有正向福利效果的金融创新通过放松监管等一系列制度优惠予以激励，对于有损社会整体福利的金融创新则予以禁止或加强监管。金融法制应当避免为了维护金融安全而对金融创新施加强力监管，在防范风险的基础上为基于福利性金融创新而形成的新型金融机构、金融工具以及金融模式提供有利的法律环境和制度保障，促进金融结构的优化。

---

① 朱家贤：《环境金融法研究》，法律出版社，2009，第48~50页。

② 指数保险的概念最早出现在20世纪90年代后期。它是指把一个或几个气候条件（如气温、降水、风速等）对农作物的损害程度指数化，每个指数都有对应的农作物产量和损益，保险合同以这种指数为基础，当指数达到一定水平并对农产品造成一定影响时，投保人就可以获得相应标准的赔偿。指数保险的赔偿不是基于被保险人的实际损失，而是基于预先设定的外在参数是否达到触发水平，降雨量和气温等气象指数通常被作为触发参数。

③ The World Bank, Global Financial Development Report 2014: Financial Inclusion, 2014, p.9.

④ 〔美〕罗伯特·希勒：《金融与好的社会》，束宇译，中信出版社，2012，第XXXIII页。

⑤ A. W. Mullineux, *Financial Innovation, Banking and Monetary Aggregates*, Edward Elgar, 1996, pp.13-38.

二 适度干预调控

尽管金融结构能够在市场机制的作用下进行自我优化，但是由于市场缺陷的现实存在，金融结构有时也会因为市场失灵而出现失衡。因此金融结构优化的过程并不能片面依赖市场调节，也需要国家调节及时、适度地进行干预，引导金融资源合理配置，从而形成符合金融公平要求的金融结构。从金融机构结构来看，机构类型、规模大小、地域分布等都是金融机构结构优化的考量要素。然而从我国金融结构的现实状况来看，金融市场呈现"双重二元金融结构"的对立，即城市金融体系与农村金融体系的对立，正规金融和非正规金融的对立①，突出表现为农村地区正规金融服务匮乏。另外，现在中国的金融体系以银行、证券、信托等为大企业和富人提供金融服务的市场为主，穷人和小微企业从金融体系得到支持的路径出现了断裂，金融体系得了"富贵病"。②也就是说，正规金融机构和服务穷人与小微企业的金融机构缺乏，金融机构在农村地区和欠发达地区分布不足等问题造成我国金融结构处于一种不利于金融市场公平进入、金融交易公平进行和金融福利公平分享的失衡状态。在这种失衡现状下，金融机构会基于对高回报、高利润的追逐而进一步向城市地区和富人倾斜，农村地区和穷人获取金融服务的难度会越来越大。若缺乏有效的国家调节，不能及时地通过政府干预来矫正金融资源配置，金融结构将会在失衡的道路上越陷越深，金融体系公平运行的目标也会越来越远。因此，在尊重市场机制的基础上充分且适度地进行国家调节和干预，是优化我国金融结构的重要途径。金融公平法律实现，就是要以法律来明确和规范通过政府干预以优化金融结构的方式和行为，一方面赋予政府监管部门干预金融体系运行的权力，为政

---

① 王曙光：《金融发展理论》，中国发展出版社，2010，第 165 页。

② 参见邢会强《金融法的二元结构》，《法商研究》2011 年第 3 期。

府优化金融结构的行为提供法律依据；另一方面明确政府干预的手段和规则，防范政府过度干预和权力滥用。将着眼于金融结构优化的政府干预纳入法制轨道，推动和保障金融结构的优化，从而促进金融公平的实现。

（一）规范政府在金融结构优化中的直接参与

逐利是金融市场的本性，金融机构和金融工具的分布结构很大程度上反映着利润的驱动。同时，金融又是资金密集行业，金融机构的设立和金融工具的运用往往也需要相当数额的资金基础。由于金融市场主体的唯利性，导致金融资源总是自发地向利润更高的地区和人群配置，而金融行业的较高资金要求形成了天然壁垒，限制了金融机构和金融工具的创设。这些因素在很大程度上阻碍了金融结构的自我优化，形成了特定金融机构和金融工具的空白，导致金融机构和基础金融服务无法实现全面覆盖，不利于偏远地区居民以及弱势群体公平获取金融服务和公平分享金融福利。为了避免市场失灵所导致的金融结构失衡，政府可以直接介入金融体系运行过程，一方面通过国有资本投资经营，在民营资本不愿意或无能力设立金融机构、提供金融产品和服务的地区与领域开展金融营业行为；另一方面直接规定金融市场运行的强制性指标，以行政权力强行矫正金融结构。由于涉及国家投资经营以及行政权力的适用而应在法律的框架下进行，因此金融法律制度需要明确授权并完善相关配套制度。

首先，要规范国家投资设立金融机构并提供金融产品和服务。当市场不愿意或没有能力提供金融产品和服务时，国家投资经营能够有效填补市场空白，通过设立具有政策性目标的金融机构，向被商业性金融体系排斥的市场主体提供金融产品和服务，从而实现金融结构的优化。在设立金融机构方面，如美国的房地美（Freddie Mac）和房利美（Fannie Mae）就是美国政府为了满足国民住房贷款需求而设立的金融机构，这两家巨头的设立和运营通过购买银行住房抵押贷款并进行证券化，在很大程度上保障了美国国民能够从银行获取住房抵押贷款服务，享受了金融福利。就中国的实践来看，国家开发银行、中国进出口银行、中国农业发展银行等政策性银行的设立，为那些社会发展需要而商业性金融机构不愿意提供资金的地区、行业和主体提供金融支持，有效地填补了商业性金融机构缺位所造成的金融结构空白。但是我国规制政策性金融机构的立法尚付阙如，导致我国政策性金融机构在缺乏法律约束的情况下运行，出现了政策性金融机构偏离其政策目标与商业性金融机构争利，脱离了优化金融结构的初衷和立场。[①] 因此需要通过立法规范政策性金融机构的设立与运行。① 要坚持市场优先的底线原则，即尽可能让商业性金融机构在自身差异化竞争和业务拓展的基础上自发完成金融结构的优化，只有在确有必要由国家投资经营的情况下才能设立政策性金融机构。② 要坚持结构优化的政策目标，即政策性金融机构的目标是弥补市场缺陷和优化金融结构，作为商业性金融机构的补充来提供金融产品和服务，因此需要规范政策性金融机构的经营范围，不得从事与商业性金融机构重叠竞争的业务。③ 要规范政策性金融机构的运行，即将政策性金融机构的经营和运作纳入法制框架，明确且具体地规定政策性金融机构的定位、宗旨、性质、任务和义务、资本构成及补充机制、资金来源与资金运用、赋税减免和其他优惠、内部治理结构和机制、董事会的组成与权力、与政府各相关部门的关系以及外部监督。[②]

其次，要减少政府以强制性指标对金融结构进行行政干预。金融结构失衡是金融市场规律使然，然而强势政府往往会有较强的动机直接对金融机构和金融工具的分布进行强制分配，具体表现为要求金融机构履行强制性信贷义务、维持专项贷款比例以及要求金融机构保持分支机构分布密度等。例如在巴西私营部门的银行也被强制要求承担直接贷款义务，向农村地区发放贷款余额不得低于无息活期存款余额的 25%，居民储蓄存款余额的 65% 以上应当指定用于

---

① 邢会强:《我国政策性银行向开发性金融机构的转型及其立法》,《法学杂志》2007 年第 1 期。

② 李扬:《国家目标、政府信用、市场运作——我国政策性金融机构改革探讨》,《经济社会体制比较》2006 年第 1 期。

房屋贷款。① 这种带有浓厚计划经济色彩的政府调节经济的做法与市场机制严重对立，既不利于金融效率和金融安全，也在一定程度上构成了对作为商事主体的金融机构的不公平。因此，在金融立法中应当尽量约束政府强势的行政干预，避免简单粗暴地以强制义务的方式调整金融结构。这种强制义务的适用需把握合理的场景和时机，例如在小额贷款公司有极强动机改制设立村镇银行的背景下，《小额贷款公司改制设立村镇银行暂行规定》要求其资产应以贷款为主，最近四个季度末贷款余额占总资产余额的比例原则上均不低于75%，且贷款全部投放所在县域，并且最近四个季度末涉农贷款余额占全部贷款余额的比例均不低于60%。这种强制性要求并不至于损害小额贷款公司利益，同时却能对失衡的金融结构起到积极的优化作用。因此，强制性的行政干预，应该在不至于过度损害金融市场主体自主选择和实际利益的前提下适用。再如印度为了增加农村穷人获取正规储蓄和信贷服务的机会，在1969年到1990年间推动的银行扩张项目（bank branch expansion program），鼓励银行在农村地区设立分支机构。尽管印度政府并未直接通过行政命令要求商业银行在农村地区设立分支机构，但是印度中央银行在1977年出台了新的分支机构许可政策，要求商业银行若在有一家以上分支机构的地区设立分支机构的，必须在四个没有正规金融机构的地区设立分支机构。② 印度中央银行的政策要求分支机构的扩张需要反映"需求、商业潜力和地区金融生存力"（need, business and financial viability of location）③ 这项1∶4的政策一直持续到1990年。这种强制干预给印度农村银行分支机构格局带来了显著的影响，根据Burgess等人的研究，在1961~2000年间，在样本邦的农村地区银行分支机构的数量由105激增为29109，80%的增量都是在1977年的强制干预措施之后。而农村银行分支机构

---

① Anjali Kumar, "Access to Financial Service in Brazil", World Bank, 2005.

② Robin Burgess, Rohini Pande, "Do Rural Banks Matter? Evidence from the India Social Banking Experiment", *The American Economic Review*, Vol.95, No.3, 2005, pp.780-795.

③ Govornment of Inida, Report of the Narsimhan Committee on the Financial Sector, Ministry of Finance, 1991.

数量的增加改善了金融机构结构，使农村的穷人能够获得正规金融服务，显著减少了贫困，使农村居民也享受到了金融福利。[①]

（二）完善政府在金融结构优化中的间接调控

与直接参与不同，政府在金融结构优化中的间接调控更加侧重于在尊重金融市场主体自由选择的基础上发挥政府干预行为对金融资源配置的激励效果，引导金融机构和金融工具的均衡分布。金融结构的失衡，归根结底是经济原因所致，即在成本收益不匹配的情况下，金融机构不愿意在偏远落后地区设置分支机构，也不愿意向信用不足的穷人发放贷款。政府尽管不宜强行要求金融机构不顾成本考量而为之，但可以通过降低金融机构运行成本或者保障金融机构收益的方式来摆脱成本收益不匹配的困境，从而激励金融机构向落后地区和贫困人群提供金融产品和服务。在我国当前实践中，已开始探索实施倾斜性财税金融政策。例如差异化存款准备金率、再贷款优惠、财政补贴和税收优惠等，激励银行向农村地区发放贷款。[②]然而在金融公平法律实现的视野里，需要将这些政策法律化，以法律规范的形式促进政府通过间接调控来优化金融结构。

首先，要建立差异化监管制度。差异化监管本质上是一种融合现代管理理念的多元思维、多元目标的监管，它强调金融环境、金融市场主体等差异性因素，注重要素的关联互动，并充分考虑各种信息约束，倡导激励监管相容，追求公正与效率的统一。[③]具体而言，差异化监管就是要基于特定政策目标，对不同的监管对象适用差异化的监管标准，从而降低监管对象的合规成本，有针对性地引导监管对象行为，驱动金融机构和金融工具覆盖预期的地区和群体。例如为了增加农村地区金融机构并增加农村金融服务供给，对于村镇银行、贷

---

① Robin Burgess, Rohini Pande, "Do Rural Banks Matter? Evidence from the India Social Banking Experiment", *The American Economic Review*, Vol.95, No.3, 2005, pp.780-795.

② 袁康：《金融公平视角下农村系统性负投资的法律矫正》，《湖北社会科学》2013 年第 5 期。

③ 李庚南：《差异化监管：小企业信贷商业化可持续的内在要求》，《中国农村金融》2011 年第 8 期。

款公司和农村资金互助社等新型农村金融机构而言，应当在机构准入、业务准入、高管任职资格、治理结构以及审慎监管指标等方面做出迥然有别于大型金融机构的制度安排，[①] 从而激励更多金融机构进入农村金融市场，优化我国城乡二元金融结构。再如银监会《关于支持商业银行进一步改进小企业金融服务的通知》对小企业金融服务良好的商业银行给予了相应监管指标作差异化考核的待遇。[②] 除了正向激励之外，反向约束也是差异化监管的应有之义。例如银监会《关于进一步促进村镇银行健康发展的指导意见》[③] 中提出"鼓励在绩效考核中适当提高农户和小额贷款业务的考核权重，在风险可控的前提下，合理确定支农支小业务的风险容忍度，增强支农支小内在动力"，能够对村镇银行支农支小予以督促和约束。概言之，监管部门能够通过差异化监管制度，对金融资源配置形成有区别、有针对性的激励和约束，从而引导金融资源的合理公平配置，进一步优化金融结构。

其次，要完善财政税收优惠制度。财政税收优惠能够降低金融机构成本、增加金融机构收益，通过经济利益的直接让渡激励金融机构按照政府政策目标配置金融资源，从而达到优化金融结构的目标。具体的财政税收优惠包括财政贴息、税收优惠、经营补贴等。①财政贴息，即指利用财政资金全额或部分负担贷款利息，从而鼓励信贷向特定行业、地区的配置。例如财政部、中国农业发展银行所推动的《关于积极开展合作共同推进农业产业化经营的通知》[④]、财

[①] 冯果、李安安：《包容性监管理念的提出及其正当性分析——以农村金融监管为中心》，《江淮论坛》2013 年第 1 期。

[②] 银监发〔2011〕59 号。对于风险成本计量到位、资本与拨备充足、小企业金融服务良好的商业银行，经监管部门认定，相关监管指标可做差异化考核，具体包括：（一）对于运用内部评级法计算资本充足率的商业银行，允许其将单户 500 万元（含）以下的小企业贷款视同零售贷款处理，对于未使用内部评级法计算资本充足率的商业银行，对于单户 500 万元（含）以下的小企业贷款在满足一定标准的前提下，可视为零售贷款，具体的风险权重按照《商业银行资本充足率管理办法》执行。（二）在计算存贷比时，对于商业银行发行金融债所对应的单户 500 万元（含）以下的小企业贷款，可不纳入存贷比考核范围。

[③] 银监发〔2014〕46 号。

[④] 财发〔2009〕34 号。

政部、人社部、全国妇联等发布的《关于完善小额担保贷款财政贴息政策推动妇女创业就业工作的通知》① 以及各地方财政的财政贴息，能够在很大程度上减少借款人的负担、降低银行的风险，从而吸引信贷资源配置。②税收优惠，是指对于在特定行业和地区的金融机构及其活动给予税收减征、免征或缓征等特殊待遇，从而鼓励金融机构和金融工具等金融资源在该行业和地区的配置，从而优化金融结构的调控手段。具体表现为在农村或偏远地区设立金融机构的税收优惠、开展具体金融业务的税收优惠，例如对金融机构不超过 5 万元的农户小额贷款利息收入免征营业税，按 90% 计入企业所得税应纳税所得额，从而调动金融机构向农户贷款的积极性，再如对保险公司开展种植业、养殖业保险业务的保费收入，按 90% 计入企业所得税应纳税所得额，扩大对农户的保险保障和服务等。③经营补贴，是指政府为吸引金融机构在当地设立或设置分支机构，采用直接支付财政资金以补偿相应经营成本的调控手段。例如为了促进农业保险这一金融工具的普及运用，《农业保险条例》第七条要求财政部门对符合条件的保险费予以补贴，并且鼓励地方财政以保费补贴支持农业保险。②以上三种财政税收优惠方式都能够通过政府财政收入的直接让渡来调整金融市场主体利益分配格局，进而激励金融机构和工具资源按照政策导向完成配置，从而达到优化金融结构实现金融公平的效果。金融公平的法律实现，需要将这一过程纳入法治框架之下，通过法律制度使财政税收优惠政策明确化、具体化、规范化，从而确保其优化金融结构效果的落实。

三 消除金融垄断

金融垄断作为金融结构失衡的另一种表现，对金融公平有着显著的消极

---

① 财金发〔2009〕72 号。

② 肖卫东、张宝辉、贺畅、杜志雄:《公共财政补贴农业保险:国际经验与中国实践》,《中国农村经济》2014 年第 7 期。

作用。因此优化金融结构，需要破除金融垄断，使金融机构和金融工具能够在金融市场的充分竞争中完成优化配置。尽管我国金融机构数量并不算少，以银行业为例，截至 2013 年底，我国银行业金融机构共有法人机构 3949 家，其中包括 2 家政策性银行及国家开发银行、5 家大型商业银行、12 家股份制商业银行、145 家城市商业银行、468 家农村商业银行、122 家农村合作银行、1803 家农村信用社、1 家邮政储蓄银行、987 家村镇银行，[①] 但事实上的金融垄断并没有因为金融机构数量增加而消失，有学者以经济学上通用的度量金融市场垄断程度的勒纳指数来分析我国金融市场，得出的结论是我国金融市场仍然具有典型的垄断特征。[②] 事实上，我国的金融垄断并非简单地表现为滥用市场支配地位等，而是以微妙的形式存在，形成了具有垄断色彩的金融结构。①国有金融机构占绝对主导地位，民营金融机构难以进入。国有资本控股或持股了绝大部分金融机构，严格的金融管制下金融市场向民间资本开放不足，即便是近年获批的前海微众银行、浙江民商银行等民营银行横空出世，但相比于具有国资背景的金融机构主力，仍显微不足道。准入壁垒使金融市场竞争成为国有金融之间的内部竞争，竞争效果固然存在，但始终不过是左手右手的游戏而已。②金融机构规模差异较大，特大型金融机构具有较强的市场控制能力。尽管当前难有金融机构取得市场支配地位，但以工、农、中、建为代表的国有大型商业银行在资产规模和市场覆盖上具有显著优势，而诸多城市商业银行、村镇银行都是小规模、区域性金融机构，难以与大型金融机构对抗。因而即便是金融机构数量众多，但为数不多的大型金融机构还是能获取较强的市场支配力。③金融机构间的横向协同。国有金融机构间的默契极易形成隐秘的垄断协议，尽管不能因国家持股而认定国有金融机构间的关联关系，但国有金融机构之间存在着一种难以名状的默契，这种默契

---

① 银监会 2013 年报。

② 曹源芳：《我国各省市金融垄断程度判断——基于金融勒纳指数的分析》，《财经研究》2009 年第 4 期。

使得它们无须实际磋商即可统一行动。例如银行业在调整存贷款利率时往往动作都比较一致。[①] ④区域金融市场独占或寡占。在农村地区或者乡镇，金融机构数量不足。在农业银行退出部分农村市场后，有的农村地区只剩下农村信用合作社。在县域范围内，也只有一家或数家金融机构提供金融产品和服务，当地金融消费者没有其他选择。由此这些数量有限的金融机构在区域金融市场上取得了独占或者寡占的地位。

在具有垄断色彩的金融结构形成之后，占据了垄断地位的金融机构利用其市场支配地位或者优势地位，或者选择交易对象，或者垄断定价，导致了金融服务的需求者不能获得金融服务或者必须支付更高的成本。同时，这些金融机构还会基于逐利动机抛弃一些利润低的地区，导致这些地区金融服务供给不足[②]，从而加剧金融资源配置的不公，也会导致弱势市场主体在金融活动过程中利益受损，最终会导致社会整体福利的减损。在2014年度，商业银行累计营业支出1.6万亿元，净利润1.55万亿元，利润率将近100%。[③] 从这个数据来看，商业银行高额的利润远远超过实体经济，而商业银行如何能取得如此之高的利润呢？秘密就在银行的高息差收入中，2014年商业银行全年累计净利息收入3.3万亿元，非利息收入9022亿元，也就是说，银行收入的78.53%都是利息收入。如此之高的利息收入源于我国金融市场上的高息差，这固然有利率管制的原因，但金融垄断亦难辞其咎。在金融垄断下，居民财富和实体经济投资收益被金融机构所掠夺，导致收入差距的进一步扩大和实体经济的萎缩，同时还会滋生出地下金融体系，危害金融安全与秩序。[④] 因此，必

---

① 2015年3月1日中国人民银行下调金融机构人民币存贷款基准利率后，各小银行纷纷在浮动范围一浮到顶，而工商银行、农业银行、中国银行和建设银行浮动很少。例如工农中建交不约而同地将活期存款利率与0.35%的基准利率一致，而一些股份制银行和城商行都是0.385%、0.42%甚至0.455%。http://finance.sina.com.cn/money/bank/bank_hydt/20150302/080821620783.shtml.

② 冯果、袁康：《反垄断视域下的金融资源配置和社会公平》，《法学杂志》2011年第8期。

③ 中国银行业监督管理委员会：《中国银行业运行报告（2014年度）》，http://www.cbrc.gov.cn/chinese/files/2015/8E7C926609FF47BCA84103C74BAF4662.pdf.

④ 杨青坪、戴硕：《银行与实体经济利润反向变动调查》，《中国金融》2012年第20期。

须及时消除金融垄断，确保金融结构在金融市场的充分竞争中得到优化。具体而言，要从制度层面入手，通过法律调整来引入并强化竞争机制，使市场调节资源配置的作用能够在充分竞争的环境下得到有效发挥，进而形成一个完善的金融市场结构。金融市场的竞争程度，既与金融机构的数量多寡相关，也与金融机构之间的竞争机制是否畅通相关。[①] 因此，要消除金融垄断，需要构建竞争性的金融机构群体，同时建立有效的金融反垄断机制。

（一）打造竞争性金融机构群体

消除金融垄断与放松金融管制有紧密的关联。金融垄断结构的形成，很大程度上是源于对金融机构市场准入的严格管制，由此造成金融机构缺少竞争。金融机构之间若要形成有效的竞争，最首要的是要扩充金融机构的数量和类型，使金融机构之间能够形成基本的竞争格局。

首先，应当加快金融市场对民营资本的开放，按照十八届三中全会的要求，在加强监管和防控风险的前提下，建立公平开放透明的市场规则，实行统一的市场准入制度，鼓励和引导民间资本进入金融服务领域，允许具备条件的民间资本依法发起设立中小型银行等金融机构，将为实体经济提供必要的竞争性金融供给。[②] 通过金融市场对民营资本的开放，畅通金融机构设立的渠道，能够为金融市场引入更多的竞争主体，从而推动金融机构的优胜劣汰，促进金融机构提供更多更好的金融产品和服务，同时维护金融市场活动的公平进行。

其次，要赋予非正规金融机构合法地位，以法律制度规范和保障非正规金融机构的运行，使其成为正规金融机构的竞争者。[③] 这不仅可以加强

---

① See Stijn Claessens, Daniela Klingebiel, "Competition and Scope of Activities in Financial Services", *The World Bank Research Observer*, Vol.16, 2001, pp.19-40.

② 周小川：《全面深化金融业改革开放，加快完善金融市场体系》，《中国金融家》2014 年第 1 期。

③ 纪莺莺：《关于中国非正规金融的政治经济学》，《社会》2012 年第 5 期。

对非正规金融机构的监管，还可以督促正规金融主体创新金融产品，提高金融服务质量。最为重要的是这些转型为合法中小型金融机构的非正规金融机构可以打破正规金融机构的垄断地位，形成具有竞争性的金融结构，使得正规金融机构在其业务范围和市场份额受到威胁的情况下不再"嫌贫爱富"地选择交易对象，为弱势主体和偏远地区有针对性地提供金融服务，同时也不再"店大欺客"盘剥交易对象的利益、侵犯金融消费者权益，最终促进金融公平的实现。

最后，要鼓励新型金融机构和金融模式的发展，以金融市场中的"革命性"力量来推动金融市场竞争格局，从而促进金融结构的优化。"余额宝"的横空出世导致了银行存款纷纷搬家，银行利润的根基被新型金融产品和模式所动摇。"宝宝们"使银行不再能安然躺在垄断地位上睡大觉，而是积极融入互联网金融浪潮，开发新产品和新服务，以应对"宝宝们"和未来将出现的新型金融模式的挑战。金融法制通过减少属于金融创新范畴的新型金融机构、金融产品和金融模式面世的障碍，增加金融机构、产品和服务的供给，有利于促进金融市场竞争，优化金融结构。

（二）完善金融反垄断体制

破除金融垄断，提升金融市场的竞争性，需要建立完善且有效的金融反垄断制度。我国金融反垄断存在着法律制度上的空白，从金融监管制度来看，我国现行金融监管的目标是平衡金融安全与金融效率[①]，缺乏以消除垄断为目标的监管制度。从反垄断制度来看，我国面向一般行业的反垄断制度并不足以有效应对具有极强游说能力和行政背景且渗透在国民经济各个环节的金融机构所实施的隐秘复杂的垄断行为，缺乏高效执行金融反垄断规范的机构来监督金融市场。这两方面的原因共同导致了我国现阶段的法律制度难以对金融市场垄断实

---

① 江其务：《论金融监管》，《财贸经济》2001 年第 3 期。

行有效规制。因此，要完善金融反垄断制度，必须要基于金融行业的特殊性，协调金融监管与反垄断执法之间的关系，构建专业高效的金融反垄断体制。

《反垄断法》出台后，鲜见反垄断执法机构对金融垄断行为亮剑，究其原因主要是在立法层面上《反垄断法》对反垄断执法机构与金融监管部门之间的权责界定不清。尽管该法明确了反垄断执法机构的职权，但金融行业监管部门对金融机构长期的、深入的、全方位的监督管理与一般的工商企业迥异，使得反垄断执法机构投鼠忌器而不能强势开展反垄断执法工作。而金融监管部门往往具有明显的生产者偏好，相比于市场竞争而言更加重视金融行业的规模扩大和风险控制，从而不那么积极地关心金融反垄断问题。由此造成了金融监管部门行业监管权和反垄断执法机构的反垄断执法权之间的重叠与冲突，从而造成金融反垄断的管辖困境。[1] 事实上，金融监管部门在金融反垄断执法上具有先天的优势，监管机构相比于反垄断机构而言掌握着更为丰富和专业的金融知识，且具有明显的信息数据优势，因此在对金融垄断的结构和行为上的判断更加精准，同时对个案的调查更加便利。在境外也有一些国家的金融监管部门承担着一定的反垄断职能，例如美国的反垄断执法机构由司法部和联邦贸易委员会构成，而在金融领域内的反垄断任务，主要是由相关的金融监管机构来完成。《金融服务现代化法案》的第101节的"谨慎安全措施"中规定：通货总监署、美联储和联邦存款保险公司，发现"如资源不当集中，竞争减弱或竞争减少等负面影响时，可通过规制或命令，对关系或交易施加限制或要求"。《美联储法案》在第25A节也赋予了美联储对"控制或固定价格行为的反垄断监管权"。[2]

因此，为了顺利推动金融市场的反垄断执法，完善金融反垄断体制，可以赋予金融监管部门适当的反垄断执法权，明确其规制金融垄断和维护金融市场竞争性的职责，使其与反垄断执法机构通力配合，形成以反垄断执法机构为

---

[1] 史岩：《我国反垄断机构与金融监管机构的关系研究——以银行业为例》，载《经济问题》2014年第6期。

[2] 孙毅、郑玉琳：《从美国次贷危机中的金融垄断看我国金融反垄断体系的构建》，载《生产力研究》2010年第12期。

主导，金融监管部门辅助的合作型反垄断体制。由此一方面可避免反垄断执法机构在面对金融垄断的专业性和复杂性所产生的问题，提高了金融反垄断的效率；另一方面，能有效协调金融反垄断执法与金融政策实施，使维护金融市场竞争性更加符合金融结构优化的整体要求。

第四节　市场行为约束的法律实现路径

金融公平在微观层面要求金融市场主体按照公平原则实施具体的市场行为。从行为的经济分析视角来看，作为"理性经济人"的金融市场主体在实施特定市场行为时会评估该行为的成本和收益，并基于效用最大化的目标来做出行为决策。然而个体效用最大化与整体效用最大化并不总是相容的，即在有些情况下个体效用最大化符合整体效用最大化，而有时候个体效用最大化会导致整体效用的减损。这就导致金融市场主体有时候会偏离社会整体效用，为了自身效用最大化而实施有违金融公平的行为。同时，由于信息、环境等的不确定性导致了人的理性是有限的，[1]金融市场主体往往会基于"理性所不及的无知状态"[2]盲目地做出行为决策，偏离金融公平的目标。如何来调和个体效用与整体效用的矛盾、解决有限理性下的盲目呢？这就需要法律制度规定明确的行为模式，一方面限制个体效用最大化侵蚀整体效用，防止金融市场主体实施损害金融公平的行为；另一方面弥补有限理性的不足，引导金融市场主体做出合理的行为决策。在明确行为模式的基础上，法律制度还需要恰当地采用强制和激励的手段，调整市场行为的成本收益结构，从而确保金融市场主体遵守法律规定的行为模式。概言之，金融公平的法律实现，需要通过法律

[1]　罗纳德·科斯：《论生产的制度结构》，盛洪、陈郁译校，上海三联书店，1994，第352~362页。

[2]　何大安：《行为经济人有限理性的实现程度》，《中国社会科学》2004年第4期。

制度来约束市场行为，以符合公平原则要求的金融市场行为促进金融公平的实现。

一 加强市场行为监管

基于强制权力的政府监管表现为多种形式，有的监管表现为以税收为代表的再分配，有的监管则表现为以消除外部性为目标而以不损害个体利益但能增进社会整体利益的方式限制市场主体行为。[1] 在以金钱至上和收益最大化为信条的金融市场，在自然状态下会奉行弱肉强食的"丛林法则"，具有优势地位的强势主体恣意妄为，弱势主体会遭受不公平对待，社会整体金融福利也会受到减损。只有通过对金融市场实施有效监管，约束金融市场主体的行为，杜绝背离金融公平原则的市场行为，才能确保金融体系的公平运行。易言之，通过强化金融监管来对金融市场主体行为进行强制约束，是实现金融公平的必要路径。金融监管属于基于行政权力干预金融市场，不论是从依法治国原则还是从尊重市场规律角度而言，都需要以法治思维来完善和规范金融监管。完善金融监管制度，加强金融市场行为监管，是金融公平法律实现的题中应有之义。

（一）明确公平导向的金融市场行为规则

法律在行为约束上的有效性来自法律规范中明确的行为模式和法律后果。法律规范的成文规定，使得市场主体得以知晓市场行为的合法与非法的边界，区分可为与不可为的界限。因此金融监管必须以具体的市场行为规则为前提，由此设定明确的监管标准，既为监管部门行使监管权力提供法律依据，同时又

---

[1] Colin Camerer, Samuel Issacharoff, George Loewenstein, Ted O'Donoghue, Mathew Rabin, "Regulation for Conservatives: Behavioral Economics and the Case for Asymmetric Paternalism", *University of Pennsylvania Law Review*, Vol.151, 2003, pp.1211-1254.

为市场行为提供指引。监管部门通过日常监管规范市场行为并维持正常的市场秩序，当金融市场主体实施了违反法律所明确规定的市场行为规则时，监管部门得依法采取监管措施，对违法行为进行处罚。可以说，以金融市场行为规则为主要内容的金融法律规范是金融监管的基础和依据。因此金融市场行为规则的价值取向会传导至金融监管，进而影响金融市场行为。易言之，只有按照公平导向制定和完善金融市场行为规则，金融监管才能据此落实行为约束，确保金融市场行为符合金融公平的要求。

从明确金融市场行为规则的方式来看，作为金融市场主体行为的指引和依据的法律规则应该具有两个方面：一方面是通过强制性规范或倡导性规范明确金融市场主体基于金融公平要求做出金融行为的积极行为模式；另一方面是通过禁止性规定限制金融市场主体不得实施有违金融公平之行为的消极行为模式。法律制度明文对金融市场主体的积极行为模式和消极行为模式予以规定，并且以行政处罚等为代表的否定性法律评价进行强制性约束，或者以奖励、优惠待遇等肯定性法律评价进行激励性约束。当市场主体未遵循法律规定的行为模式时，将在法律制裁机制作用下受到处罚，而当市场主体遵循了法律规定的行为模式时，其行为方能得到法律的认可。由于市场行为的性质、与金融公平的关联程度、对金融公平的危害性等存在着一定的差别，故而行为规则的紧迫性和制度刚性也需要区别处理。因此基于这两个方面来完善金融市场行为规则法律制度体系，能够在一定程度上协调上述几个关系。例如利用信息优势所实施的内幕交易行为，严重损害了证券交易的公平、公正和公开原则的根基，侵害了中小投资者的利益，亟须及时有力地予以禁止和打击，故而适合以消极行为模式禁止内幕交易行为。再如印度为了保证分支机构在农村地区的扩张真正带给当地居民获取储蓄和信贷的金融服务机会，印度央行以严格的存贷款政策对商业银行施以监管。在 1969 年到 1990 年间，农村贷款利率被要求低于城市地区，而农村存款利率要高于城市地区。在印度银行国有化之后，央行强制各银行在优先部门（priority sectors）的信贷资产配置需达到要求，包括中小企业贷款、农业贷款等。同时，为了防止各商业银行将其吸收的贷款集中发放到城市地区，印度央行要求各银行分支机构在运营地的贷款与存款的比率不得低于60%，[①] 通过这种强制性义务来约束商业银行的信贷行为。当然，银行向农村地区投放贷款，尽管有利于保障农村居民公平获取信贷服务，但该行为在性质上是市场化的自主经营行为，不宜过度以法律手段强制干预，故而适合以积极行为模式来予以激励。

从明确金融市场行为规则的内容来看，以金融公平为导向构建金融市场主体行为规则的内容体系，是通过行为约束实现金融公平的制度保障。然而由于金融公平内涵丰富，且贯穿于金融市场活动的各个环节，因此公平导向的金融市场行为规则的内容也具有体系庞杂、涉及面广泛的特点而难以一一穷尽，但归根结底都要符合金融市场公平进入、金融交易公平进行和金融福利公平分享的具体要求。另外，市场行为属于微观的要素，表现为具体的金融市场活动更多地集中在金融交易领域，所以公平的金融交易规则又是构建公平导向的金融市场主体行为规则制度体系的重点。只有建立了内容全面、体系完善的行为规则制度，才能有效地规制各类主体的市场行为，使之符合金融公平的要求。

（二）完善金融监管体制

金融监管部门是金融监管的具体实施者，金融监管体制的顶层设计关系到金融监管的实际效能，只有金融监管体制的进一步完善，才能通过监管权力的顺畅行使，约束市场行为，使其符合公平导向的金融市场规则。易言之，金融市场主体按照符合金融公平原则的要求实施市场行为，需要完善的金融监管体制提供保障。在金融法制进一步完善金融监管体制，提高监管效能的基础上，

[①] Robin Burgess, Rohini Pande, "Do Rural Banks Matter? Evidence from the India Social Banking Experiment", *The American Economic Review*, Vol.95, No.3, 2005, pp.780-795.

市场主体行为能得到有效的约束。

　　首先，要明确金融监管主体及其职权。随着金融市场的高速发展和混业经营趋势日益凸显，金融行为的构成也越来越复杂。这一背景令我国传统"一行三会"的金融监管格局捉襟见肘。以金融消费者保护机构为例，中国人民银行设立了金融消费者权益保护局，银监会和保监会分别设立了消费者保护局，证监会设立了投资者保护局，这些机构尽管都能在各自金融业别内发挥维护金融消费者权益、约束金融市场主体行为的功能，但这种各管一摊的分业监管模式还停留在过去的机构监管的思维中，极易出现监管真空和监管重叠，影响金融监管的实际效果。英国金融监管改革的经验可以为我国优化金融监管体制提供有益借鉴。英国于 2012 年通过《金融服务法》将金融服务局（FSA）正式拆分为审慎监管局（Prudential Regulation Authority）和金融行为监管局（Financial Conduct Authority，FCA），FCA 的职责是为了保证金融市场运行秩序和金融消费者获得公平对待，对金融机构的具体行为进行监管。[①] 这种监管体制将金融行业的审慎监管和行为监管区别开来，由独立机构统一负责金融市场行为的监管，能够解决监管过程中的职权不清和目标多元的问题，保障金融监管能真正有效约束金融市场主体的行为，确保金融市场行为符合金融公平原则的要求。

　　其次，要建立多层次的金融监管体系。监管力量背后所依赖的约束力，既有来自行政权力的，也有来自行业契约的，还有来自舆论压力的。传统的金融监管主要表现为行政监管和自律监管，行政监管基于行政权力自不待言，基于行业协会的自律监管也由于缺乏足够的独立性而或多或少地带有相当的行政色彩。[②] 仅靠行政权力监管并不足以对市场行为进行有效约束。一方面行政权力在实施金融监管时往往具有运动式的特点；另一方面金融市场活动所涉及

① 高田甜、陈晨：《英国金融监管改革研究——基于金融消费者保护视角》，《证券市场导报》2013 年第 9 期。

② 李国运：《中国资本市场监管体系的若干问题》，《中南财经政法大学学报》2006 年第 6 期。

的主体数量巨大、行为复杂且覆盖面广，单靠监管部门实施点对面的监管难以及时、全面地对有损金融公平的行为进行查处。对此，可以通过合理的制度设计充分发挥金融市场主体包括社会力量在金融监管方面的主观能动性，可以对现有监管体系形成有效的补充。[①] 事实上，会计师事务所和律师事务所等中介机构、新闻媒体以及广大的投资者群体处在金融市场的终端和一线，能够更直接、更贴近地接触和了解金融市场行为的真实情况，往往这类社会主体也是举报和揭露有违公平市场行为规则不可忽视的力量。[②] 然而我国法律对这类社会监管力量并无相应制度保障，社会监管既无奖励，又无相应保护措施，这种制度缺失严重制约了社会监管的积极性。因此有必要借鉴美国、欧盟等成熟金融市场的"告密者"制度，以严格的保密措施和法律保障解决社会监管力量的后顾之忧。同时明确和规范社会主体通过提供信息、监督等配合监管部门的方式和程序。一旦法律制度确认了社会主体在金融监管中的功能和地位，并构建相应的激励机制和责任追究机制，推动金融监管的社会化，无疑将形成一股重要的自下而上的社会监管力量，并成为传统金融监管的有益补充，极大地提高金融监管的全面性、及时性和有效性，从而对金融市场行为形成有力的约束，确保金融活动的公平有序进行。

（三）明确和强化法律后果

法律后果之于法律实施的意义相当重大，若没有法律后果，守法与否并无二致，法律实施便沦为空谈。积极的法律后果主要是奖励、优惠待遇等，而消极的法律后果则表现为行政处罚、刑罚等。法律仅仅规定行为模式并不足以产生实质性约束力，只有明确和强化行为特定模式的法律后果，才会有效地约束各类主体的行为。在金融体系运行中，法律是金融监管和市场行为约束的依

---

① 冯果、袁康：《从法律赋能到金融公平——收入分配调整与市场深化下金融法的新进路》，《法学评论》2012 年第 4 期。

② 例如"蓝田股份"虚假陈述案就是经中央财经大学一名教授揭露的。

据，法律规范也必须规定明确的法律后果，否则相关法律制度将成为"没有牙齿的老虎"，进而无法有效约束金融市场行为。因此，以法律来约束金融市场行为，必须要明确和强化法律后果，通过对积极法律后果的激励以及消极法律后果的强制来约束金融市场行为，使其符合金融公平的要求。

首先，必须以明确的法律后果来形成法律制度的实质约束力。要使金融市场主体按照公平原则实施市场行为，既可以通过强制性规范对市场主体课以法定义务规定明确的行为模式，也可以通过倡导性规范呼吁市场主体遵从指导性的行为模式。就前者而言，若市场主体未遵守法定行为模式，则会产生严重的法律后果。然就后者而言，即便是市场主体未遵从法律规定，市场主体也不会承担任何法律责任。因此，相比于强制性规范而言，倡导性规范基本上难以对金融市场行为形成有效约束。但是我国金融公平法律制度体系的现实状况是，以部门规章和其他规范性文件的形式存在的倡导性规范数量过多，即便汗牛充栋也仍难具有实际的约束力。从这个层面来讲，由于金融公平内涵的丰富层次，符合金融公平要求的行为模式也是对市场主体提出了不同程度的要求，因此不宜采取"一刀切"的方式全部以强制性规范予以规定。但是可以将条件成熟的倡导性规范调整为强化执行规范，通过强制约束力来确保法律的实效。从另一个层面来讲，倡导性规范难以发挥作用的原因也是由于积极法律后果的缺失，因此可以通过明确积极的法律后果，设立合理的激励机制来促进市场主体遵从法律规定的行为模式，通过对市场主体利益的实际调整来引导和约束市场行为。

其次，必须以强化法律后果来提高法律制度的约束力。市场主体在实施市场行为时，往往会对成本收益进行衡量。因此，通过强化法律后果来提高违法成本，增加守法收益，能够使市场行为的成本收益对比更鲜明，从而放大法律制度的约束力。换句话说，加大对违法行为的惩罚力度以形成有力震慑，同时增加对守法行为的奖励以形成激励，使法律对金融市场行为的约束更为有效。以证券市场内幕交易为例，根据我国《刑法》第一百八十条规定："证券、期货交易内幕信息的知情人员或者非法获取证券、期货交易内幕信息的人员，在涉及证券的发行，证券、期货交易或者其他对证券、期货交易价格有重大影响的信息尚未公开前，买入或者卖出该证券，或者从事与该内幕信息有关的期货交易，或者泄露该信息，或者明示、暗示他人从事上述交易活动，情节严重的，处五年以下有期徒刑或者拘役，并处或者单处违法所得一倍以上五倍以下罚金；情节特别严重的，处五年以上十年以下有期徒刑，并处违法所得一倍以上五倍以下罚金。"严格的法律责任会对内幕交易者形成巨大的威慑，若只是简单地处以没收违法所得和市场禁入等处罚，则过低的违法成本将导致内幕交易活动屡禁不止。而在日趋高强度的调查和越来越严格的刑罚下，内幕交易活动会慑于严重的法律后果而得以减少。

二　推动金融机构社会责任法律化

金融机构不仅作为营利性组织存在，而且具有"准公共机构"的属性，[①] 因此，金融机构在从事金融活动获取利润的同时，还需要承担促进经济增长、消除贫困、无歧视地提供金融服务和增进社会整体福利等社会责任。[②] 金融机构履行社会责任，包括向贫困地区和人群提供金融服务、公平对待金融消费者、保护环境、慈善捐赠等内容，有利于实现金融市场公平进入、金融交易公平进行和金融福利公平分享。然而由于社会责任通常表现为并无法律强制约束力的道德要求，导致其难以对抗金融机构的逐利秉性，造成了金融机构在实施市场行为时往往过度追求利润最大化而将其应履行的社会责任抛诸脑后的现象频发。易言之，由于社会责任缺乏法律强制力保障，导致了金融机构社会责任难以充分落实。然而，随着企业社会责任法律化渐成潮流，法学界正在探讨企

---

① 周仲飞：《提高金融包容：一个银行法的视角》，《法律科学》2013 年第 1 期。

② Francesc Prior, Antonio Argandoña, "Best Practices in Credit Accessibility and Corporate Social Responsibility in Financial Institutions", *Journal of Business Ethics*, Vol.87, 2009, pp.251-265.

业社会责任从缺乏强制约束的道德义务转变为有强制约束力之法律义务的可能性。[1] 从这个层面来看，将能够显著推动金融公平的金融机构社会责任法律化，将金融机构维护金融公平的道德义务逐渐转变成为法律义务，从而能更好地约束金融机构的行为，使其在经营活动中追求和实现金融公平。

（一）明确金融机构社会责任法律化的范围

金融机构所承担的社会责任反映着金融伦理对于金融机构经营活动的要求，监管部门、行业协会和金融机构自身也都在参与金融市场活动过程中积极地明确社会责任的范畴并积极履行社会责任。2007 年银监会办公厅发布的《关于加强银行业金融机构社会责任的意见》[2] 和 2009 年银行业协会发布的《中国银行业金融机构企业社会责任指引》率先就银行业金融机构履行社会责任的问题进行了规定。中国银行业协会在《2010 年度中国银行业社会责任报告》中，从提高服务质量满足大众金融需求、以社会民生福利目标引导信贷资源配置、以低碳金融支持环境友好型社会建设、支持公益慈善事业、保障员工权益等方面来阐述了银行业金融机构履行社会责任的状况。[3] 其中，改进金融服务，提升消费体验和客户满意度、宣传普及金融知识、保护消费者合法权益、加强中小企业支持力度、扶持中小企业成长、完善农村金融服务功能、强化"三农"金融支持、支持民生保障工程建设、促进全民金融普惠、推行绿色信贷支持低碳经济、开展抗灾救灾和扶贫帮困等都与金融公平的要求相契合。2014 年 7 月，保监会发布首份《中国保险业社会责任白皮书》，体现了保险业在构建社会保障体系、提高社会治理水平、完善经济补偿机制、服务国家经济转型等方面的作用，展示了农业保险、巨灾保险、责任保险和大病保险等工具的发展情况，关注了保险业主动参与灾害救助、教育助学、养老医疗、孤残帮扶、低碳环

---

① 蒋建湘：《企业社会责任的法律化》，《中国法学》2010 年第 5 期。

② 银监办发〔2007〕252 号。

③ 中国银行业协会：《2010 年度中国银行业社会责任报告》，2011 年 6 月。

保、重疾研究等方面的公益事业以及保险业融合公益思想针对弱势群体专门设计的非营利保险产品，[①] 也反映了金融福利公平分享的要求。证券业协会发布的《2012 年度证券公司履行社会责任情况报告》中所提及的"服务实体经济，拓宽企业融资渠道"、"尝试社会责任投资"、"加强客户沟通，提升满意度"、"完善客服体系，提高服务质量"、"引入质量管理体系，规范金融产品质量管理"、"注重客户信息保护，维护公民隐私安全"、"明示收费标准，落实降费政策"、"感恩回馈社会，深化公益活动"、"设立专项公益基金，规范基金会管理"、"参与专项扶贫活动，改善贫困地区面貌"和"倡导绿色金融，支持环保低碳"[②] 等都在不同程度上体现着金融公平三个维度的要求。在金融机构社会责任日益得到重视的背景下，金融行业各机构也都纷纷发布社会责任年度报告。金融机构履行社会责任，很大程度上改善了金融市场的公平状况。然而由于没有统一标准和严格约束，各金融机构履行社会责任的水平参差不齐。例如，有的金融机构将履行社会责任片面地理解为为股东创造价值、为员工提高福利、开展贫困帮扶志愿活动等，[③] 并未从金融福利公平分享的角度推动金融发展成果共享。也有许多金融机构将履行社会责任流于运动式、标签式的活动，缺乏履行社会责任的长效机制。问题的关键在于法律缺乏对金融机构社会责任的规定。因此，需要通过完善法律制度，明确和统一金融机构社会责任的范围和内容，为金融机构履行社会责任提供法律依据。

（二）强制性规范与倡导性规范：区分金融机构社会责任法律化的两条道路

金融机构社会责任法律化，不仅要明确金融机构社会责任的范围和类型，

---

① 保监会网站，http://www.circ.gov.cn/web/site0/tab125/info3920817.htm。

② 中国证券业协会：《2012 年度证券公司履行社会责任情况报告》，2013 年 4 月，http://www.sac.net.cn/hysj/zxtjsj/gzdt/201304/t20130419_62081.html。

③ 参见《太平洋证券股份有限公司 2014 年度社会责任报告》。

而且要通过法律规范的约束力引导金融机构的市场行为。根据强制力的不同，法律规范包括了强制性规范和倡导性规范，金融机构社会责任法律化应当在区分社会责任类型的基础上采取适合的法律化手段。尽管金融机构社会责任很大程度上来源于道德要求，但是这些道德要求有着鲜明的层次差异，由此金融机构社会责任本身也有高低大小、轻重缓急。有些社会责任只是基于维护公平市场秩序的角度要求金融机构作为强势市场主体主动地公平行事，是对金融机构行为做出的较低道德要求，不需要金融机构的物质投入，更不会构成金融机构利益的让渡。例如加强客户隐私保护、明示收费标准、宣传普及金融知识等。若金融机构不履行这些社会责任，将会造成弱势市场主体遭受不公平待遇。有些社会责任是从经济、社会、生态协调发展的角度出发，为使金融市场运行符合特定政策目标而迫切需要金融机构调整其经营行为。例如，不得向高污染高能耗项目提供信贷、县域金融机构在当地信贷投放应不少于一定比例等。尽管要求金融机构履行这类社会责任在一定程度上是对其自主经营的干预，但若不履行这类社会责任，将会造成社会整体效用的减损，因此在某种意义上，这类社会责任是协调社会总体福利的要求。上述两类社会责任都属于底线公平的要求，应当要求金融机构必须履行，因此可以通过强制性规范对金融机构课以强行义务，将这类社会责任从道德要求转变为法律义务。

同时还有些社会责任代表着更高的道德要求，涉及金融机构的自主经营策略和利益让渡。例如，在农村地区设立金融机构或其分支机构、向农民或穷人等弱势主体发放贷款、通过捐赠和低成本金融工具的方式支援弱势群体和欠发达地区的发展等。这类社会责任是将金融公平作为高于金融机构营利性的最高层次的社会责任，然而金融机构是作为理性经济人的商事主体，追求利润无可厚非，不宜过分苛求金融机构压制其盈利目标来承担公益性事务，因此不宜就这类社会责任的履行课以强制性义务。但为了鼓励金融机构积极履行这些社会责任，可以采用倡导性规范在法律中予以明确，并通过合理的激励机制促进金融机构对倡导性规范的遵守。

　　金融机构作为金融市场主体，也有参与金融市场活动，自主营业并获取利润的自由和权利。这种权利本质上是一种私权，法律不宜强制干预。然而由于金融机构的准公共机构性质，加上金融作为国民经济命脉对经济社会发展的关键作用，又需要法律适当地调整对金融机构的私权进行强制约束。因此，将一部分金融机构社会责任通过强制性规范的形式予以规定，使其成为金融机构的法定义务，同时将一部分金融机构社会责任通过提倡性规范的形式予以明确，以推动金融机构的实际履行。

　　金融机构社会责任到底是以强制性规范的形式法律化，还是以倡导性规范的形式法律化？笔者认为应该根据社会责任的层次性、必要性和合理性来予以区分，即只能将必须要求金融机构履行的属于底线要求的社会责任转化为强制性法律义务，保留金融机构在更高层次自主选择履行社会责任的合理空间。具体而言，可以通过道德底线标准、社会底线标准和市场底线标准来综合进行判断。①道德底线标准，即要衡量金融机构社会责任所反映的道德要求，将公平对待客户和公平进行交易作为金融机构道德的基本要求，并以最基本的善意和公平观念作为底线，对金融机构社会责任进行划分。对于这个底线以下的金融机构社会责任应当以强制性规范予以法律化，对于超过这个底线的较高的道德要求，适宜采用倡导性规范予以法律化。②社会底线标准，即以社会整体效用以及社会目标的紧迫性为标准来衡量金融机构社会责任，当金融机构履行特定社会责任属于当前经济社会发展所必需，不履行该义务会造成社会整体效用减损时，金融机构必须履行该社会责任。当特定类型社会责任的履行具有紧迫性，系防止社会整体效用减损所急需，此时宜将这类社会责任通过强制性规范予以确定，以确保其得以切实履行。对于尽管能显著提升社会整体效用，但并不那么紧迫的，则可以通过倡导性规范予以规定。③市场底线标准，即金融机构社会责任的履行应当充分考虑市场机制的作用并尊重金融机构的自主选择，以市场机制不能对金融机构履行相应社会责任进行有效调整为底线，对于金融机构在市场机制下可以自主履行的社会责任，宜采取倡导性规范予以法律化，而只有对于在市场机制下难以有效、充分、全面得以履行的社会责任，方可采用强制性规范予以法律化。上述三大标准应当同时适用于对金融机构社会责任的区分，以确保金融机构社会责任法律化的合理限度，充分尊重市场规律和金融机构的自主选择，实现金融机构社会责任的有效履行。

结　论

本书围绕金融公平的法律实现这"一个中心"，沿着金融资源公平配置和金融活动公平开展这"两个方面"，基于金融公平所包含的金融市场公平进入、金融交易公平进行、金融福利公平分享的"三重维度"，把握金融公平法律实现过程中的主体能力、金融结构、市场行为和法律制度这"四类要素"，探索了通过赋能、强制、激励和调控等法律调整的"四种方法"来完善金融法律制度体系，从而利用法律调节手段实现金融公平的进路。本书的研究可以归纳出以下基本结论。

（1）金融发展不仅具有促进经济增长的经济功能，而且还具有收入分配、区域协调等社会功能。金融社会功能的发挥，实际上是基于对金融资源的公平配置，形成所有社会资源公平配置的结果，进而取得维护社会公平、促进社会发展的效果。同时，从金融体系运行来看，金融市场活动本身也应当遵循基本的伦理要求、符合公平正义的基本原则。此外，金融市场的公平性也是金融体系有序运行且效率最优的重要保障和内在要求。因此，金融公平应当与金融安全和金融效率一道，共同成为金融市场和金融法制的基本价值目标。

（2）金融公平涵盖了金融活动的全部过程和最终效果，其具体范畴包括三个维度：其一是作为机会公平的金融市场公平进入，即需求者能够不受歧视和排斥地获取充足有效的金融服务供给，而供给者能够公平从事金融营业，金融服务行业面向各类主体平等开放；其二是作为过程公平的金融交易公平进行，即金融市场主体地位平等、权利义务对等，金融交易遵循公平的市场规则；其三是基于结果公平的金融福利公平分享，即所有社会主体都能公平且普惠地受益于金融体系的运行和发展，金融福利的分配应当实现个体金融福利的公平分配和调节并且能够提升社会整体福利。

（3）金融公平的实现路径是多元化的，然而利用市场调节来实现金融公平会因为市场机制的固有缺陷而失灵；而道德调节本身的内在性和自觉性，加上金融市场主体道德水平不可预期，导致了金融公平的道德实现存在着显著的不确定性；同时政策本身稳定性与长效性的缺失，加上微观调节的乏力和实施机制的间接性，决定了政策调节难以成为金融公平的有效实现路径。而通过制定和实施完善的法律制度，规范和约束金融市场主体的行为，促进金融资源公平配置，维护公平的金融市场环境的法律路径在融合了前述三种路径的优点的同时又能避免前三者的不足，是实现金融公平的最优路径选择。

（4）金融公平的法律实现，需要把握主体能力、金融结构、市场行为和法律制度等四大要素，通过法律调节实现金融公平，需要从客观上维护金融市场的公平环境，即调整和优化金融结构，规范和约束金融市场主体的市场行为，同时从主观上调节金融市场主体能力，使各类主体之间能力对比相对均衡协调，并以制定良好且有效实施的法律制度作为工具将主观客观方面的努力常态化。

（5）金融公平的法律调整方法，是法律调节金融体系运行和金融活动以实现金融公平的基本机理。金融公平的法律实现，需要在金融法律制度中综合运用赋能、强制、激励和调控等调整方法，确认金融市场主体的权利尤其是弱势主体的权利，促进金融市场主体的权利自觉，增强其参与金融市场博弈和维护自身权益的能力；通过强制性规范对金融市场主体课以强制义务，确立强制性的行为模式，使公平原则贯穿于金融市场主体行为之中；通过设置相应的声誉激励和经济激励，诱导金融市场主体主动地按照符合金融公平要求的方式开展金融活动；以法律制度设计来调整宏观金融结构，通过金融结构优化达到金融资源公平配置的效果。

（6）当前我国金融市场的公平程度不容乐观，同时面临着发展普惠金融促进金融包容程度、加强金融消费者保护的双重任务，金融公平的实现还任重道远。尽管我国目前在促进金融市场公平进入、金融交易公平进行和金融福利公平分享方面做出了很多制度建设上的努力，但是依然存在着金融公平相关法律制度层级较低，金融公平法律化程度不足；金融公平具体目标在各类制度中反映不均衡；过于依赖外部约束，忽视了主体能力提升；调整方法具有浓厚的干预色彩和管制思维等问题。因而亟须借鉴外国的有益制度经验，推动我国金融法律制度的范式重构和进路变革，进一步完善我国金融法律制度体系，为金融公平的法律实现提供制度保障。

（7）我国金融公平法律实现的具体路径需要以法律制度、主体能力、金融结构、市场行为四大关键要素为线索，首先要按照构建具有针对性、全面性、权威性和科学性的金融公平法律制度的总体思路，进一步完善金融公平法律制度体系；其次要通过立法提高市场主体的金融素养、确认和保障团体的资格和能力、确认和保障弱势市场主体的权利，以实现金融市场主体能力的均衡；再次要放松金融管制，建立市场化的金融机构准入和退出制度，推动利率形成机制的市场化法制化，鼓励和保障金融创新，同时要适度干预金融市场，规范政府在金融结构优化中的直接参与，完善政府在金融结构优化中的间接调控，同时通过打造竞争性金融机构群体和完善金融反垄断体制来消除金融垄断，实现金融结构的优化；最后就是通过加强市场行为监管和推动金融机构社会责任的法律化来实现对金融市场行为的有效约束。

参考文献

一　中文文献

（一）著作

［1］〔奥〕尤根·埃利希:《法律社会学基本原理》，叶名怡、袁震译，中国社会科学出版社，2009。

［2］〔古希腊〕亚里士多德:《尼各马科伦理学》，苗力田译，中国人民大学出版社，2003。

［3］〔古希腊〕亚里士多德:《政治学》，颜一、秦典华译，中国人民大学出版社，2003。

［4］〔美〕E.博登海默:《法理学：法律哲学与法律方法》，邓正来译，中国政法大学出版社，1999。

［5］〔美〕R.I.麦金农:《经济发展中的货币与资本》，卢骢译，上海三联书店，1988。

［6］〔美〕爱德华·肖:《经济发展中的金融深化》，邵伏军等译，生活·读

书·新知三联书店，1988。

［7］〔美〕昂格尔:《现代社会中的法律》，吴玉章、周汉华译，译林出版社，2001。

［8］〔美〕保罗·萨缪尔森、威廉·诺德豪斯:《萨缪尔森谈效率、公平与混合经济》，萧琛译，商务印书馆，2012。

［9］〔美〕博特赖特:《金融伦理学》，静也译，北京大学出版社，2002。

［10］〔美〕柯提斯·J.米尔霍普，〔德〕卡塔琳娜·皮斯托:《法律与资本主义——全球公司危机揭示的法律制度与经济发展的关系》，罗培新译，北京大学出版社，2010。

［11］〔美〕路易斯·卡普洛、斯蒂文·沙维尔:《公平与福利》，冯玉军、涂永前译，法律出版社，2007。

［12］〔美〕罗伯特·希勒:《金融与好的社会》，束宇译，中信出版社，2012。

［13］〔美〕罗纳德·科斯:《论生产的制度结构》，盛洪、陈郁译，上海三联书店，1994。

［14］〔美〕马丁·舒贝克:《货币和金融机构理论》，王永钦译，上海三联书店、上海人民出版社，2006。

［15］〔美〕帕特里克·博尔顿、霍华德·罗斯塔尔:《穷人的信贷市场》，徐晓萍译，上海财经大学出版社，2011。

［16］〔美〕庞德:《通过法律的社会控制、法律的任务》，沈宗灵译，商务印书馆，1984。

［17］〔美〕塞缪尔·弗莱施哈尔克:《分配正义简史》，吴万伟译，译林出版社，2010。

［18］〔美〕约翰·罗尔斯:《正义论》，何怀宏、何包钢、廖申白译，中国社会科学出版社，1988。

［19］〔美〕约翰·罗尔斯:《作为公平的正义》，姚大志译，上海三联书店，2002。

［20］〔美〕约瑟夫·斯蒂格利茨:《不平等的代价》,张子源译,机械工业出版社,2013。

［21］〔孟加拉国〕默罕默德·尤努斯:《穷人的银行家》,吴士宏译,生活·读书·新知三联书店,2006。

［22］〔印〕阿比吉特·班纳吉、〔法〕埃斯特·迪弗洛:《贫穷的本质》,景芳译,中信出版社,2013。

［23］〔印〕阿玛蒂亚·森:《伦理学和经济学》,王宇、王文玉译,商务印书馆,2000。

［24］〔印〕阿玛蒂亚·森:《以自由看待发展》,任赜、于真译,中国人民大学出版社,2012。

［25］〔印〕阿玛蒂亚·森:《正义的理念》,王磊、李航译,中国人民大学出版社,2012。

［26］〔英〕庇古:《福利经济学》,金镝译,华夏出版社,2007。

［27］〔英〕布莱恩·巴利:《社会正义论》,曹海军译,江苏人民出版社,2012。

［28］〔英〕大卫·休谟:《道德原则研究》,曾晓平译,商务印书馆,2001。

［29］〔英〕杰里米·边沁:《道德与立法原理导论》,石殷弘译,商务印书馆,2009。

［30］〔英〕麦金太尔:《伦理学简史》,龚群译,商务印书馆,2003。

［31］〔英〕亚当·斯密:《道德情操论》,蒋自强等译,商务印书馆,1997。

［32］〔英〕约翰·斯图亚特·穆勒:《功利主义》,叶建新译,九州出版社,2007。

［33］ CAF-拉丁美洲开发银行:《面向发展:推动拉丁美洲金融服务的可获性》,当代世界出版社,2012。

［34］ 白钦先:《金融可持续发展研究导论》,中国金融出版社,2001。

［35］ 曾康霖:《二元金融与区域金融》,中国金融出版社,2008。

［36］ 陈传胜：《马克思恩格斯的公平正义观研究》，合肥工业大学出版社，
2011。

［37］ 陈蓉：《三农可持续发展的融资拓展：民间金融的法制化与监管框架的
构建》，法律出版社，2010。

［38］ 陈雨露：《中国农村金融论纲》，中国金融出版社，2010。

［39］ 程伟：《开发性金融理论与实践导论》，辽宁大学出版社，2005。

［40］ 丁瑞莲：《金融发展的伦理规制》，中国金融出版社，2010。

［41］ 丁瑞莲：《现代金融的伦理维度》，人民出版社，2009。

［42］ 杜帮云：《分配公平论》，人民出版社，2013。

［43］ 费孝通：《费孝通论文化与文化自觉》，群言出版社，2007。

［44］ 冯果、袁康：《社会变迁视野下的金融法理论与实践》，北京大学出版
社，2013。

［45］ 国家开发银行：《开发性金融论纲》，中国人民大学出版社，2006。

［46］ 洪修文：《法律、投资者保护与金融发展》，武汉大学出版社，2007。

［47］ 胡志强：《金融系统的福利经济分析》，武汉大学出版社，2005。

［48］ 黄韬：《金融抑制与中国金融法治的逻辑》，法律出版社，2012。

［49］ 焦瑾璞、陈瑾：《建设中国普惠金融体系：提供全民享受现代金融服务
的机会和途径》，中国金融出版社，2009。

［50］ 经济合作与发展组织编：《OECD 国家的监管政策——从干预主义到监管
治理》，陈伟译，法律出版社，2006。

［51］ 李艳霞：《公民资格与社会福利》，中国社会科学出版社，2012。

［52］ 厉以宁、吴易风、李懿：《西方福利经济学评述》，商务印书馆，1984。

［53］ 林毅夫：《新结构经济学——反思经济发展与政策的理论框架》，苏剑
译，北京大学出版，2012。

［54］ 刘志云：《商业银行社会责任的法律问题研究》，厦门大学出版社，
2011。

［55］　罗豪才、宋功德:《软法亦法——公共治理呼唤软法之治》,法律出版社,2009。

［56］　倪正茂:《激励法学探析》,上海社会科学院出版社,2012。

［57］　牛凯龙:《金融抑制、金融改革与"三农"发展》,中国财政经济出版社,2011。

［58］　彭建刚:《中国地方中小金融机构发展研究》,中国金融出版社,2010。

［59］　漆多俊:《经济法基础理论》,法律出版社,2008。

［60］　漆多俊:《转变中的法律——以经济法为中心视角》,法律出版社,2007。

［61］　冉光和:《财政金融政策与城乡协调发展》,科学出版社,2009。

［62］　万树:《国民福祉理论与实证研究》,中国财政经济出版社,2012。

［63］　王曙光:《告别贫困:中国农村金融创新与反贫困》,中国发展出版社,2012。

［64］　王曙光:《金融发展理论》,中国发展出版社,2010。

［65］　王曙光:《金融伦理学》,北京大学出版社,2011。

［66］　王曙光:《普惠金融:中国农村金融重建中的制度创新与法律框架》,北京大学出版社,2013。

［67］　吴忠:《金融危机与贫困:挑战与行动》,知识产出版社,2010。

［68］　姚文胜:《利益均衡:推进社会公平的路径建议》,法律出版社,2012。

［69］　喻平:《金融发展与居民收入差距的理论与实证研究》,中国经济出版社,2012。

［70］　喻平:《金融发展与居民收入差距的理论与实证研究》,中国经济出版社,2012。

［71］　张培刚、张建华:《发展经济学》,北京大学出版社,2009。

［72］　张维迎:《信息、信任和法律》,生活·读书·新知三联书店,2003。

［73］　赵苑达:《西方主要公平与正义理论研究》,经济管理出版社,2010。

［74］ 郑长德:《发展金融学》,中国经济出版社,2011。

［75］ 郑长德:《中国转型时期的金融发展与收入分配》,中国财政经济出版社,2007。

［76］ 周其仁:《城乡中国》,中信出版社,2013。

［77］ 朱家贤:《环境金融法研究》,法律出版社,2009。

（二）期刊论文

［1］ 阿尔弗列德·翰尼葛、斯坦芬·杰森:《金融包容和金融稳定:当前的政策问题》,《新金融》2011年第3期。

［2］ 白钦先,白炜:《金融功能研究的回顾与总结》,《财经理论与实践》2009年第5期。

［3］ 白钦先、谭庆华:《论金融功能演进与金融发展》,《金融研究》2006年第7期。

［4］ 白钦先:《金融结构、金融功能演进与金融发展理论的研究历程》,《经济评论》2005年第3期。

［5］ 蔡定剑、刘丹:《从政策社会到法治社会——兼论政策对法制建设的消极影响》,《中外法学》1999年第2期。

［6］ 曹源芳:《我国各省市金融垄断程度判断——基于金融勒纳指数的分析》,《财经研究》2009年第4期。

［7］ 柴瑞娟:《村镇银行支农性制度构建研究》,《经济法论丛》2009年第2期。

［8］ 陈斌开、林毅夫:《金融抑制、产业结构与收入分配》,《世界经济》2012年第1期。

［9］ 陈氚:《超越嵌入型范式:金融社会学的起源、发展和新议题》,《社会》2011年第5期。

［10］ 单玉华:《对金融活动公平性的伦理关注》,《经济经纬》2007年第2期。

［11］ 丁灿、许立成、徐志坚:《中国金融公平建设:理论与实践》,《现代管理

科学》2010 年第 6 期。

[12] 丁瑞莲、邓学衷:《西方金融伦理理论述评》,《国外社会科学》2009 年第 5 期。

[13] 董志强:《我们为何偏好公平:一个演化视角的解释》,《经济研究》2011 年第 8 期。

[14] 丰霏:《论法律制度激励功能的分析模式》,《北方法学》2010 年第 4 期。

[15] 冯果、李安安:《包容性监管理念的提出及其正当性分析——以农村金融监管为中心》,《江淮论坛》2013 年第 1 期。

[16] 冯果、李安安:《民生金融法的语境、范畴与制度》,《政治与法律》2012 年第 8 期。

[17] 冯果、李安安:《收入分配改革视域下的金融公平》,《经济法研究》2012 年第 1 期。

[18] 冯果、袁康:《从法律赋能到金融公平——收入分配调整与市场深化下金融法的新进路》,《法学评论》2012 年第 4 期。

[19] 冯果、袁康:《危机处置视角下问题银行并购的法律分析》,《交大法学》2013 年第 3 期。

[20] 冯果、袁康:《走向金融深化与金融包容:全面深化改革背景下金融法的使命自觉与制度回应》,《法学评论》2014 年第 2 期。

[21] 冯果:《法解释学等传统法学方法——未来中国经济法学的主流研究方法》,《重庆大学学报（社会科学版）》2008 年第 5 期。

[22] 冯果:《金融法的"三足定理"及中国金融法制的变革》,《法学》2011 年第 9 期。

[23] 冯果:《资本市场为谁而存在——关于我国资本市场功能定位的反思》,《公民与法》2013 年第 6 期。

[24] 冯辉:《普惠金融事业下企业公平融资权的法律构造研究》,《现代法学》2015 年第 1 期。

[25] 付子堂:《法律的行为激励功能论析》,《法律科学》1999 年第 6 期。

[26] 高建平、曹占涛:《普惠金融的本质与可持续发展研究》,《金融监管研究》2014 年第 8 期。

[27] 高晋康:《民间金融法制化的界限与路径选择》,《中国法学》2008 年第 4 期。

[28] 高圣平:《农地金融化的法律困境及出路》,《中国社会科学》2014 年第 8 期。

[29] 高田甜、陈晨:《英国金融监管改革研究——基于金融消费者保护视角》,《证券市场导报》2013 年第 9 期。

[30] 顾海峰:《我国证券市场个人投资者教育体系的设计探讨——功能视角下体系内容的首次系统性构建》,《证券市场导报》2009 年第 9 期。

[31] 何大安:《行为经济人有限理性的实现程度》,《中国社会科学》2004 年第 4 期。

[32] 何颖:《金融交易的适合性原则研究》,《证券市场导报》2010 年第 2 期。

[33] 洪正、王万峰、周轶海:《道德风险、监督结构与农村融资机制设计——兼论我国农村金融体系改革》,《金融研究》2010 年第 6 期。

[34] 胡元聪、杨秀清:《农村金融正外部性的经济法激励——基于完善农村金融法律体系的视角》,《农业经济问题》2010 年第 10 期。

[35] 胡元聪:《我国法律激励的类型化分析》,《法商研究》2013 年第 4 期。

[36] 黄韬:《"金融抑制"的法律镜像及其变革——中国金融市场现实问题的制度思考》,《财经科学》2013 年第 8 期。

[37] 纪莺莺:《关于中国非正规金融的政治经济学》,《社会》2012 年第 5 期。

[38] 江必新:《法治现代化是国家治理现代化的核心内容》,《行政管理改革》2014 年第 9 期。

[39] 江必新:《制度现代化是全面推进依法治国的核心要求》,《红旗文稿》2014 年第 20 期。

[40] 江春、塞娜、颜冬:《收入分配与金融结构:基于中国和日本两国的比

较研究》,《贵州财经学院学报》2013 年第 1 期。

［41］ 江春、许立成:《制度安排，金融发展与社会公平》,《金融研究》2007
年第 7 期。

［42］ 江春:《论金融的实质及制度前提》,《经济研究》1999 年第 7 期。

［43］ 江春、杜颖奎:《金融发展与收入分配：一个文献综述》,《金融理论与实
践》2008 年第 8 期。

［44］ 蒋建湘:《企业社会责任的法律化》,《中国法学》2010 年第 5 期。

［45］ 靳文辉:《论公共规制的有效实现——以市场主体行为作为中心的分
析》,《法商研究》2014 年第 3 期。

［46］ 李昌麒、黄茂钦:《公平分享：改革发展成果分享的现代理念》,《社会科
学研究》2006 年第 4 期。

［47］ 李庚南:《差异化监管：小企业信贷商业化可持续的内在要求》,《中国农
村金融》2011 年第 8 期。

［48］ 李俊江、郭晴丽:《金融制度创新：小额信贷与公平分配的机理分析》,
《财政研究》2008 年第 1 期。

［49］ 李扬:《国家目标、政府信用、市场运作——我国政策性金融机构改革
探讨》,《经济社会体制比较》2006 年第 1 期。

［50］ 廖向阳、王琪:《论金融消费者的界定及司法救济的功能定位》,《人民司
法》2014 年第 3 期。

［51］ 林毅夫、孙希芳、姜烨:《经济发展中的最优金融结构理论初探》,《经济
研究》2009 年第 8 期。

［52］ 林毅夫、徐立新:《金融结构与经济发展相关性的最新研究进展》,《金融
监管研究》2012 年第 3 期。

［53］ 刘小红:《农村政策性金融组织的多维特征与法律规制》,《重庆社会科
学》2012 年第 5 期。

［54］ 刘志云:《商业银行社会责任的兴起及其督促机制的完善》,《法律科学》

2010 年第 1 期。

［55］ 卢代富:《经济法对社会整体利益的维护》,《现代法学》2013 年第 4 期。

［56］ 鲁鹏:《公平问题三思》,《江海学刊》2013 年第 1 期。

［57］ 罗泽胜:《经济法视野下的收入分配与社会公平》,《社会主义研究》2007 年第 4 期。

［58］ 孟天广:《转型期中国公众的分配公平感：结果公平与机会公平》,《社会》2012 年第 6 期。

［59］ 彭真明、殷鑫:《论金融消费者知情权的法律保护》,《法商研究》2011 年第 5 期。

［60］ 漆多俊:《论经济法的调整方法》,《法律科学》1991 年第 5 期。

［61］ 乔洪武、柳平生:《现代西方经济正义理论的演进及其启示》,《哲学研究》2007 年第 6 期。

［62］ 秦策:《法律价值目标的冲突与选择》,《法律科学》1998 年第 3 期。

［63］ 沈杰、马九杰:《农村金融新政对增加农村金融信贷供给的作用——基于对新型农村金融机构的调查分析》,《现代经济探讨》2010 年第 7 期。

［64］ 盛洪:《外部性问题和制度创新》,《管理世界》1995 年第 2 期。

［65］ 史岩:《我国反垄断机构与金融监管机构的关系研究——以银行业为例》,《经济问题》2014 年第 6 期。

［66］ 孙晋、王菁、翟孟:《经济转轨三十年：中国经济法学的嬗变与新生——以"国家调节理论"为主要考察视角》,《中南大学学报（社会科学版）》2010 年第 1 期。

［67］ 孙笑侠、郭春镇:《法律父爱主义在中国的适用》,《中国社会科学》2006 年第 1 期。

［68］ 田春雷:《金融资源公平配置与金融监管法律制度的完善》,《法学杂志》2012 年第 4 期。

［69］ 田春雷:《金融资源公平配置的法学分析——兼论中国金融法的新价

值》,《法学评论》2013 年第 3 期。

[70]　田春雷:《美国〈社区再投资法〉对我国立法的启示》,《辽宁大学学报
　　　　（哲学社会科学版）》2013 年第 4 期。

[71]　万江:《政策执行失灵:地方策略与中央态度》,《北方法学》2014 年第 6
　　　　期。

[72]　汪习根、王康敏:《论金融危机下发展权面临的挑战与出路》,《法律科
　　　　学》2011 年第 3 期。

[73]　王保树:《金融法二元规范结构的协调与发展趋势——完善金融法体系
　　　　的一个视点》,《广东社会科学》2009 年第 1 期。

[74]　王方玉:《利他性道德行为的法律激励——基于富勒的两种道德观念》,
　　　　《河北法学》2013 年第 5 期。

[75]　王国刚:《简论货币、金融与资金的相互关系及政策内涵》,《金融评论》
　　　　2011 年第 2 期。

[76]　王国伟:《金融市场的社会学:经济社会学研究的新议题》,《江淮论坛》
　　　　2012 年第 1 期。

[77]　王佳菲:《金融发展视角下金融功能的定位——兼论中国金融体系功能
　　　　的错位与复位》,《海南金融》2006 年第 11 期。

[78]　王曙光,王东宾:《双重二元金融结构、农户信贷需求与农村金融改
　　　　革》,《财贸经济》2011 年第 5 期。

[79]　王修华、何梦、关键:《金融包容理论与实践研究进展》,《经济学动态》
　　　　2014 年第 11 期。

[80]　王修华、谢朝华:《西方金融结构理论的演进与启示》,《现代经济探讨》
　　　　2008 年第 4 期。

[81]　王修华、邱兆祥:《农村金融排斥:现实困境与破解对策》,《中央财经大
　　　　学学报》2010 年第 10 期。

[82]　王轶:《论倡导性规范——以合同法为背景的分析》,《清华法学》2007

年第 1 期。

［83］ 肖卫东、张宝辉、贺畅、杜志雄:《公共财政补贴农业保险:国际经验与中国实践》,《中国农村经济》2014 年第 7 期。

［84］ 谢邦宇、朱科敏:《秩序、公平、效率——市场法律价值目标模式定位》,《法学》1995 年第 4 期。

［85］ 谢德城:《金融衍生品合约公平性问题的法律浅析——以合同为中心的思考》,《金融教育研究》2014 年第 1 期。

［86］ 谢欣:《金融排斥:英国和美国的经验》,《银行家》2010 年第 7 期。

［87］ 邢会强:《金融法的二元结构》,《法商研究》2011 年第 3 期。

［88］ 邢会强:《金融危机治乱循环与金融法的改进路径——金融法中"三足定理"的提出》,《法学评论》2010 年第 5 期。

［89］ 邢会强:《金融消费纠纷多元化解决机制的构建与对北京的建议》,《法学杂志》2011 年第 2 期。

［90］ 邢会强:《政策增长与法律空洞化》,《法制与社会发展》2012 年第 3 期。

［91］ 许德风:《论利息的法律管制——兼议私法中的社会化考量》,《北大法律评论》2010 年第 1 卷。

［92］ 薛江武:《完善我国收入分配机制的经济法思考》,《河北法学》2008 年第 8 期。

［93］ 杨朋君、钟赟:《略论金融资源配置与金融公平》,《商业时代》2009 年第 25 期。

［94］ 易小明:《对等:正义的内在生成原则》,《社会科学》2006 年第 11 期。

［95］ 应飞虎:《权利倾斜性配置研究》,《中国社会科学》2006 年第 3 期。

［96］ 于春敏:《论金融消费者的公平金融服务获得权》,《财经科学》2012 年第 7 期。

［97］ 余少祥:《法律语境中弱势群体概念构建分析》,《中国法学》2009 年第 3 期。

［98］ 岳彩申:《民间借贷的规制重点及立法建议》,《中国法学》2011 年第 5 期。

［99］ 张守文:《政府与市场关系的法律调整》,《中国法学》2014 年第 5 期。

［100］ 张守文:《经济发展权的经济法思考》,《现代法学》2012 年第 2 期。

［101］ 张书清:《金融公正理念的法学阐释》,《现代法学》2012 年第 4 期。

［102］ 张红伟、杨海燕:《金融结构的法律决定论:理论回顾及启示》,《天府新论》2005 年第 5 期。

［103］ 赵平:《金融深化、金融自由化与我国金融安全》,《生产力研究》2012 年第 12 期。

［104］ 赵学军:《信用担保制度的变迁与农户融资的困境》,《中国经济史研究》2014 年第 4 期。

［105］ 钟笑寒、汤荔:《农村金融机构收缩的经济影响:对中国的实证研究》,《经济评论》2005 年第 1 期。

［106］ 周小川:《全面深化金融业改革开放,加快完善金融市场体系》,《中国金融家》2014 年第 1 期。

［107］ 周仲飞:《提高金融包容:一个银行法的视角》,《法律科学》2013 年第 1 期。

［108］ 朱慈蕴:《论金融中介机构的社会责任——从应对和防范危机的长效机制出发》,《清华法学》2010 年第 1 期。

［109］ 祝继高、陆正飞:《融资需求、产权性质与股权融资歧视——基于企业上市问题的研究》,《南开管理评论》2012 年第 4 期。

［110］ 邹立行:《金融社会化和社会金融化》,《科学决策》2011 年第 3 期。

［111］ 潘士远:《金融发展、收入分配与经济增长:文献综述》,《浙江社会科学》2009 年第 12 期。

［112］ Bernard Bayot, Lise Disneur, Elaine Kempson:《政府为促进金融包容性而采取的立法措施》,袁仕甜译,《金融服务法评论》第 3 卷。

［113］ 马诗琪:《国际法视角下金融包容的理论研究》,《武汉大学国际法评论》2014 年第 2 期。

（三）报告

[1] 巴曙松:《小微企业融资发展报告：中国现状及亚洲实践》，中国中小企业发展促进中心，2013。

[2] 宜信、哈佛商业评论:《中国普惠金融实践报告（2014）》，2014 年 1 月。

[3] 中国人民银行:《2014 年金融机构贷款投向统计报告》，2015 年 1 月。

[4] 中国人民银行:《2014 年社会融资规模存量统计数据报告》，2015 年 2 月。

[5] 中国银行业监督管理委员会:《中国银行业运行报告（2014 年度）》，2015 年 2 月。

[6] 中国银行业协会:《2010 年度中国银行业社会责任报告》，2011 年 6 月。

[7] 中国证券业协会:《2012 年度证券公司履行社会责任情况报告》，2013 年 4 月。

（四）报刊资料

[1] 程蓓:《增进金融服务公平的对策》，《金融时报》2007 年 2 月 5 日。

[2] 江春:《国外近期金融发展与收入分配研究动向》，《中国社会科学报》2010 年 7 月 13 日。

[3] 张丽:《美国金融消费者保护局的实践及启示》，《金融时报》2013 年 4 月 22 日。

[4] 钱箐旎:《普惠金融助资源公平配置》，《经济日报》2013 年 11 月 22 日。

[5] 李林:《通过法治实现公平正义》，《法制日报》2014 年 9 月 17 日。

[6] 《小微企业融资现状：超 60% 企业所获融资均属高利贷》，《信息时报》2014 年 10 月 27 日。

（五）学位论文

[1] 马建霞:《普惠金融促进法律制度研究——以信贷服务为中心》，西南政

法大学博士学位论文，2012。

［2］ 郭丹：《金融消费者权利法律保护研究》，吉林大学博士学位论文，2009。

［3］ 姜庆丹：《金融发展权视角下农村合作金融法制创新研究》，辽宁大学博士学位论文，2014。

［4］ 莫申生：《制度安排视角下中国金融结构调整与经济发展》，浙江大学博士学位论文，2014。

二 外文文献

（一）外文著作

［1］ A. W. Mullineux, *Financial Innovation, Banking and Monetary Aggregates*, Edward Elgar, 1996.

［2］ Amartya Sen, *Development as Freedom*, Oxford University Press, 1999.

［3］ Amartya Sen, *On Economic Inequality*, Oxford University Press, 1973.

［4］ Amartya Sen, *The Idea of Justice*, Harvard University Press, 2010.

［5］ Aurelia Colombi Ciacchi, Stephen Weatherill, *Regulating Unfair Banking Practices in Europe: The Case of Personal Suretyships*, Oxford University Press,2010.

［6］ C. B. Macpherson, *The Rise and Fall of Economic Justice and Other Papers*, Oxford University Press, 1985

［7］ Chris Arthur, *Financial Literacy Education: Neoliberalism, the Consumer and the Citizen*, Sense Publishers, 2012.

［8］ Crane, D. B., K. A. Froot, Scott P. Mason, André Perold, R. C. Merton, Z. Bodie, E. R. Sirri, and P. Tufano. *The Global Financial System: A Functional Perspective*. Boston: Harvard Business School Press, 1995.

［9］ Doris Köhn, *Microfinance 3.0: Reconciling Sustainability with Social*

Outreach and Responsible Delivery, Springer, 2013.

[10]　Edward S. Shaw, *Financial Deepening and Economic Development*, Oxford University Press. pp.149~181.

[11]　Edward W, Schwerin. *Mediation, Citizen Empowerment and Transformational Politics*, Westport, 1995.

[12]　Elaine Kempson, Claire Whyley, *Kept Out or Opted Out? Understanding and Combating Financial Exclusion*, Bristol: The Policy Press, 1999.

[13]　Frances Sinha, Ajay Tankha, K. Raja Reddy, Malcolm Harper, *Microfinance Self-help Groups in India: Living Up to Their Promise?* Practical Action Publishing, 2009.

[14]　Franklin Allen, Douglas Gale, *Comparing Financial Systems*, MIT Press, 2001.

[15]　Geoffrey Brennan, Giuseppe Eusepi, *The Economics of Ethics and the Ethics of Economics: Value, Market and the State*, Edward Elgar, 2009.

[16]　Gorge William Edwards, *The Evolution of Finance Capitalism*, London, New York, Longmans, Green and Co., 1938.

[17]　Gregory D. Squires, *From Redlining to Reinvestment: Community Responses to Urban Disinvestment*, Temple University Press, 1992.

[18]　Gurley, J.G., Shaw, Edward S., *Money in a Theory of Finance*, Washington, D.C.: Brookings Institution, 1960.

[19]　Helen M. Stacy, Win-Chiat Lee, *Economic Justice: Philosophical and Legal Perspectives*, Springer, 2013.

[20]　Henri-Claude de Bettignies, François Lépineux, *Finance for a Better World: The Shift Toward Sustainability*, Palgrave Macmillan, 2009.

[21]　Henry Sidgwick, *Outlines of History of Ethics*, Boston: Beacon Press, 1960.

[22]　Hersh Shefrin, Meir Statman, *Ethics, Fairness, Efficiency and Financial*

Markets, The Research Foundation of The Institute of Chartered Financial Analysts, 1992.

[23] James Macdonald, *A Free Nation Deep in Debt: The Financial Roots of Democracy*, Princeton University Press, 2006.

[24] Jean-Pierre Gueyle, Ronny Manos, Jacob Yaron, *Microfinance in Developing Countries: Issues, Policies and Performance Evaluation*, Palgrave Macmillan,2013.

[25] Joanna Ledgerwood, *The New Microfinance Handbook: A Financial Market System Perspective*, World Bank, 2013.

[26] John Kleignig, *Paternalism*, Totowa, N.J.: Rowman and Allanheld, 1984.

[27] John R. Boatright, *Finance Ethics: Critical Issues in Theory and Practice*, John Wiley &Sons, Inc., 2010.

[28] John Rawls, *A theory of Justice*, The Belknap Press of Harvard University, 1971.

[29] Joseph E. Stiglitz, *The Great Divide: Unequal Societies and What We Can Do About Them*, W. W. Norton & Company, 2015.

[30] Kartick Das, Gopal Sharma, *Financial Inclusion, Self-help Groups and Women Empowerment*, New Century Publications, 2013.

[31] Kim Wilson, Malcolm Harper, Matthew Griffith, *Financial Promise for the Poor: How Groups Build Microsavings*, Kumarian Press, 2010.

[32] Klaus Mathis, *Efficiency instead of Justice? Searching for the Philosophical Foundations of the Economic Analysis of Law*, Springer, 2009.

[33] Larry Kirsch, Robert N. Mayer, *Financial Justice: The People's Campaign to Stop Lender Abuse*, Praeger, 2013.

[34] Lund Brian, *Understanding State Welfare: Social Justice or Social Exclusion?* Sage Publications,2002.

[35] M. C. Nussbaum, *Creating Capabilities: The Human Development Approach*, Harvard University Press, 2011.

[36] M. C. Nussbaum, *Women and Human Development: The Capabilities Approach*, Cambridge University Press, 2000.

[37] Margaret Sherraden, *"Building Blocks of Financial Capability,"* Julie Birkenmaier, Margaret Sherraden, Jami Curley, *Financial Capability and Asset Development: Research, Education, Policy, and Practice*, Oxford University Press, 2013.

[38] McKinnon, R.I. *Money and Capital in Economic Development*, Washington, D.C.:Brookings Institution, 1973. pp. 5-18.

[39] Michael S. Barr, *No Slack: The Financial Lives of Low-Income Americans*, Brookings Institution Press, Washington, D.C. 2012.

[40] Nadiya Marakkath, *Sustainability of Indian Microfinance Institutions*：*A Mixed Methods Approach*, Springer,2014.

[41] P. Taubman, Income Distribution and Redistribution, Addison-Wesley, 1978.

[42] Paul Spicker, *Social Policy: Themes and Approaches*, Prentice Hall, 1995.

[43] Prabhu Ghate, Indian Microfinance: The Challenges of Rapid Growth, Sage Publications, 2007.

[44] R. H. Tawney, *Equality*, 4th edition, London: Unwin Books, 1964.

[45] R. Rajan, L. Zingales, *Savings Capitalism from the Capitalists*, New York: Crown Business, 2003.

[46] Raymond W. *Goldsmith, Financial Structure and Development*, Yale University Press, 1969.

[47] Raymond W. Goldsmith, *The Determinants of Financial Structure*, HMSO, 1966.

[48] Robert D. Cooter, Hans-Bernd Schäfer, *Solomon's Knot: How Law Can End*

the Poverty of Nations, Priceton University Press, 2011.

[49] Robert E. Kuenne, *Economic Justice in American Society*, New Jersey: Princeton University Press,1993.

[50] S. Teki, R. K. Mishra, *Microfinance and Financial Inclusion*, Academic Foundation, 2012.

[51] Schumpeter, Joseph A., *The Theory of Economic Development: An Inquiry into Profits, Capital, Credit, Interst, and the Business*, Cambridge: Harvard University Press, 1934.

[52] Shahla F. Ali, *Consumer Financial Dispute Resolution in a Comparative Context: Principles, Systems and Practice*, Cambridge University Press, 2013.

[53] Sharit K. Bhowmik, Debdulal Saha, *Financial Inclusion of the Marginalised*, Springer, 2013.

[54] Shaw, Edward S., *Financial Deepening in Economic Development*, New York: Oxford University Press, 1973.

[55] Siddaraju V.G., Ramesh, *Financial Inclusion in India: Issues and Challenges*, Gyan Publishing House, 2013.

[56] Silver, Morris, *Foundations of Economic Justice*, Blackwell, 1989.

[57] Solava Ibrahim, Meera Iwari, *The Capability Approach: From Theory to Practice*, Palgrave Macmillan, 2014.

[58] Sondra Beverly, Michael Sherraden, Reid Cramer, Trina R. Williams Shanks, Yunju Nam, Min Zhan, "Determinants of Asset Holdings", Signe-Mary McKernan, Michael Sherraden, *Asset Building and Low-income Families,* Urban Institute Press, 2008.

[59] Stephen L. Esquith, Fred Gifford, *Capability, Power and Institutions: Toward a More Critical Development Ethics*, The Pennsylvania State

University Press, 2010.

[60] Susan Berson, Dave Berson, *The Dodd-Frank Wall Street Reform and Consumer Protection Act: From Legislation to Implementation to Litigation*, American Bar Association Publishing, 2012.

[61] Tatiana Didier, Sergio L. Schmukler, *Emerging Issues in Financial Development: Lessons from Latin America*, World Bank, 2014.

[62] Thomas Hellmann, Kevin Murdock, Joseph Stiglitz, *Financial Restraint: Toward a New Paradigm*, The Role of Government in East Asian Economic Development: Comparative Institutional Analysis, New York: Oxford University Press, 1996.

[63] Udo Reifner, *Micro-Lending: A Case of Regulation in Europe*, NOMOS Verlasgesellschaft, 2002.

[64] Walter W. Powell, Paul J. DiMaggio, *The New Institutionalism in Organizational Analysis*, University of Chicago Press, 1991.

（二）外文论文

[1] Abhijit Banerjee, Esther Duflo, "Growth Theory Through the Lens of Development Economics", *Handbook of Economic Growth*, Vol.1 2005, pp.473-552.

[2] Abhijit V. Banerjee, Andrew F. Newman, "Occupational Choice and the Process of Development", *Journal of Political Economy*, Vol.101, No.2, 1993, pp.274-298.

[3] Allen J. Fishbein, "The Community Reinvestment Act After Fifteen Years: It Works, But Strengthened Federal Enforcement Is Needed", *Fordham Urban Law Journal*, Vol.20, 1993, pp.293-310.

[4] Amartya Sen, "Development: Which Way Now?" *The Economic Journal,*

Vol.93, 1983, p.745.

[5] Anastasia Kraft, Bong Soo Lee, Kerstin Lopatta, "Management Earning Forecasts, Insider Trading, and Information Asymmetry", *Journal of Corporate Finance*, Vol.26, 2014, pp.96-123.

[6] Andrew William Mullineux, "Financial Innovation and Social Welfare", *Journal of Financial Regulation and Compliance*, Vol.18, 2010, pp.243-256.

[7] Annamaria Lusardi, Olivia S.Mitchell, "Financial Literacy Around the World: An Overview", *Journal of Pension Economics and Finance*, Vol.10, 2011, pp.497-508.

[8] Anthony D. Taibi, "Banking, Finance, and Community Economic Empowerment: Structural Economic Theory, Procedural Civil Rights, and Substantive Racial Justice", *Harvard Law Review*, Vol.107, No.7, 1994, pp.1463-1545.

[9] Arvind Virmani, "A New Development Paradigm: Employment, Entitlement and Empowerment", *Global Business Review*, Vol.3, 2002, pp.225-245.

[10] Ashish Gupta, Cherry Arora, "Banking Sector Reforms In India: Impact and Prospects", *International Journal of Applied Financial Management Perspectives*, Vol.2, 2013, pp.718-724.

[11] Bong-Ho Mok. Yuet W. Cheung. Tak-sing Cheung. "Empowerment Effect of Self-help Group Participation in a Chinese Context", *Journal of Social Service Research*, Vol.32, Issue 3, 2006, pp.87-108.

[12] Carola Hillenbrand, Kevin Money, "Corporate Responsibility and Corporate Reputation: Two Separate Concepts or Two Sides of the Same Coin?" *Corporate Reputation Review*, Vol.10, 2007, pp.261-277.

[13] Cass R. Sunstein, Richard H. Thaler, "Libertarian Paternalism Is Not an Oxymoron", *University Chicago Law Review*, Vol.70, 2003, p.1160.

[14] Chris Arthur, "Financial Literacy Education for Citizens: What Kind of Responsibility, Equality and Engagement?" *Citizenship, Social and Economics Education*, Vol.11, 2012, pp.163-176.

[15] Colin Camerer, Samuel Issacharoff, George Loewenstein, Ted O'Donoghue and Matthew Rabin, "Regulation for Conservatives: Behavioral Economics and the Case for 'Asymmetric Paternalism'", *University of Pennsylvania Law Review*, Vol.151, 2003, pp.1211-1254.

[16] D. Dollar, A. Kraay, "Growth is Good for Poor", *Journal of Economic Growth*, Vol.7, 2002, pp.195-225.

[17] Daniel Berkowitz, Katharina Pistor, Jean-Francois Richard, "Economic Development, Legality, and the Transplant Effect", *European Economic Review*, Vol.47, 2003, pp.165-195.

[18] David S. Evans, Joshua D. Wright, "The Effect of The Consumer Financial Protection Agency Act of 2009 On Consumer Credit", *Loyola Consumer Law Review*, Vol.22, 2009, pp.227-335. .

[19] E. Hartman, "Virtue, Profit, and the Separation Thesis: An Aristotelian View", *Journal of Business Ethics*, 2011, Vol.99, pp.5-17.

[20] E. Johnson, M. S. Sherraden, "From Financial Literacy to Financial Capability Among Youth", *Journal of Sociology and Social Welfare*, Vol.34, 2007, pp.119-145.

[21] Edward J. Kane, "Interaction of Financial and Regulatory Innovation", *The American Economic Review*, Vol.78, 1988, pp. 328-334.

[22] Elizabeth Hoffman, Matthew L. Spitzer, "Entitlements, Rights, and Fairness: An Experimental Examination of Subjects' Concepts of Distributive Justice", *The Journal of Legal Studies*, Vol.14, 1985, pp.259-297.

[23] Emma Coleman Jordan, "Economic Justice: Thoughts on a Transformative

Vision for Economic and Social Equality", *UDC Law Review*, Vol.10, 2007, pp.137-143.

[24] Eugene F. Fama, "Efficient Capital Markets: A Review of Theory and Empirical Work", *The Journal of Finance*, Vol.25, 1970, pp.383-417.

[25] Eyal Zamir, "The Efficiency of Paternalism", *Virginia Law Review*, Vol.84, 1998, pp. 229-286.

[26] Francesc Prior, Antonio Argandoña, "Best Practices in Credit Accessibility and Corporate Social Responsibility in Financial Institutions", *Journal of Business Ethics*, Vol.87, 2009, pp.251~265.

[27] Franco Modigliani, Enrico Perotti, "Security Markets versus Bank Finance: Legal Enforcement and Investors' Protection", *International Review of Finance*, Vol.1, 2000, pp.81-96.

[28] Galor, Oded and Joseph Zeira, "Income Distribution and Macroeconomics", *Review of Economic Studies*, Vol.60, No.1, 1993, pp.35-52.

[29] George A. Akerlof, "The Market for 'Lemons': Quality Uncertainty and the Market Mechanism", *Quarterly Journal of Economics*, Vol. 84, 1970, pp.490-491.

[30] Gilberto Martins de Almeida, "M-Payments in Brazil: Notes on How A Country's Background May Determine Timing and Design of A Regulatory Model", *Washington Journal of Law*, Technology & Arts, Vol.8, 2013, pp.347-374.

[31] Greenwood, Jeremy and Boyan Jovanovic, "Financial Development, Growth, and the Distribution of Income", *Journal of Political Economy*, Vol.98, No.5, 1990, p.1076.

[32] Hal R. Varian, "Distributive Justice, Welfare Economics, and the Theory of Fairness", *Philosophy & Public Affairs*, Vol.4, No.3, 1975, pp.223-247.

［33］ Hossein Jalilian, Colin Kirkpatrick, "Financial Development and Poverty Reduction in Developing Countries", *International Journal of Finance and Economics*, Vol.7, 2002, pp.97-108.

［34］ Iskra Miralem, "SEC's Whistleblower Program and Its Effect on Internal Compliance Programs", *Case Western Reserve Law Review*, Vol.62, 2011,p.239.

［35］ Javier Aranzadi, "The Natural Link Between Virtue Ethics and Political Virtue: The Morality of the Market", *Journal of Business Ethics*, 2013, Vol. 118, pp.487-496.

［36］ Jagdish Bhagwati, "Market and Morality", *American Economic Review*, 2011, Vol.101, pp.162-165.

［37］ Jeremy Greenwood, Boyan Jovanovic, Financial Development, Growth, and the Distribution of Income, Journal of Political Economy, Vol.98,1990, pp.1076-1107.

［38］ John C. Coffee Jr., "Law and the Market: The Impact of Enforcement", *University of Pennsylvania Law Review*, Vol.156, 2007, pp.229-311.

［39］ John G. Gurley, Edward S. Shaw, "Financial Aspects of Economic Development", *The American Economic Review*, Vol.45, 1955, pp. 515-538.

［40］ Jonathan R. Macey, "Efficient Capital Markets, Corporate Disclosure, and Enron", *Cornell Law Review*, Vol.89, 2004, p.394.

［41］ Jonathan R. Macey, Geoffrey P. Miller, "The Community Reinvestment Act: An Economic Analysis", *Virginia Law Review*, Vol.79, 1993, pp.291-348.

［42］ Joseph E. Stiglitz, Andrew Weiss, "Credit Rationing in Market with Imperfect Information", *The American Economic Review*, Vol.71, 1981, pp.393-410.

［43］ Joseph J. Doyle, "How effective is lifeline banking in assisting the 'unbanked'"? *Current Issues in Economic and Finance* (Federal Reserve Bank of New York), Vol 4,1998, p.1.

[44] Katharina Pistor, Martin Raiser, Stanislaw Gelfer, "Law and Finance in Transition Economies", *Economics of Transition*, Vol.8, 2000, pp.325-368.

[45] Katharina Pistor, "Towards a Legal Theory of Finance", *Journal of Comparative Economics*, 2013, Vol.41, pp.315-330.

[46] Kee-Hong Bae, Vidhan K. Goyal, "Creditor Rights, Enforcement, and Bank Loans", *The Journal of Finance*, Vol.64, 2009, pp.8223-8860.

[47] Lawrence G. Baxter, "Capture in Financial Regulation: Can We Channel It Toward The Common Good?" *Cornell Journal of Law and Public Policy*, Vol.21, 2011, pp.175-201.

[48] Levine R., "Financial Development and Economic Growth: Views and Agenda", *Journal of Economic Literature*, Vol.35, 1997, pp.688-726.

[49] Lucian Bebchuk, Mark Roe, "A Theory of Path Dependence in Corporate Ownership and Governance", *Stanford Law Review* , Vol.52 1999, p.127.

[50] M. Kabir Hassan and Rasem N. Kayed, "The Global Financial Crisis,Risk Management and Social Justice in Islamic Finance", *ISRA International Journal of Islamic Finance*, Vol.1, 2009, pp.33-58.

[51] Martha C. Nussbaum, "Capabilities As, Fundamental Entitlements: Sen and Social Justice", *Feminist Economics*, Vol.9 2003, pp.33-59.

[52] Matthew A. Pierce, "Regulation of Microfinance in the United States: Following a Peruvian Model", *North Carolina Banking Institute*, Vol.17, 2013, pp.201-219.

[53] Michael S. Barr, "Credit Where It Counts: The Community Reinvestment Act and Its Critics", *New York University Law Review*, Vol.80, 2005, p.513.

[54] Obrea Poindexter, "Update on CARD Act Rules: Credit Cards", *The*

Business Lawyer, Vol.66, 2011, pp.423-434.

［55］ Oded Galor, Joseph Zeira, "Income Distribution and Macroeconomics", *Review of Economic Studies*, Vol.60, 1993, pp.35-52.

［56］ P. Aghion, P. Bolton, "A Theory of Trickle-down Growth and Development", *Review of Economic Studies*, Vol.64,1997, pp.151-172.

［57］ Panigyrakis G. G., "All Customers Are Not Treated Equally: Financial Exclusion in Isolated Greek Islands", *Journal of Financial Services Marketing*, Vol.7, 2002, pp.54-66.

［58］ Patrick, H. T., "Financial Development and Econmic Growth in Underdeveloped Countries", *Economic Development and Cultural Change*, 14, 1966, pp.174-189.

［59］ Prabhu Ghate, "Consumer Protection in Indian Microfinance: Lesson from Andhra Pradesh and the Microfinance Bill", *Economic and Political Weekly*, Vol.42, 2007, pp.1176-1184.

［60］ R. Levine, S. Zerovs, "Stock Market Development and Long-run Growth", The World Bank Economic Review, Vol.2, 1996, pp.323-339.

［61］ Rafael La Porta, Florencio Lopez-de-Silanes, Andrei Shleifer, and Robert W. Vishny, "Law and Finance", *Journal of Political Economy*, Vol.106, 1998, pp.1113-1155.

［62］ Rafael La Porta, Florencio Lopez-de-Silanes, Andrei Shleifer, and Robert W. Vishny, "Investor Protection and Corporate Governance", *Journal of Financial Economics*, Vol.58, 2000, pp.3-27.

［63］ Rajaram Dasgupta, "Priority Sector Lending: Yesterday, Today and Tomorrow", *Economic and Political Weekly*, Vol.37, 2002, pp.4239-4245.

［64］ René M. Stulza, Rohan Williamsonb, "Culture, Openness, and Finance", *Journal of Financial Economics*, Vol.70, 2003, pp.313-349.

［65］ Richard A. Lambert, Christian Leuz, Robert E. Verrecchia, "Information Asymmetry, Information Precision, and the Cost of Capital", *Review of Finance*, Vol.16, 2011, pp.1-29.

［66］ Richard Brealey, Hayne E. Leland, David H. Pyle, "Information Asymmetries, Financial Structure, and Financial Intermediation", *The Journal of Finance*, Vol.32, 1977, pp.371-387.

［67］ Robert Boyden Lamb, "Ethics in Financial Services", *Business and Society Review*, Vol.104, 1999, pp.13-17.

［68］ Robin Burgess, Rohini Pande, "Do Rural Banks Matter? Evidence from the India Social Banking Experiment", *The American Economic Review*, Vol.95, No.3, 2005, pp.780-795.

［69］ Ross Levine, "The Legal Environment, Banks, and Long-run Economic Growth", *Journal of Money, Credit and Banking*, Vol.30, 1998, pp.596-613.

［70］ S. Romila Palliam, Lee G. Caldwell, Dilip K. Ghosh, Financial "Transaction and Fiduciary Obligation: Ethics Economics or Commingled Commitment?" *The International Journal of Banking and Finance*, Vol.9, 2012, pp.1-27.

［71］ Sanford J. Grossman, Joseph E. Stiglitz, "Information and Competitive Price Systems", *The American Economic Review*, Vol.66, 1976, pp.246-253.

［72］ Sidney A. Shapiro, "The Complexity of Regulatory Capture: Diagnosis, Causality, and Remediation", *Roger Williams University Law Review*, Vol.17, 2012, p.221.

［73］ Steven L. Schwarcz, "Controlling Financial Chaos: The Power and Limits of Law", *Wisconsin Law Review*, 2012, p.815.

［74］ Stijin Claessens, Enrico Perotti, "Finance and Inequality: Channels and Evidence", *Journal of Comparative Economics*, Vol.35, 2007, pp.748-773.

［75］ T. Beck, R. Levine, "Stock Markets, Banks and Growth: Panel Evidence",

Journal of Banking and Finance, Vol.3, 2004, pp.423-442.

［76］ Thorsten Beck, Asli Demirgüç-Kunt , Ross Levine, "Law and Finance: Why Does Legal Origin Matter?" *Journal of Comparative Economics*, Vol.31, 2003, pp.653-675.

［77］ Thorsten Beck, Ross Levine, Norman Loayza, "Finance and the Sources of Growth", *Journal of Financial Economics*, Vol.58, 2000, pp.261-300.

［78］ Timothy Bates, "Unequal Access: Financial Institution lending to Black- and White-Owned Small Business Start-ups", *Journal of Urban Affairs*, Vol.19, 2997, pp.487-495.

［79］ Toni Williams, "Empowerment of Whom and for What? Financial Literacy Education and the New Regulation of Consumer Financial Services", *Law and Policy*, Vol.29, 2007, pp.226-256.

［80］ Vivienne A. Lawack, "Mobile Money, Financial Inclusion and Financial Integrity: The South African Case", *Washington Journal of Law, Technology & Arts*, Vol.8, 2013,pp.317-345.

［81］ Z. Jill Barclift, "Too Big To Fail, Too Big Not To Know: Financial Firms and Corporate Social Responsibility", *Journal of Civil Rights and Economic Development*, Vol.25,2011, p.449.

［82］ Hema Bansal, "SHG-Bank Linkage Program in India: An Overview", *Journal of Microfinance*, Vol.5, 2014, pp.21-49.

［83］ Thorsten Beck, Asli Demirguc-Kunt, Maria Soledad Martinez Peria, "Reaching Out: Access to and Use of Banking Services Across Countries", *Journal of Financial Economics*, Vol.85, 2007, pp.234-266.

（三）研究报告．

［1］ ADB, "Finance for the Poor: Microfinance Development Strategy",

Institutional Document, June 2000.

[2]　A. Hanning, S. Jansen, "Financial Inclusion and Financial Stability: Current Policy Issues", Asian Development Bank Institute Working Paper, No.259, 2010.

[3]　Anjali Kumar, "Access to Financial Service in Brazil", World Bank, 2005.

[4]　Anjali Kumar, Ajai Nair, Adam Parsons, Eduardo Urdapilleta, "Expanding Bank Outreach through Retail Partnerships: Correspondent Banking in Brazil", World Bank Working Paper, No.85, 2006.

[5]　Thorsten Beck, Augusto de la Torre, "The Basic Analytics of Access to Financial Services", World Bank Policy Research Working Paper 4026, October 2006.

[6]　Annamaria Lusardi, "Survey of the States: Economic and Personal Finance Education in Our Nation's Schools", Council For Economic Education, 2011.

[7]　Asia Development Bank , "Finance for the Poor : Microfinance Development Strategy", 2000.

[8]　Asli Demirguc-Kunt, Ross Levine, "Finance and Inequality: Theory and Evidence", NBER Working Paper No.15275, Aug. 2009.

[9]　BIS, "Survey of Developments in Electronic Money and Internet and Mobile Payments, Committee on Payment and Settlement Systems", Bank for International Settlements, March 2004. http://www.bis.org/cpmi/publ/d62.pdf.

[10]　Brigit Helms, "Access for all—Build Inclusive Financial Systems, Published by CGAP", World Bank, 2006.

[11]　CFPB, "Fair Lending Report of the Consumer Financial Protection Bureau", April 2014.

[12]　Commission on Legal Empowerment of the Poor, "Making the Law Work for Everyone" , Vol. 1, 2008.

[13] CUTS C-CIER, "Regulation of Microfinance Institution in India, Briefing Paper", CUTS Centre for Competition, Investment and Economic Regulation, Feb.2013.

[14] Elaine Kempson, "Policy level response to financial exclusion in developed economies——lessons for developing countries, Paper for Access to Finance: Building Inclusive Financial Systems", Word Bank Working Paper, May 30, 2006.

[15] Franklin Allen, Hiroko Oura, "Sustained Economic Growth and the Financial System, Institute for Monetary and Economic Studies", Bank of Japan, Dec. 2004.

[16] George Clarke, Lixin Colin Xu, Hengfu Zou, "Finance and Income Inequality: Test of Alternative Theories", World Bank Policy Research Working Paper, No.2984, March 2003.

[17] Govornment of Inida, "Report of the Narsimhan Committee on the Financial Sector, Ministry of Finance", 1991.

[18] GPFI, "Global Standard Setting Bodies and Financial Inclusion for the Poor: Toward Proportionate Standards and Guidance, Global Partnership for Financial Inclusion", October 2011.

[19] Hans Dieter Seibel, "SHG Banking: A Financial Technology for Reaching Marginal Areas and the Very Poor: NABARD's Program of Promoting Local Financial Intermediaries Owned and Managed by the Rural Poor in India", Working Paper, University of Cologne, Development Research Center, March 2001.

[20] Hennie Bester, Christine Hougaard, Doubell Chamberlain, "Reviewing the Policy Framework for Money Transfers", The Centre for Financial Regulation & Inclusion, Jan. 2010.

[21] Hersh Shefrin, Meir Statman, Ethics, Fairness, "Efficiency and Financial Market", Institute of Chartered Financial Analysts Research Foundation, Research Foundation of ICFA, 1992.

[22] Isaac Mbiti, David N. Weil, "Mobile Banking: The Impact of M-Pesa in Kenya", NBER Working Paper No.17129, June 2011. .

[23] Jennifer Isern, Louis de Koker, "Strengthening Financial Inclusion and Integrity", CGAP, No.56, August 2009.

[24] Juan Piñeiro Chousa, Haider A. Khan, Davit N. Melikyan, Artur Tamazian, "Democracy, Finance and Development", CIRJE Discussion Paper, CIRJE-F-458, December 2006.

[25] Justine S. Hastings, Brightte C. Madraian, William L. Skimmyhorn, "Financial Literacy, Financial Education and Economic Outcomes", NBER Working Paper, No.18412, Sep. 2012.

[26] K. Beck, R. Levine, "Finance, Inequality and Poverty: Cross-country Evidence", World Bank Policy Research Working Paper, No.3338, Feb. 2004.

[27] Kate Lauer, Denise Dias, Michael Tarazi, "Bank Agents: Risk Management, Mitigation and Supervision", CGAP Report, December 2011. .

[28] Martin Melecky, Sue Rutledge, "Financial Consumer Protection and the Global Financial Crisis", MPRA Paper, No.28201, January 2011.

[29] Nick Donovan, Guy Palmer, "Meaningful Choices: The Policy Options for Financial Exclusion", The New Policy Institute, 1999.

[30] OECD, "Improving Financial Literacy: Analysis of Issues and Policy", Nov. 2005.

[31] Patrick Honohan, "Financial Development, Growth and Poverty: How Close Are the Links?" World Bank Policy Research Working Paper, No. 3203,

2004.

[32] Paul Asquith, Thom Convert, Parag Pathak, "The Effects of Mandatory Transparency in Financial Market Design: Evidence From The Corporate Bond Market", NBER Working Paper, No.19417, September 2013.

[33] S. Peachey, A. Roe, "Access to Finance: A Study for the World Savings Banks Institute", WSBI, 2006.

[34] SEC, "2014 Annual Report to Congress On The Dodd-Frank Whistleblower Program", 2014.

[35] "South African Reserve Bank Position Paper on Electronic Money," Position Paper, NPS, Jan.2009.

[36] Stephen Golub. "Beyond Rule of Law Orthodoxy: The Legal Empowerment Alternative", Carnegie Endowment for International Peace Working Paper, No.41, October 2003..

[37] Sumit Agarwal, Efraim Benmelech, Nittai Bergman, Amit Seru, "Did the Community Reinvestment Act Lead to Risky Lending?" NBER Working Paper No. 18609, December 2012.

[38] Susan L. Rutledge, "Consumer Protection and Financial Literacy: Lessons from Nine Country Studies", The World Bank Policy Research Working Paper, No.5326, June 2010.

[39] World Bank, "Equity and Development", World Development Report, 2006.

[40] World Bank, "Global Financial Development Report 2014: Financial Inclusion", 2014.

[41] Thorsten Beck, Asli Demirgüç-Kunt, Patrick Honohan, "Access to Financial Services: Measurement, Impact, and Policies", World Bank Research Observer, February 27, 2009.

[42] Thorsten Beck, Asli Demirguc-Kunt, Ross Levine, "Finance, Inequality, and

Poverty: Cross-Country Evidence", NBER Working Paper No.10979, Dec. 2004.

[43] Thorsten Beck, Augusto de la Torre, "The Basic Analytics of Access to Financial Services", World Bank Policy Research Working Paper, No.4026, 2006.

[44] UN, "Building Inclusive Financial Sectors for Development", May 2006.

[45] United Nations Development Programme, "Building Inclusive Financial Sectors for Development", 2006.

[46] World Bank, "Financial Inclusion: Global Financial Development Report 2014" .

[47] World Bank, "Inclusion Matters: The Foundation for Shared Prosperity, New Frontiers of Social Policy", 2013.

[48] Xavier Gine, Stefan Klonner, "Credit Constraints as a Barrier to Technology Adoption by the Poor: Lessons from South-Indian Small-Scale Fishery", United Nations University, Research Paper,No.104, 2006.

[49] Margaret Miller, Julia Reichelstein, Christian Salas, Bilal Zia, "Can You Help Someone Become Financially Capable?: A Meta-Analysis of the Literature", World Bank Background Paper to the 2014 Global Financial Development Report, January 2014.

[50] Subika Farazi, "Informal Firms and Financial Inclusion: Status and Determinants", World Bank Policy Research Working Paper, No.6778, February 2014.

[51] Anne Pouchous, "The Regulation and Supervision of Microfinance: Main Issue and Progress", International Institution for Sustainable Development TKN Report, September 2012.

[52] CFPB, "Fair Lending Report of the Consumer Financial Protection Bureau",

April 2014.

[53] Simplice A. Asongu, "Law, Finance, Economic Growth and Welfare: Why Does Legal Origin Matter?" African Governance and Development Institute Working Paper,WP/11/007, August 2011.

[54] Asli Demirgüç-Kunt, Leora Klapper, "Measuring Financial Inclusion: Explaining Variation in Use ofFinancial Services across and within Countries", Brookings Papers on Economic Activity, Spring 2013, pp. 279-340.

[55] Robert J. Shiller, "Human Behavior and the Efficiency of the Financial System", Cowles Foundation Paper, No.1025, 2001.

[56] Ross Levine, "Finance, Regulation and Inclusive Growth", OECD and World Bank Conference Paper on Challenges and Policies for Promoting Inclusive Growth, Paris, March 2011.

不忘初心　方得始终
——代后记

　　"物有本末，事有始终。"（《礼记·大学》）完成博士论文并获得博士学位便意味着与学生时代的告别。但凡博士论文草就者，往往都会依循惯例在文末附上一篇后记，我也不能免俗，闲话几句算是对自己求学之路和论文写作过程的回顾与总结。

　　岁月如白驹过隙，倏忽间负笈珞珈已近十个寒暑。一直坚信自己与珞珈山之间存在着某种冥冥中注定的缘分，情不知所起，一往而深。中学时曾参访武大，当时即被武大校园的古朴建筑和学术厚重感所深深吸引。高考后凭着对珞珈山的向往和对法学的兴趣，没有任何犹豫便报考了武汉大学法学院，自此开始了与珞珈山的奇妙缘分。在本科学习期间对学术科研产生了浓厚的兴趣，蒙导师冯果教授不弃，获得推荐免试攻读硕士研究生资格，后又免试直接攻读博士学位至今。在这十年里，背靠珞珈青山，面朝东湖碧水，春赏落樱，夏游湖滨，秋嗅金桂，冬访腊梅，度过了最为宝贵的青春岁月。"板凳要坐十年冷"，幸有这处闹中取静而又美得极富层次的校园，让我能够静心治学而忘却俗事。在这十年里，学习了一些能够安身立命的知识，结识了许多对我帮助有加的师长朋友，取得了些许所谓的成果和荣誉，也遭遇过偶尔的插曲和挫折，所幸一路还算顺利圆满。只是眼见时光匆匆，当年的青葱少年已开始头发稀疏，难免喟叹"读书复读书，正太变大叔"。

博士阶段的学习是一段艰难的旅程，其中博士论文写作是最难翻越的高峰。以"金融公平"作为博士论文选题的想法萌芽于 2011 年末，当时冯果教授提出了金融法"三足定理"和金融公平理念的雏形，我在参与讨论的过程中深受感染和启发，决意将金融公平作为自己研究的一个重要方向。随着搜集资料规模数量的增加，以及普惠金融和金融消费者保护愈益受到社会关注，我更加坚定了研究金融公平的信念。但是这个选题过于抽象和宏大叙事，极难驾驭，稍有不慎便会陷入言之无物的窘境。一位我非常敬重的老师曾告诫我，他说："法律是一门实践性的技术，不要搞那些宏大叙事的东西。"导师冯果教授也对此表示了担心，他和教研室导师组的老师们一起善意地建议我就写具体的金融包容问题，这样难度和风险会小很多。而在我的观念里，法律固然是一门实践性的技术，而法学研究也需要宏观抽象的顶层设计和基础理论构建，法学研究者需要同时具备"技艺"与"情怀"。基于这种自我预设的"情怀"，我希望从基础理论的层面对金融公平理论进行一个体系化构建，而为了运用老师们提醒的"技艺"，我将选题限缩为"金融公平的法律实现"，从法律制度运行规律来探讨金融公平实现的具体路径，从而避免空谈理念而脱离了实践。记得有件有趣的事，我在加州大学伯克利分校访学时与美方导师 Prasad 谈到我的研究时，他一边说我的研究很 ambitious（有野心），一边从书架上抽出罗尔斯的《正义论》，半玩笑半严肃地说要我写成这样。不敢与经典和大师相提并论，唯愿拙作能够解答"为什么要金融公平"、"法律制度是怎么实现金融公平的"和

"我国如何完善法律制度设计以促进金融公平"这三个问题，我的目标就已实现了。"文章千古事，得失寸心知"，不留遗憾，无愧于心，如是而已。

　　论文经历了三年的酝酿才正式动笔。按照自己之前略显浪漫主义的规划，本来准备在家乡漳河风景区水库里的一处湖心岛上笔耕数月，结果机缘巧合，我在2014年至2015年受国家留学基金委资助作为联合培养博士生赴加州大学伯克利分校法学院访学。虽然没能实现自己乡土化的闭关计划，但国际化的访学经历也是另一种体验。伯克利为我提供了一流的办公环境和文献支持，除了旁听感兴趣的课程之外，每天早上八点到晚上五点半在图书馆或者办公室爬格子读文献。偶尔周末约上友人到旧金山暴走、在金门大桥看日落。如此大半年下来，草稿初成，顿时长松一口气，就连后期因写作压力过大而引致的斑秃也坦然付之一笑。

　　求学经历并非坦途，所幸一路多得贵人相助，让我不仅仅顺利完成学业，而且还收获了温暖与快乐，增长了为人处事的经验。感谢我的导师冯果教授，为我传道授业解惑，不仅悉心指导我的学习和研究，而且不遗余力地为我创造各种学习机会，从我硕士入学起便携我参加全国各地学术活动向学界贤达求教。先生虚怀若谷、乐观豁达、朴实随性的品格性情，以及渊博的学识和严谨的治学态度，是我为人为学永远的楷模。感谢师母尚彩云老师一直以来对我学习和生活的关心和照顾，从纠正我电饭锅不能用钢丝球洗到教我面条要怎么煮才好吃，从记得我喜欢喝什么酒到我遭遇挫折后的愤愤然，让我虽然不在母亲身边但也能感受到母爱般的温暖。感谢经济法教研室卞祥平教授、熊伟教授、喻术红教授、张荣芳教授、宁立志教授、孙晋教授，老师们一路指导我学习，看着我成长，深情厚谊永志不忘。感谢李安安博士、南玉梅博士、叶金育博士、班小辉博士、周围博士等教研室年轻老师对我的帮助和爱护，榜样的力量也督促着我努力前行。感谢项焱教授、刘应民教授、蒋大兴教授、施天涛教授、强力教授、郭雳教授、杨东教授、冯辉副教授、管斌副教授、刘文卿律师对我的提携和帮助。感谢赵金龙教授、吴国舫博士、武俊桥博士、柴瑞娟博士、陈风博士、施适博士、余文海博士、窦鹏娟博士、杨梦博士、王宏博士、杨为程、谢贵春、张东昌、唐骜、段丙华、汪文渊、褚培宁、黄维平等同门对我的帮助和支持。感谢我在武汉大学研究生学报工作期间结缘的阎晓愚、储锐、吴绍棠、闫帅、卢盛峰、杨蓉、张弛、邢健、闫明明、赵伟诸君，让我有幸收获了一段难忘的记忆和情谊。感谢加州大学伯克利分校法学院的 Prasad Krishnamarthy、Robert Cooter、Robert Bartlett、Steven Soloman Davidoff、Ken Ayotte、Rachel Stern、Lauren Webb、Delia Violante 等老师给予我的指导和帮助。感谢高地教授夫妇、高大文教授、丁莹镇教授、石田真得教授、田颖教授、吴涵蔡虹夫妇、谢茜、梁昕雯、黄国武、Manny 夫妇、胡帮达、俞祺、陈国飞、李芷毓、步超、林华、杨尚东、张潇月、杨祥、黄琰童、郑银等朋友在异国他乡给我的陪伴与照顾。感谢刘昱、罗勇、杨复卫、涂云新、黄明涛、黄鲜华、钟盛、贺俊、廖薇、廖敏、冷娜、黄茜、田月红、冯雷、赵威、胡剑飞、鲍雨、芦加人、董维、肖函、田耘、彭涛、王德夫、李金莉、张燕青、孔荆金等友人默默的支持与温暖。何其遗憾，以上名单无完全罗列我心怀感激的师友，何其幸运，我的学习和成长道路上受惠于这么多有缘人。虽然有很多人我无法一一列举，请相信我的感激并无半分差别。

最最需要感谢的是一直在我身后默默付出的家人。父亲的唠叨与训导虽让我不胜其烦，但能够体会到他望子成龙的殷切期盼和舐犊深情，在他的眼中我永远只是个不懂事的孩子，总是希望能给我手把手的引导。母亲淳厚朴实讷于言词，但总是能给我最大的宽容和理解，深沉的母爱让我最安心踏实。姐姐姐夫在家负担了照顾和陪伴父母的责任，对于我的缺席从无怨言，也让我能够放心投入学习科研之中。好在外甥罗彦泽聪敏可爱，给家里增添了不少欢笑和欣慰。偶尔回忆起当年初入武大父亲陪我入学时，和我聊的是朱自清的《背影》。后来跟他谈到龙应台在《目送》中所说"父女母子的缘分就是今生今世不断地在目送他的背影渐行渐远"，让他老人家很是难受了一阵。为人子如我，大概应该算是不合格的吧。父母身边的同龄长辈早已儿孙绕膝，而二老至今仍在为我的事业和家庭问题忧心，他们时时催促而我却依然不以为意，也是难为这二位了。

古人云"十年寒窗无人问，一朝成名天下惊"，可能是所谓的"知识大爆炸"让这种预期产生了偏差，以致我苦心孤诣已逾二十载。尽管这只是平日打趣的笑话，但回首二十年的学生生涯，难免唏嘘。然生有涯而学无涯，既然选择了学术这条路，那就要不忘初心坚定前行，将其作为毕生所追求的事业。唯愿能作为法科学人中的一员，有幸为中国法治事业贡献绵力。

本书是在我的博士论文基础上修改而成，在诸师友的鼓励与督促下不揣浅陋惴然付梓。感谢学院和珞珈法学精品文库编委会老师的认可，感谢邢会强教授和常健教授在校外专家评审环节的肯定与支持，让我博士阶段的学习研究成果能够顺利出版。我深知，作为学界新兵，这只是一个开始。未来必抱定初心，加倍努力。

此记。

2015 年 10 月 23 日记于赴京途中

2017 年 8 月 12 日修订于珞珈山

图书在版编目(CIP)数据

金融公平的法律实现 / 袁康著. -- 北京：社会科学文献出版社，2017.9

（珞珈法学精品文库）

ISBN 978-7-5201-1378-6

Ⅰ.①金… Ⅱ.①袁… Ⅲ.①金融法－研究 Ⅳ.①D912.280.4

中国版本图书馆CIP数据核字（2017）第220501号

·珞珈法学精品文库·

金融公平的法律实现

著　者 / 袁　康

出 版 人 / 谢寿光
项目统筹 / 任文武　周雪林
责任编辑 / 周雪林

出　　版 / 社会科学文献出版社·区域与发展出版中心（010）59367143
　　　　　　地址：北京市北三环中路甲29号院华龙大厦　邮编：100029
　　　　　　网址：www.ssap.com.cn
发　　行 / 市场营销中心（010）59367081　59367018
印　　装 / 三河市尚艺印装有限公司

规　　格 / 开　本：787mm×1092mm　1/16
　　　　　　印　张：22　字　数：320千字
版　　次 / 2017年9月第1版　2017年9月第1次印刷
书　　号 / ISBN 978-7-5201-1378-6
定　　价 / 78.00元

本书如有印装质量问题，请与读者服务中心（010-59367028）联系